Holger Schmitt

Von „Rechtsextremisten“ und „Verschwörungsideologen“

Holger Schmitt

Von „Rechtsextremisten" und „Verschwörungsideologen"

Wie die Medien aus Andersdenkenden Feindbilder machen

Gerhard Hess Verlag

Holger Schmitt
Von „Rechtsextremisten“ und „Verschwörungsideologen“
Wie die Medien aus Andersdenkenden Feindbilder machen

1. Auflage 2024

Umschlagfotos: Diego González/Unsplash, Varavin88/Shutterstock
Alle anderen Fotos aus dem Archiv des Autors
Satz: Claudia Schmid-Wörner
www.gerhard-hess-verlag.de
Printed in EU
ISBN 978-3-87336-831-6

Für Rüdiger

Die öffentlich-rechtlichen Rundfunkanstalten haben bei der Erfüllung ihres Auftrags die Grundsätze der Objektivität und Unparteilichkeit der Berichterstattung, die Meinungsvielfalt sowie die Ausgewogenheit ihrer Angebote zu berücksichtigen.

(§ 26 Abs. 2 des Medienstaatsvertrags)

Das totalitäre System wird immer primär durch systematische Indoktrination und Propaganda aufrechterhalten, die der Bevölkerung tagtäglich über die Massenmeiden injiziert werden.

(Desmet 2023: 135)

Inhalt

Vorwort

Dieses Buch ist Rüdiger gewidmet. Rüdiger heißt in Wirklichkeit anders, aber es gibt ihn. Ich habe ihm viel zu verdanken. Wir kennen uns seit Kindesbeinen und waren lange Zeit beste Freunde, von etwa den frühen 1990ern bis in die späten 2010er. Auch als ich aus beruflichen Gründen in andere Teile Deutschlands zog, trafen wir uns noch ein- bis zweimal im Jahr. Wir haben manches schöne Wochenende miteinander verbracht und viel miteinander gelacht. Gestritten haben wir uns nie. Gutmütig und nicht nachtragend, wie er ist, wäre ein dauerhafter Konflikt auch schwer vorstellbar gewesen. Politik spielte bei unseren Treffen keine große Rolle. Bis zum September 2017. Die Bundestagswahl war schon ein paar Tage vorbei, als wir gemeinsam durch die Eifel fahren und noch vereinzelt auf Plakate der AfD stoßen. Ich war nie Mitglied irgendeiner Partei, aber ich stehe zu der Zeit der Alternative nahe, und das weiß Rüdiger. Ich erzähle ihm jedenfalls, dass Gegner der AfD manchmal die Plakate vor der Wahl abnehmen und sie nach der Wahl wieder aufhängen, um der Partei doppelt zu schaden: durch entgangene Werbung vor der Wahl und durch Strafzahlungen wegen Nichtbeseitigung der Plakate danach. Diese Bemerkung löst bei meinem Freund offensichtlich den Korken auf der Flasche einer lange unterdrückten Wut. Er brüllt, wie ich es noch nie erlebt habe, und schimpft wie ein Rohrspatz. Ich bin so überrascht von dieser Reaktion, dass ich emotional gar nicht mitkomme und ruhig bleibe. Und doch, seit diesem Moment ist etwas anders. Es gibt noch ein paar klärende Gespräche, aber erst werde ich einige Monate später nicht zu seiner Geburtstagsfeier eingeladen, und schließlich, wieder ein paar Monate später, kündigt er mir die Freundschaft.

Szenenwechsel, ein paar Jahre später. Es ist der Höhepunkt der Corona-Krise. Als Ungeimpfter muss ich zum ersten Mal in meinem Leben erleben, was es heißt, in großem Stil aus dem öffentlichen Leben ausgegrenzt zu werden. Ich darf noch in den Supermarkt, um mir Lebensmittel zu kaufen, aber in Läden oder Kaufhäuser darf ich nicht mehr. „2G" heißt die Formel: Man muss nachweislich geimpft oder genesen sein, sonst ist man, wie die Inder das nennen, „Paria", ein Ausgestoßener. Auch im öffentlichen Diskurs schwinden die Skrupel. Es darf mehr oder weniger hemmungslos gegen Menschen wie mich gehetzt werden. Ich bin geschockt, wie bereitwillig viele Mitbürger diese Entwicklung mittragen. Ja, es gibt sie, die Montagsdemonstranten (ich bin einer von ihnen), aber die meisten meiner Landsleute scheinen zur Salzsäule erstarrt. Viele beugen sich dem Druck. Da treffe ich eines Tages eine Frau aus der Nachbarschaft, nennen wir sie Frau Weber. Wir kennen uns seit über zehn Jahren, seit ich in dieses Viertel gezogen bin. Ab und zu sehen wir uns auf der Straße, halten ein Schwätzchen. So auch heute – denke ich zumindest. Ob ich denn inzwischen geimpft sei, fragt Frau Weber. Als ich verneine, will sie wissen, warum nicht. Ich versuche zu erklären: die Schnelligkeit, mit der die Impfstoffe zugelassen wurden, die Weigerung der Hersteller, eine Haftung zu übernehmen, die sich häufenden plötzlichen Zusammenbrüche von Sportlern. Doch meine Nachbarin ist vorbereitet. Es folgt Konter auf Konter, das Gespräch wird hitziger. So habe ich sie noch nie erlebt. Schließlich halte ich es nicht mehr aus und lasse sie stehen.

Millionen von Menschen in den deutschsprachigen Ländern haben in den letzten Jahren Ähnliches und zum Teil auch Schlimmeres erlebt. Menschen, mit denen man bisher freundschaftlich verbunden war, wollen plötzlich nichts mehr mit einem zu tun haben; andere reagieren aggressiv, wenn man die eigene Meinung vertritt. Die Spaltungen gehen hinein bis in Familien. Wie konnte es dazu kommen? Wie konnte ein Freund, der eigentlich die Gelassenheit in Person ist und der sich nie besonders für Politik interessiert hat, so fanatisiert werden, dass er sich außerstande sah, eine seit einem Vierteljahrhundert bestehende Freundschaft fortzuführen? Wieso sah sich eine Bekannte, mit der ich über Jahre einen gut-nachbarschaftlichen Kontakt gepflegt hatte, plötzlich genötigt, mich zur Impfung zu drängen?

Ein entscheidender Faktor, für mich *der* entscheidende Faktor, sind die Medien. Rüdiger ist bei allen seinen Vorzügen kein besonders reflektierter Typ. Wenn irgendjemand etwas mit einer gewissen Autorität behauptet (und das Fernsehen stellt für viele Menschen eine große Autorität dar), was einigermaßen plausibel erscheint, dann glaubt er das – auch wenn es einer näheren Überprüfung nicht standhält. Und auch Frau Weber gab mir im Zusammenhang mit der Corona-Impfung einen Rat, den mir in meinem Leben noch nie jemand gegeben hatte. Sie meinte, ich solle mehr fernsehen. Im Ernst. Offenbar hat der Konsum von *heute*, *tagesschau*, diversen Talkshows & Co. einen großen Anteil an der Entwicklung einer aggressiven Haltung Andersdenkenden gegenüber, die nur schwer ins Wanken gebracht werden kann, weder durch persönlichen Kontakt noch durch Argumente.

Nicht immer, auch dies muss gesagt werden, ging die Aggression und die Spaltung von Seiten der mediengläubigen Rüdigers und Frau Webers aus; manchmal waren auch die Holgers für die Entzweiung verantwortlich. Eines jedoch ist klar: Mit ihrer Einseitigkeit, ihrer Weigerung, die Politik effektiv zu kontrollieren, und ihrer manchmal offenen, meist jedoch subtilen Hetze gegen jeden, der von dem favorisierten Narrativ abweicht, haben die öffentlich-rechtlichen wie die privaten Medien einen großen Anteil daran, dass unsere Gesellschaft so zerrissen ist.

Wenn in diesem Buch schlicht von „den Medien" die Rede ist, so sind damit immer jene Massenmedien gemeint, die in anderen Kontexten als Mainstream-Medien bezeichnet werden. Zu ihnen zählen insbesondere die Öffentlich-Rechtlichen, aber auch die großen Zeitungen, Journale und Radiostationen. Ausdrücklich einschließen in diesen Kanon möchte ich die Online-Enzyklopädie Wikipedia, die in gesellschaftlich-politischen Fragen ebenso eine starke Schlagseite aufweist. Alle besagten Medien zeichnen sich zum einen durch große Reichweite, zum anderen aber auch durch eine erschreckende Einseitigkeit und Homogenität bei den großen Fragen unserer Zeit aus. Dies gilt vor allem bei den Themen Migration und Klima, bei der Frage nach dem Umgang mit Corona und in der Haltung zum Ukraine-Krieg.

Das bedeutet allerdings nicht, dass der überwiegende Teil der Bevölkerung diese Haltungen automatisch übernimmt. Es gibt sie, die Dissidenten, die Andersdenkenden. Viele von ihnen halten sich mit ihrer

Meinung lieber zurück, aber manche nehmen auch öffentlich Stellung und machen sich damit zur Zielscheibe von Medien und Politik. Zu dieser Gruppe von Menschen gehören zunächst einmal alle, die sich explizit als nicht-links positionieren (wobei wir *links* in diesem Buch bewusst weit und überparteilich verstehen): Einzelpersonen wie der ehemalige Chef des Verfassungsschutzes Hans-Georg Maaßen (von dem im Laufe dieses Buchs noch öfter zu lesen sein wird), die Ökonomen Max Otte, Stefan Homburg und Markus Krall, der Chef der Freien Wähler in Bayern Hubert Aiwanger, die Kabarettistin Monika Gruber[1], Journalisten wie Boris Reitschuster und Julian Reichelt; Kollektiva wie die Ostdeutschen (vor allem die Sachsen), die in der Demokratie noch nicht „angekommen" seien[2]; Medienprojekte außerhalb des Mainstreams wie die Junge Freiheit, Tichys Einblick, NIUS oder X (seit der Übernahme von Elon Musk); ausländische Politiker wie Trump oder Orbán; und politische Organisationen wie die WerteUnion, die Bürger in Wut (Bremen) und natürlich die AfD. Während Corona wurde jedoch klar, dass man auch als Linker oder Liberaler angefeindet wird, wenn man sich gegen das offizielle Narrativ stellt. So waren unter anderem die (damals noch) Linken-Politikerin Sahra Wagenknecht, der Arzt und Politiker Wolfgang Wodarg, die Politologin Ulrike Guérot, die Sängerin Nena, die Basisdemokratische Partei Deutschland, die Schauspieler, die sich bei der maßnahmenkritischen Aktion #allesdichtmachen beteiligten, und die Coronamaßnahmen-Kritiker (auch bekannt als „Querdenker"), von denen viele dem linken oder linksliberalen Lager angehörten[3], Ziel von Hetze in den Medien; wohlgemerkt: nicht von Kritik oder kontroverser Auseinandersetzung, sondern von Verächtlichmachung.

1 Vgl. „Hass und Kritik ohne Ende: Monika Gruber wirft das Handtuch"; https://www.tichyseinblick.de/daili-es-sentials/hass-kritik-monika-gruber/

2 Vgl. z. B. „'Erzgebirgskrimi': ZDF bedient Klischee des rechtsradikalen Ostens"; https://reitschuster.de/post/erzgebirgskrimi-zdf-bedient-klischee-des-rechts-radikalen-ostens/

3 „Verblüffende Studie: Querdenker wählen häufig die Grünen"; https://www.berliner-kurier.de/politik-wirtschaft/querdenker-waehlen-haeufig-die-gruenen-li.123852

Dieses Buch richtet sich nicht in erster Linie an Fachleute wie Wissenschaftler oder Journalisten, sondern an all jene, die besser verstehen wollen, wie Diffamierung aktuell funktioniert und welche Rolle die Medien bei der Spaltung unserer Gesellschaft spielen. Dabei habe ich mich um eine allgemeinverständliche Sprache bemüht. Das Buch ist mit zahlreichen Quellenangaben versehen, die Sie in den Fußnoten finden. Wenn Sie daran kein Interesse haben, übergehen Sie sie einfach. Neben den Quellenangaben finden sich in den Fußnoten jedoch auch viele Hinweise auf lesenswerte Artikel und sehenswerte Videos. Meine Hoffnung ist, dass das Buch über die Lektüre hinaus für Sie zum Anstoß wird, der einen oder anderen Spur nachzugehen. Am Ende des Buchs sind noch einmal einige weiterführende Literaturangaben und Links zusammengefasst. Außerdem habe ich dort ein paar Übungen für Sie zusammengestellt, mit deren Hilfe Sie das neu erworbene Wissen ausprobieren können.

Das Buch baut methodisch wie zum Teil auch inhaltlich auf meinem Buch *Das Framing der Linken* auf, in dem ich zahlreichen offensichtlichen, aber auch weniger offensichtlichen Kampfbegriffen der politischen Linken auf den Grund gegangen bin. Die beiden Bücher haben jedoch eine unterschiedliche Ausrichtung. Das *Framing* geht von den Begriffen selbst aus (es ist teilweise wie ein Lexikon aufgebaut) und deckt die Breite aller ihrer Funktionen ab, also neben der Diffamierung des Gegners die Moralisierung des eigenen Anliegens, die Definition von Opfergruppen, die Verschleierung dessen, was nicht ins eigene Weltbild passt, sowie die Projektion der eigenen Schattenseiten auf den Gegner. Das vorliegende Buch hingegen konzentriert sich auf die Bestrebungen, Andersdenkende auszugrenzen, und ihre Folgen. Zudem liegt beim *Framing* der Fokus mehr auf der Politik, während hier die Rolle der Medien im Zentrum steht. Überschneidungen insbesondere im Bereich der verwendeten Untersuchungsmethodik sowie einem Teil der analysierten Begriffe lassen sich jedoch nicht vermeiden.

Im Anschluss an dieses Vorwort beginnen wir mit einer Einleitung, in der wir die zentralen Begriffe und Methoden dieses Buchs kurz vorstellen. Im ersten Kapitel beschäftigen wir uns dann mit der Frage, welche Techniken aktuell zur Diffamierung Andersdenkender eingesetzt werden. Manche Inhalte werden beispielsweise eher direkt durch „Etikettierungen" („Schwurbler", „Nazi" etc.) transportiert, während für andere eher indirekte Mittel bevorzugt werden. Hierzu gehören beispielsweise Andeutungen und Umdeutungen, unbelegte Behauptungen und unterschlagene Informationen. Natürlich lassen sich diese Techniken nicht immer sauber voneinander trennen, und die aufgeführte Liste wird auch niemals vollständig sein; aber die hier vorgestellten Methoden dürften aktuell zu den gebräuchlichsten gehören.

Um die Frage, als was eine Person oder Gruppe diffamiert werden soll, geht es in Kapitel 2. Je nach Zielsetzung kann eine Person oder eine Gruppe beispielsweise als *dumm*, *geldgierig*, *unmoralisch* oder *gefährlich* stigmatisiert werden. Schließlich hat Hetze in der Regel Folgen. Dies gilt insbesondere dann, wenn sie strukturell und im großen Stil betrieben wird. Im dritten Kapitel werfen wir deshalb einen Blick auf die gesamtgesellschaftliche Situation und die Folgen der medialen Herabsetzung. Im Abschlusskapitel werden wir uns der Frage zuwenden, was wir angesichts dieser Situation tun können. Dabei ist eines klar: Jeder Einzelne zählt.

Einleitung

Bevor wir uns der eigentlichen Analyse zuwenden, müssen wir zunächst zwei zentrale Begriffe klären, die in diesem Buch von Bedeutung sind: das *Narrativ* und *Framing*. Schließlich stelle ich noch jene Methode vor, die in diesem Buch eine wichtige Rolle spielt: die Korpuslinguistik.

Das Narrativ

Von Narrativen zu reden, ist gerade sehr modern. Innerhalb von nur wenigen Jahren, von 2014 bis 2022, hat sich die Gebrauchshäufigkeit dieses Wortes glatt vervierfacht. Doch was genau sind Narrative? Eine brauchbare Definition könnte vielleicht diese sein: Narrative sind gesellschaftlich relevante Erzählungen, die eine bestimmte Sichtweise enthalten, also keine reinen Berichte oder Statistiken sind. Ein großes klassisches Narrativ ist beispielsweise die in den USA lange Zeit vorherrschende Vorstellung, die als „Amerikanischer Traum" bezeichnet wird: dass es jeder „vom Tellerwäscher zum Millionär" schaffen kann. Narrative sind nicht prinzipiell wahr oder falsch. Sie dienen nicht dazu, Realität abzubilden, sondern erheben den Anspruch, Sinn zu stiften, und sie können sich auch mit der Zeit ändern. Die Bedeutung von *Narrativ* überlappt – je nach betontem Aspekt – häufig mit anderen Begriffen, zum Beispiel *gesellschaftliches Leitbild* oder *Vision* („Meine Kinder sollen es einmal besser haben als ich" – ein Narrativ, das in Deutschland von vielen Menschen der 1950er- und 1960er-Jahre geteilt wurde), *Glaubensbekenntnis* („Die USA sind ‚God's Own Country'"), *Slogan* („Freiheit, Gleichheit, Brüderlichkeit" in der Französischen Revolution), *Propaganda* („Der Irak verfügt über Massenvernichtungswaffen" als Begründung für den Irakkrieg 2003) oder *Kampagne* („Proletarier aller Länder, vereinigt euch!").

Progressive unserer Tage setzen große Hoffnungen auf die Etablierung und Verteidigung eines Narrativs. Auf diese Weise glauben sie, die Welt verändern und neue Realitäten regelrecht herbeiführen zu können. Klaus Schwab, Gründer und Vorsitzender des Weltwirtschaftsforums, schreibt dazu unter anderem Folgendes:

> Wie der Epilog zur Menschheitssaga aussehen wird, hängt davon ab, welches Narrativ sich durchsetzen wird.
>
> Wenn sich eine große Idee durchsetzt und einflussreich wird, kann sie zu einer viralen Erzählung werden. Sie setzt sich durch, wird ansteckend und findet ihren Weg in die Politik sowie in die Entscheidungen von Unternehmen und Investoren. Allein durch die Arbeit und den Einfallsreichtum derer, die sie hervorbringen, beflügeln Ideen die Kreativität und werden zur Grundlage für Entdeckungen, Innovationen und Veränderungen.
>
> Es gibt nichts Wirkungsvolleres, um zu kommunizieren und die Vorstellungskraft zu entfesseln, als die Macht von Erzählungen, d. h. die Entwicklung von Geschichten, die für andere sowohl relevant als auch überzeugend sind. Dies ist der beste Weg, um diejenigen zu motivieren, mit denen wir sozial, politisch und wirtschaftlich interagieren, und um die Agenda voranzubringen.[4]

Die heute wirkungsvollen Erzählungen sind praktisch ausschließlich politisch links zu verorten. Sie werden unisono durch Massenmedien und andere gesellschaftliche Kräfte wie Schulen, Universitäten und inzwischen sogar Unternehmen in die Gesellschaft getragen. In Anlehnung an das Buch von Schwab und Malleret fasse ich diese Erzählungen hier unter dem Begriff *Das Große Narrativ* (abgekürzt *GN*) zusammen, wobei dieses GN nicht identisch ist mit dem von Schwab & Malleret und ich bewusst das Corona-Narrativ der Jahre 2020-2022 mit einschließe. Es lautet in etwa wie folgt:

> *Die größte Gefahr für die Gesellschaft kommt von rechts. Deshalb muss der Kampf gegen rechts unvermindert weitergeführt werden.*
>
> *Das Geschlecht eines Menschen wird nicht allein von seiner Biologie, sondern auch von anderen Faktoren und vor allem von seiner ganz persönlichen Einstellung bestimmt. Es gibt auch nicht nur zwei,*

---

4 Schwab & Malleret 2022: 8, 24 f., 144.

sondern eine Vielzahl von Geschlechtern. Alle sexuellen Orientierungen (mit Ausnahme der Pädophilie) sind gleichwertig.

Gesellschaftlich muss der primäre Fokus auf der Beseitigung der Ungleichheit liegen, weil Ungleichheit auf Ungerechtigkeit beruht.

Die traditionelle Familie hat sich überlebt. Familie ist überall da, wo Kinder sind.

Der Volksbegriff ist gefährlich, da er Trennendes hervorhebt. Er sollte vor allem in Bezug auf das deutsche Volk am besten gar nicht, nötigenfalls sparsam verwendet werden.

Die EU ist ein Friedensprojekt. Die Union muss weiter vorangetrieben werden.

Kernenergie ist eine Risikotechnologie und darf daher nicht weiterverfolgt werden. Auf absehbare Zeit sollte zumindest ein Großteil des Energiebedarfs durch erneuerbare Energien gedeckt werden.

Bargeld wird in Zeiten der Digitalisierung immer mehr zu einem Anachronismus, zu etwas nicht mehr Zeitgemäßem. Die Abschaffung des Bargelds würde illegalen Transaktionen wie Drogengeschäften und Schwarzarbeit den Boden entziehen.

Migration hat es immer gegeben und wird es immer geben. Sie ist grundsätzlich etwas Gutes. Dies gilt insbesondere für Deutschland, da wir nur über Migration unseren Mangel an Fachkräften ausgleichen können.

Der Islam ist eine friedliche Religion. Moslems, die Anschläge verüben, tun dies nicht im Einklang mit ihrer Religion.

Corona ist eine weltweite Pandemie, die auf einem Fischmarkt in China entstanden ist. Sie kostet Millionen von Menschen das Leben. Deshalb sind rigorose Maßnahmen vonnöten, einschließlich Masken im Freien, Kontaktverbote und Schulschließungen. Einschränkungen der Grundrechte lassen sich dabei nicht vermeiden, etwa die des Demonstrationsrechts (bei Demonstrationen, die sich gegen die Coronamaßnahmen richten). Der einzige Ausweg aus der Pandemie ist die Herdenimmunität. Voraussetzung hierfür ist die Impfung der überwiegenden Mehrheit der Bevölkerung. Die Impfung ist sicher und schützt sowohl die Geimpften als auch die, mit denen sie in Kontakt kommen.

Wir erleben aktuell einen starken Klimawandel. Verantwortlich hierfür ist die Überproduktion von CO_2 und der damit verbundene Treibhauseffekt. Hierfür verantwortlich sind die Menschen, vor allem die Menschen in den Industrienationen. Noch kann der Klimawandel durch den Menschen aufgehalten oder zumindest gemindert werden. Hierfür haben wir nur ein kurzes Zeitfenster von wenigen Jahren. All dies ist wissenschaftlicher Konsens. Wenn wir diese Zeit nicht nutzen, kommt es zur Katastrophe. Hierbei käme es zu einem Massensterben und zu massiven sozialen Verwerfungen.

Der Krieg in der Ukraine ist völkerrechtswidrig und geht allein von Russlands Präsident Vladimir Putin aus. Die einzige Lösung dieses Konflikts liegt darin, die Ukraine militärisch zu unterstützen, auch mit Angriffswaffen und mit schwerem Gerät.

Um den vielfältigen Herausforderungen unserer Zeit begegnen zu können, müssen wir unsere gewohnte Lebensweise drastisch ändern. Um dies zu gewährleisten, brauchen wir einen starken Staat, der regulierend und überwachend auch dort eingreift, wo er bisher die Verantwortung den Bürgern überlassen hat. Dies gilt zuerst für die Wirtschaft, betrifft aber letztlich alle Lebensbereiche, einschließlich der Privatsphäre der Bürger. Um dieses Ziel zu erreichen, braucht es ein starkes Narrativ, das die Menschen erreicht und mitnimmt.

Es gibt einen weiteren Aspekt dieses Narrativs, der nicht offen kommuniziert wird und der nicht den Inhalt, sondern die Stellung des Narrativs betrifft. Er lautet:

Jeder, der diesem Narrativ widerspricht oder bestimmte Aspekte in Frage stellt, hat nicht einfach eine andere Auffassung; er ist entweder ignorant oder aber ein schlechter Mensch. Schlimmstenfalls ist er mit dem Bösen im Bund.

Es ist dieser Aspekt, der das aktuelle Narrativ autoritär macht. Hans-Georg Maaßen wurde einmal in einem Interview gefragt, wie es dazu kommen konnte, dass sich unsere Gesellschaft auf einen Totalitarismus zubewegt. Maaßens Antwort deutet darauf hin, dass das Narrativ mittlerweile eine solch dominante Rolle übernommen hat, dass es rationale Argumente als Grundlage für Entscheidungen verdrängt:

> Ich glaube, weil die rationale Debatte, die auf schlüssigen Argumenten, belegbaren Fakten und gleichen Regeln für alle fußt, durch eine irrationale Debatte abgelöst worden ist, die allein auf Narrativen beruht. Das führt dazu, dass auch dann, wenn jemand, wie im Fall Sarrazin, seine Aussagen sogar mit Zahlen des Statistischen Bundesamtes und Erkenntnissen wissenschaftlicher Kapazitäten belegen kann – also nach bürgerlichen Maßstäben bewiesen hat, recht zu haben – sich nicht gegen das linke Narrativ durchsetzen kann und als ‚Populist' gilt.[5]

Um die Frage, wie dies funktioniert und welche Rolle die Medien dabei spielen, darum geht es in diesem Buch.

Framing

Realität geschieht. Ereignisse ereignen sich, auf der ganzen Welt, zu jedem Zeitpunkt und egal, ob wir dabei sind oder nicht. Nur sehr wenige von diesen Ereignissen erleben wir aktiv mit oder werden von ihnen Zeuge. Von den allermeisten bekommen wir nie etwas mit. Aber neben den Ereignissen, an denen wir beteiligt sind, und jenen, von denen wir nie etwas hören, gibt es noch eine dritte, bedeutsame Gruppe: Jene, die uns durch Sprache vermittelt werden, sei es durch Erzählungen von Freunden, durch geschriebene Texte in Zeitungen oder Büchern oder akustische Texte in Radio und Fernsehen. Diese Realitäten sind vermittelte Realitäten; wir nehmen sie quasi durch die Augen des Vermittlers wahr. Und dieser Vermittler muss immer eine Auswahl treffen, wovon er berichtet und wie er eine Sache darstellt.

Wann immer diese Vermittler oder auch wir selbst über etwas reden, aktivieren wir gewisse Deutungsrahmen (engl. *frames*), die einem objektiven Geschehen einen subjektiven Touch verleihen. Wir nehmen

5 Maaßen in Schwarz 2020a

eine bestimmte Perspektive auf die Dinge ein, die wir dann sprachlich vermitteln. Wir betonen bestimme Aspekte und lassen andere, die wir für weniger wichtig oder irrelevant halten, weg. Das hat zunächst einmal überhaupt nichts mit Manipulation zu tun, sondern ergibt sich einfach aus der Tatsache, dass wir als begrenzte Menschen weder vollkommen objektiv sind noch über alles gleichzeitig reden können. Der Sprachrezipient nimmt dann das Geschehen – sofern er nicht selbst zugegen war – über den Zwischenschritt unserer Schilderungen wahr. Mit anderen Worten, wir setzen ihm eine bestimmte Brille für die Geschehnisse auf, bei denen er nicht zugegen war.

Diesen Effekt des „Wörter erzeugen Vorstellungswelten" nutzen Menschen aber auch bewusst, wenn sie bei ihren Mitmenschen (den Sprachrezipienten) einen bestimmten Effekt erzielen wollen. Dies gilt bereits für relative Kleinigkeiten im Alltag. Die gleiche unnatürliche Einbuchtung am Auto wird als „kleine Delle" oder als „hässliche Beule" bezeichnet, je nachdem, ob man sie in das Auto eines Freundes gefahren hat oder ob man als Geschädigter vom Unfallgegner einen möglichst hohen außergerichtlichen Schadensersatz erzielen will. Mit anderen Worten: Realität wird sprachlich „eingerahmt", um dem Leser oder Hörer ein bestimmtes Bild zu vermitteln. Was im Kleinen und bei messbaren physischen Realitäten gilt, gilt erst recht in der großen Politik und in Fragen des Weltbildes.

In der psychologischen, soziologischen und linguistischen Literatur hat sich für dieses sprachlich-psychologische „Rahmen-Setzen" der Begriff *Framing* etabliert. Wie bei den meisten Begriffen aus diesen Wissenschaftsdisziplinen gibt es im Detail unterschiedliche Verständnisse dieses Begriffs, die aber für uns nicht relevant sind. Ich verwende *Framing* in diesem Buch bewusst in einem weiten Sinn, ohne dabei doktrinär zu sein. Für mich umfasst der Begriff sowohl die strukturelle Seite (in der Brillenmetapher sozusagen die Begrenzung der Brillengläser durch die Fassung sowie die Art der Fassung und die Blickrichtung) als auch die inhaltliche Seite (die Art und die Tönung der Brillengläser) des Kommunizierten.

Korpuslinguistik: eine kurze Einführung

Bei der Analyse von bestimmten Begriffen greifen wir in diesem Buch immer wieder auf sogenannte Korpora zurück. Korpora sind Sammlungen von (meist geschriebenen, manchmal auch gesprochenen) authentischen Texten, die elektronisch aufbereitet wurden und mit Hilfe von speziellen Programmen systematisch durchsucht werden können. Sie sind mittlerweile ein fester Bestandteil der sprachwissenschaftlichen Forschung und werden auch bei der Erstellung von Wörterbüchern verwendet, um nicht von der Intuition oder der persönlichen Quellensammlung der Lexikographen abhängig zu sein. Mit ihrer Hilfe kann man die Vorkommenshäufigkeit von Wörtern ermitteln, ihre Bedeutung besser umreißen, Sprachwandel verfolgen, bevorzugte Satzmuster analysieren und vieles mehr.

Korpora gibt es für die verschiedensten Sprachen und Dialekte. Das größte Korpus (Achtung: Es ist *das* Korpus; *der* Korpus ist entweder der Schallkörper eines Instruments oder der Leib des gekreuzigten Christus) für die deutsche Sprache ist das Deutsche Referenzkorpus, das vom Leibniz-Institut für Deutsche Sprache (IDS) aufgebaut wurde und gepflegt wird. Es umfasst mehrere Millionen Texte mit Milliarden von Wörtern, schwerpunktmäßig aus der Zeit von der Mitte des 20. Jahrhunderts bis in die Gegenwart.[6] Aus dieser gigantischen Textmenge können je nach Forschungszweck eigenständige Korpora extrahiert werden. Da für die meisten der in diesem Buch verwendeten Analysen die jüngere Vergangenheit relevant ist, habe ich ein Korpus mit Texten der Jahrgänge von 2014 bis 2022 (dem letzten verfügbaren Jahrgang) zusammengestellt. Dieses Korpus wird in diesem Buch als **Standardkorpus** bezeichnet.

6 Leibniz-Institut für Deutsche Sprache (2023): Deutsches Referenzkorpus/Archiv der Korpora geschriebener Gegenwartssprache 2023-I (Release vom 31.03.2023). Mannheim: Leibniz-Institut für Deutsche Sprache. www.ids-mannheim.de/DeReKo. Referenz für das statistische Analysetool des Deutschen Referenzkorpus: Cyril Belica: Statistische Kollokationsanalyse und Clustering. Korpuslinguistische Analysemethode. © 1995 Institut für Deutsche Sprache, Mannheim.

Es umfasst gut elf Millionen Texte mit über 3 Milliarden Wörtern, die hauptsächlich aus Zeitungen und Zeitschriften stammen (darunter Focus, Spiegel, tageszeitung, Berliner Zeitung, Mannheimer Morgen, Neue Zürcher Zeitung und Süddeutsche Zeitung); Texte aus Fernseh- oder Radiosendungen sind meines Wissens leider nicht enthalten, dafür aber Wikipedia-Artikel und Bundes- und Landtags-Reden. Wenn nichts anderes erwähnt ist, beziehen sich die Zahlen in diesem Buch immer auf das Standardkorpus. Bei manchen Begriffen (z. B. *Faschist*) ist es darüber hinaus interessant zu sehen, wie sich der Gebrauch in dezidiert linken und eher bürgerlichen Publikationen unterscheidet. Zu diesem Zweck habe ich zwei Subkorpora geformt, die einen größeren Zeitrahmen (2000-2022) abdecken, sich aber in ihrer ideologischen Tendenz unterscheiden. Beide Korpora bestehen aus je einem deutschen Nachrichtenmagazin, einer deutsche Zeitung und einer österreichischen Zeitung. Das **linke Korpus** enthält dabei die Publikationen *Der Spiegel, die tageszeitung* und *Falter* (eine linksliberale österreichische Zeitung), während das **bürgerliche Korpus** die Texte aus *Focus*, *Rhein-Zeitung* und *Niederösterreichische Nachrichten* umfasst. Wenn es mehr um die historische Entwicklung eines Begriffes geht, greifen wir auch auf ein noch umfassenderes Korpus zurück, das vom Deutschen Referenzkorpus selbst mit der Bezeichnung „W-öffentlich – alle öffentlichen Korpora des Archivs W (mit Neuakquisitionen)“ versehen ist und das wir in diesem Buch kurz als **Gesamtkorpus** bezeichnen.

Mit Hilfe von Korpora kann man problemlos die Vorkommenshäufigkeit von bestimmten Wörtern ermitteln. Da hierbei meist unterschiedlich große Subkorpora miteinander verglichen werden, macht es keinen Sinn, absolute Zahlen in Verbindung zu setzen. Stattdessen behilft man sich mit einer relativen Maßeinheit, in der Regel **Wörter pro eine Million (WpM)**. Die Höhe der WpM-Werte selbst steht dabei normalerweise nicht im Zentrum des Interesses; vielmehr kommt es darauf an, mit ihrer Hilfe die Gebrauchshäufigkeit eines Wortes in den Subkorpora gegenüberzustellen, etwa über einen bestimmten Zeitraum hinweg, im Verhältnis zu einem anderen Begriff oder im Vergleich linkes Korpus – bürgerliches Korpus.

Ein sowohl in der Korpuslinguistik als auch in diesem Buch zentrales Konzept ist das der **Kollokation**. Dieser Begriff bezeichnet das überzufällig häufige benachbarte Auftreten von Wörtern. Sucht man z. B. in einem Korpus nach den **Kollokaten** (den „Treffern") von, sagen wir, *ranzig*, wird man in der Nachbarschaft Wörter wie *Butter*, *Fett*, *Öl*, *riecht* und *schnell* finden (etwas wird *schnell ranzig*), aber eher nicht Wörter wie *Straße*, *springen* oder *lustig*. Diesem Konzept liegt die Vorstellung zugrunde, dass in einem Korpus als einer gigantischen Ansammlung von einzelnen Wörtern theoretisch jedes Wort die gleiche Chance hätte, in der Umgebung jedes beliebigen anderen Wortes aufzutauchen. Tatsächlich aber ist es natürlich so, dass es immer Wörter gibt, die häufiger miteinander verwendet werden als andere. Wir alle wissen zum Beispiel, was das Wort *umstritten* bedeutet („es gibt zu dem so bezeichneten Phänomen stark divergierende Meinungen"). Wen oder was die Medien als *umstritten* bezeichnen, ist jedoch in der Semantik des Wortes nicht enthalten. Um diese Frage zu klären, gibt man das Wort in eine Suchmaske ein und sucht nach Wörtern, die in seiner Umgebung häufiger auftauchen, als es bei einer zufälligen Verteilung der Fall wäre. Kollokationsanalysen sind also ein hervorragendes Mittel, um den tatsächlichen Sprachgebrauch zu studieren.

Nun gibt es bei dieser Vorgehensweise zwei Begriffe, die einer genaueren Betrachtung und Klärung bedürfen: zum einen *Umgebung*, zum anderen *Wort*. Beginnen wir mit Ersterem. Bei einer Kollokationsanalyse kann man festlegen, wie groß der Bereich sein soll, der links und rechts von dem zentralen Suchbegriff durchsucht werden soll. Diesen Bereich bezeichnen wir als **Fenster,** das wir in der Form X/Y angeben, wobei X die Anzahl der Wörter *vor* und Y jene *nach* dem Suchbegriff festlegt. Die genaue Ausgestaltung des Fensters hängt davon ab, wonach man sucht. Für allgemeine Analysen, etwa zur Wortbedeutung, hat sich unter Korpuslinguisten ein Fenster von 4/4 als nützlich herauskristallisiert. Sucht man eher nach assoziativen Mustern, bietet es sich an, ein größeres Fenster zu definieren (z. B. 9/9). Geht es um im Satzbauplan festgelegte Wörter, muss man das Fenster entsprechend definieren. Wenn man beispielsweise nach der Ergänzung einer Wortgruppe wie *Kampf gegen* sucht, muss man X = 0 setzen und für Y einen Wert festlegen, der in diesem Fall noch Artikel zulässt, um auch Phrasen wie *Kampf gegen den Klimawandel* zu erfassen (also z. B. 3). Im Deutschen Referenzkorpus kann man außerdem entscheiden, ob die Suche auf den Satz begrenzt sein soll, in dem der Suchbegriff steht, oder auch darüber hinausgehen kann; Letzteres ist insbesondere für assoziative Suchen sinnvoll.

Der zweite Begriff, den wir klären müssen, ist *Wort*. Bisher haben wir ganz selbstverständlich von *Wort* gesprochen, wie wir es in der Alltagssprache verwenden. In der Korpuslinguistik müssen wir jedoch mindestens zwei verschiedene Arten von *Wort* unterscheiden. Da ist zunächst einmal die **Wortform**. Gibt man z. B. *arm* ein und klickt auf die Suchen-Taste, findet die Suchmaschine alle Fälle, in denen die Buchstabenfolge *arm* links und rechts entweder von einem Leerzeichen oder einem Satzzeichen begrenzt ist; ob die Groß- und Kleinschreibung unterschieden wird oder nicht (und dann auch alle Fälle aufgelistet würden, in denen von dem Körperteil *Arm* die Rede ist), hängt von einer entsprechenden Voreinstellung ab. Wichtiger ist jedoch, dass bei dieser Prozedur zunächst einmal verwandte Wortformen wie *arme*, *armen*, *armes*, *ärmer* etc. nicht gefunden werden. Dies ist normalerweise nicht wünschenswert, denn uns interessiert ja, wie bestimmte Begriffe gebraucht werden, und zwar unabhängig von ihrer grammatischen Ableitung.

Die Gesamtheit der auf diese Weise abgeleiteten Wortformen wird unter diesem Begriff **Lexem** zusammengefasst (die zweite Art, den Begriff *Wort* zu verstehen). Zu dem Lexem *lesen* gehören beispielsweise die Wortformen *lese*, *liest*, *lies* und *las*, nicht aber *Leser*, *lesbar* oder *Leserschaft*. Diese lexematische Suche kann in der Fragesyntax des Deutschen Referenzkorpus festgelegt werden. Wenn wir hier nach bestimmten Begriffen suchen, ist in aller Regel automatisch das Lexem gemeint, das heißt, grammatisch abgeleitete Formen sind mit eingeschlossen. Darüber hinaus fließen in diesem Buch (im Unterschied zum *Framing*-Buch) häufig auch andere abgeleitete Formen und sogar Zusammensetzungen (Komposita) in die Analyse mit ein. Wenn wir uns also den

Gebrauch von, sagen wir, *Schwurbler* anschauen, so sind darin auch Begriffe wie *Schwurbelei* oder *Schwurbel-Demos* enthalten.

Die einzelnen Kollokate eines Suchbegriffs werden von den Programmen der Korpora je nach der Stärke ihrer Verbundenheit mit dem Suchbegriff (dem Assoziationsmaß) in eine Rangfolge gebracht. Dabei wird sowohl die Häufigkeit, mit der das Kollokat zusammen mit dem Suchbegriff auftritt, als auch die Gesamtzahl des Kollokats im Korpus berücksichtigt. Für die Berechnung des Assoziationsmaßes gibt es verschiedene Methoden, die hier aber nicht von Bedeutung sind (das Deutsche Referenzkorpus verwendet die sogenannte *Log Likelihood Ratio*, kurz LLR). Diese Listen können bei häufig verwendeten Stichwörtern Hunderte oder gar Tausende von Kollokaten enthalten. Hier ist eine vereinfachte Ansicht der ersten sechs Treffer aus der Kollokationsliste für das Lexem *umstritten*:[7]

Pos.	LLR-Wert	Anzahl	Kollokat	Typisches Satzmuster
1	111947	14595	heftig	heftig [...] umstritten
2	64547	9552	höchst	ist höchst[...] umstritten
3	11932	1603	Atomprogramm	über das umstrittene [iranische] Atomprogramm
4	11575	3088	politisch	ist politisch [...] umstritten
5	9818	2654	äußerst	ist äußerst [...] umstritten
6	9139	4454	Projekt	das umstrittene [...] Projekt

Diese kurze Liste zeigt bereits, dass *umstritten* häufig von Adverbien begleitet wird, die den hohen Grad der „Umstrittenheit" zum Ausdruck bringen (*heftig*, *höchst*, *äußerst*); daneben listet sie aber auch schon zwei Substantive, die offenbar besonders häufig als umstritten gekennzeichnet werden: *Atomprogramm* und *Projekt*. Dass hier nicht (analog zu *Projekt*) das neutrale *Programm*, sondern das spezifische *Atomprogramm* erscheint, ist ein erster Hinweis auf die politische Tendenz, mit der

7 Gesamtkorpus, 4/4-Fenster, satzbegrenzt

umstritten gebraucht wird. Kollokationslisten sind also wunderbar aufschlussreich, wenn man herausfinden will, in welchen Kontexten bestimmte Wörter erscheinen, etwa um Sachverhalte in ein bestimmtes Licht zu rücken. Die Vorteile eines Korpuseinsatzes liegen damit auf der Hand: Korpora liefern einen empirischen Nachweis für Phänomene, die man sonst bestenfalls intuitiv erfasst hätte. Immer wieder führen Korpusanalysen aber auch zu neuen Erkenntnissen, die erst im Nachhinein erklärbar werden.

1. Strukturelles Framing

In diesem ersten Kapitel werden wir der Frage nachgehen, wie Journalisten (und Politiker) sprachstrukturell vorgehen, um Andersdenkende zu diskreditieren. Dabei geht es weniger um klare, eigenständige Aussagen, durch die die Meinung des Sprachproduzenten unzweideutig ersichtlich wird und die jeder Medienkonsument auch direkt als Wertung verstehen würde, sondern vielmehr um weniger offensichtliche Methoden. Wenn ich beispielsweise sage: „X ist ein Antidemokrat“, dann ist dies ein klares Urteil, das als solches wahrgenommen wird, aber eben auch hinterfragt werden kann. Wenn ich dagegen sage: „Der Antidemokrat X hetzte in seiner Rede gegen Minderheiten“, dann liegt der Fokus der Aussage auf der Rede von X, aber natürlich bleibt auch hängen, dass der Sprecher X als Antidemokraten bezeichnet hat. Und wenn ein Politiker gefragt wird, warum er denn nicht mit X sprechen wolle, und dieser dann antwortet: „Ich spreche nur mit Demokraten“, dann ist jedem klar, dass der Politiker X für einen Antidemokraten hält, ohne dass er das Wort „Antidemokrat“ auch nur verwendet hätte. In diesem Kapitel wird es also schwerpunktmäßig um diese indirekten Methoden gehen. Dabei starten wir mit den eher wortbezogenen Techniken und gehen dann zu jenen über, die sich auf größere sprachliche Einheiten (Sätze oder Texte) und auf gesellschaftliche Faktoren beziehen.

Labeling: Etikett drauf, fertig!

Einfache Label, Etiketten wie *Rassist, Rechtsextremer, Antidemokrat* etc., sind das, was dem gewöhnlichen Sprachbenutzer als Erstes einfällt, wenn er auf sprachliche Manipulation und die Einschränkung der Meinungsfreiheit angesprochen wird („Man wird direkt in die Nazi-Ecke gesteckt!“). Und Label sind in der Tat sehr effektiv, und zwar sowohl zur Beschönigung von Schlechtem wie auch umgekehrt. Der französische Arzt und Psychologe Gustave Le Bon (1841-1931), einer der Begründer der Massenpsychologie, schrieb in seinem bekanntesten Werk *Psychologie der Massen*: „Die Macht der Worte ist so groß, dass gut gewählte Bezeichnungen genügen, um den Massen die verhasstesten Dinge annehmbar zu machen."[8] Dies gilt natürlich auch umgekehrt: Geschickt gewählte Bezeichnungen können dafür sorgen, dass der Masse die normalsten Dinge verhasst sind.

In jeder Sprachgemeinschaft werden Dingen, Tätigkeiten und Eigenschaften (jeweils im weitesten Sinne), die als relevant und in sich homogen genug erachtet werden, bestimmte Wörter zugeordnet, linguistisch gesprochen: Sie werden lexikalisiert. Dies ist an sich nichts Besonderes. Da sich die Welt in einem ständigen Veränderungsprozess befindet und auch neue sprachliche Bedürfnisse entstehen, ist es nicht verwunderlich, wenn neue Wörter entstehen und dafür alte nicht mehr gebraucht werden. Viele Wörter haben aber nicht nur eine rein referenzielle, also verweisende, Funktion, sondern transportieren auch in sich schon Werturteile. Dies lässt sich gut an dem Wort *Geruch* verdeutlichen. Wird ein bestimmter Geruch als angenehm empfunden, wird er als *Duft* bezeichnet; bewirkt er das Gegenteil, bezeichnen wir das olfaktorische Erlebnis als *Gestank*. Hinzu kommt, dass viele Wörter zwar nicht in sich mit Wertungen behaftet sind, aber starke positive oder negative Assoziationen wachrufen. Zu sagen, in einem bestimmten Land herrsche *Krieg*, mag eine sachlich richtige und neutrale Feststellung sein; unsere Vorstellungen und Assoziationen von Krieg sind jedoch in der Regel alles andere als neutral. Schließlich ist es wichtig zu wissen, dass die Etiketten (engl. *Label*), die wir für bestimmte Menschen, Vorgänge oder Handlungen gebrauchen, durchaus umstritten sein können. Ein klassischerweise verwendetes Beispiel ist das einer Person, die für die Unabhängigkeit ihrer Gemeinschaft kämpft und dabei auch vor Gewalt nicht zurückschreckt: Für die einen ist sie ein *Terrorist*, für die anderen ein *Freiheitskämpfer*.

Um im politischen Kampf Andersdenkende als solche identifizieren und schließlich als Feindbild bekämpfen zu können, muss man sie

---

8 Le Bon 2020:103

zunächst einmal lexikalisieren. Dabei kann man auf der einen Seite auf traditionelle Vokabeln zurückgreifen. Man kann Menschen als *Hetzer* oder *Spalter* bezeichnen oder ihnen *Hass* unterstellen. Diese Begriffe sind in vielen Kontexten einsatzfähig, haben aber (aus Sicht der Verleumder) den Nachteil, dass sie recht unspezifisch sind und vielleicht auch banal klingen. Effektiver sind Begriffe, die präziser zugeschnitten sind. Hierzu können entweder komplett neue Begriffe erfunden werden. Die DDR-Führung war in diesem Bereich sehr kreativ und produktiv. *Konterrevolutionär*, *Provokateur*, *Asozialer*, *Revanchist* oder selbst *Versöhnler*: Egal, wie man von der sozialistischen Linie abwich, es gab immer ein stigmatisierendes und/oder kriminalisierendes Label für dieses „Fehlverhalten".[9] Aber auch westliche Linke sind in dem Bereich der (Re-) Lexikalisierung sehr produktiv: *Homophobie*, *Islamophobie*, *Sexismus* und manche anderen Begriffe sind alles Wörter, die bis vor einigen Jahrzehnten noch gar nicht existierten, geschweige denn regelmäßig verwendet wurden. (Zu der Frage, ob diese Begriffe überhaupt gerechtfertigt sind, werden wir im nächsten Kapitel noch einiges sagen.)

Eine andere Möglichkeit besteht darin, existierende Begriffe zu nehmen und sie auf die aktuelle Situation anzuwenden. Nehmen wir als Beispiel den Begriff *Verschwörungstheoretiker*. Er taucht im Gesamtkorpus zum ersten Mal in einem *Zeit*-Artikel von Jahr 1978 auf (*Verschwörungstheorie* ist schon etwas älter), in dem der britische Politiker und spätere Premierminister Harold Wilson mit diesem Label versehen wird. Dennoch führte der *Verschwörungstheoretiker* lange Zeit medial ein absolutes Schattendasein. Dies änderte sich erst langsam nach der Jahrtausendwende, als vereinzelt (neben den obligatorischen Rechten) Esoteriker, Ufologen, Chemtrail-Anhänger sowie verschiedene Journalisten oder Publizisten, die ihre Theorien im Internet präsentierten, als Verschwörungstheoretiker bezeichnet wurden. Die absoluten Spitzenwerte erreichte das Label aber erst in der Corona-Krise, in der es zusammen mit zahlreichen anderen Kampfbegriffen verwendet wurde,

9 Ausführlich hierzu Weißgerber 2010.

um Kritiker der Coronamaßnahmen zu stigmatisieren. Im Folgenden eine Liste von Begriffen, die alle ihren Gebrauchshöhepunkt in den 2010er- oder 2020er-Jahren hatten (WpM-Werte in Klammern).

Lexem	Erstvorkommen im Gesamtkorpus	Verstärkter Gebrauch ab etwa	Spitzenwerte	
Sexismus, Sexist, sexistisch	1972	1984 (3,4) 2013 (9,8)	2017 2021	(12,5) (12,2)
Verschwörungstheoretiker	1978	2003 (0,6) 2010 (1,2)	2020 2021	(7,2) (4,4)
Homophobie, homophob	1979	2000 (0,3) 2007 (1,0)	2014 2021	(4,8) (4,8)
Schwurbler, schwurbeln	1985	2003 (0,5) 2008 (1,2)	2010 2022	(3,1) (2,9)
Rechtspopulist	1988	2002 (4,2) 2014 (4,4)	2016 2017	(14,6) (13,9)
Islam(o)phobie, islam(o) phob	1990	2004 (0,3) 2010 (1,2)	2015 2016	(1,9) (1,6)
Hassrede, hate speech	1992	2015 (0,6) 2019 (1,8)	2021 2022	(2,0) (1,9)
Fake News	1999	2016 (1,3)	2017 2018	(10,5) (7,6)
Klimaleugner, Klimawandelleugner	2003	2009 (0,1) 2017 (0,3)	2019 2020	(0,9) (0,6)
Wutbürger	2007	2010 (0,6) 2011 (1,3)	2015 2016	(1,8) (2,1)
Corona-Leugner	2020	2020 (4,3)	2021	(7,9)

Wenn also klar ist, worauf sie sich beziehen, können Anhänger des Großen Narrativs deren Kritiker direkt mit einem stigmatisierenden Label bedenken, das gegebenenfalls auch eigens kreiert wird. So weit, so erwartbar. Was aber tut ein Journalist, der einen Personen-, Partei- oder sonstigen Organisationsnamen verwenden muss, er also keine direkte Label-Auswahl hat, aber diese Person oder Organisation in ein schlechtes Licht rücken will? Zur Illustration werden wir uns hier einmal näher mit Ausschnitten aus dem Wikipedia-Eintrag von Hans-Georg Maaßen beschäftigen:

> Im August 2019 gab Maaßen der neurechten und der AfD nahestehenden Wochenzeitung Junge Freiheit (JF) ein Interview. (...) Maaßen trat auch beim russischen Propagandasender RT Deutsch auf und hielt Ende 2019 einen Vortrag in der dem Netzwerk der Neuen Rechten zugeordneten Bibliothek des Konservatismus. (...) Auch auf dem Sender TV Berlin, der Propaganda für die Regierung in Aserbaidschan ausstrahlt, sowie auf dem rechten YouTube-Kanal Hallo Meinung des Unternehmers Peter Weber und dem verschwörungstheoretischen österreichischen Sender AUF1-TV trat Maaßen auf.[10]

In diesem kurzen Abschnitt werden etliche Eigennamen aufgeführt: *Junge Freiheit*, *RT Deutsch*, *Bibliothek des Konservatismus*, *TV Berlin*, *Hallo Meinung* und *AUF1-TV*. Trotzdem ist der Abschnitt weit davon entfernt, neutral über die Interviewpartner des ehemaligen Chefs des Verfassungsschutzes zu berichten. Als Technik dienen hierzu sogenannte Attribute, also Beifügungen zu Substantiven (in diesem Fall Eigennamen), die dieses näher bestimmen oder erklären. Dies können zunächst einmal ganz normale Adjektive sein, in unserem Fall *neurechten* (bei der Jungen Freiheit), *rechten* (bei dem YouTube-Kanal Hallo Meinung) und *verschwörungstheoretischen österreichischen* (bei dem Sender AUF1-TV). Weiter finden wir sogenannte Partizipialattribute, eine Spezialität des Deutschen, die sich nicht immer leicht in andere Sprachen übersetzen lässt. Hierzu nimmt man ein Verb (z. B. *nahestehen* oder *zuordnen*), bildet daraus das Partizip I (*nahestehend*) oder II (*zugeordnet*), erweitert diese (*der AfD nahestehenden*; *der Neuen Rechten zugeordneten*) und fügt sie dem gewünschten Substantiv zu. (Und sagen Sie nicht, ich würde meinen linguistischen Bildungsauftrag nicht ernst nehmen!) Weitere Möglichkeiten sind sogenannte Appositionen, also

10 https://de.wikipedia.org/wiki/Hans-Georg_Maa %C3 %9Fen, 09.06.2023

direkte Beifügungen zu Substantiven wie in unserem Fall *Propaganda-sender* zu *RT Deutsch*, sowie Relativsätze (*der Propaganda für die Regierung in Aserbaidschan ausstrahlt*).

Journalisten antworten auf diesen Hinweis gerne, es sei schließlich ihre Aufgabe, Fakten verständlich zu präsentieren und „einzuordnen". Und natürlich ist dieser Einwand zunächst einmal berechtigt. Nicht viele kennen den YouTube-Kanal *Hallo Meinung* oder den Sender *AUF1-TV*. Trotzdem ist diese Praxis in ihrer derzeitigen Form in zweierlei Hinsicht einseitig und damit kritikwürdig. Zum einen sind die Attribute, die für Andersdenkende gewählt werden, fast immer negativ. Dies gilt für *Propagandasender*, *Propaganda* und *verschwörungstheoretisch*, dies gilt aber auch für *rechts* und dessen Ableitungen. Einst war *rechts* eine neutrale oder sogar positiv konnotierte Richtungsvokabel; inzwischen haben Politik und Medien den Begriff über die Jahre durch die Assoziation mit Extremismus, Gewalt, dem „Dritten Reich" und dem „Kampf gegen Rechts" so negativ geframet, dass kaum ein Politiker und kaum eine Organisation mehr bereit ist, sich selbst als rechts zu bezeichnen.[11]

Zum anderen ist es aber nicht nur eine Frage, *wie* gelabelt wird, sondern auch *wie häufig*, oder, klarer ausgedrückt, *wie penetrant*. Betrachten wir einmal die in dem Wikipedia-Artikel über Herrn Maaßen aufgeführte Wochenzeitung *Junge Freiheit* (JF). Die JF versteht sich selbst als konservatives Medium, und das ist sie meiner Meinung nach auch. Sie hat mit einer Auflage von etwa 27.000 Exemplaren eine mehr als doppelt so hohe Verbreitung wie die linke Wochenzeitung *Jungle World*, die auf etwa 12.000 Exemplare kommt.[12] Bei beiden Zeitungen kann man also von einem eher begrenzten Bekanntheitsgrad ausgehen, der bei der *Jungle World* aufgrund der geringeren Verbreitung sogar noch niedriger liegen dürfte. Dies spiegelt sich auch in der Zahl der Erwähnungen im Standardkorpus wider: Die *Junge Freiheit* kommt mit 975 Listungen auf gut fünfmal so viele Nennungen wie die *Jungle*

11 Vgl. Scherer 2020 oder Schmitt 2022: 159-166.

12 Quelle: Wikipedia-Einträge zu den jeweiligen Zeitungen, 09.06.2023

World, die 190-mal genannt wird. Zu erwarten wäre also, dass die *Jungle World* relativ gesehen deutlich häufiger „eingeordnet“ wird als die *Junge Freiheit*. Interessant ist es jetzt, zu schauen, wie häufig sich politische Zuordnungen im Zusammenhang mit dem Zeitungsnamen finden – und welche dies sind.[13]

	Jungle World	Junge Freiheit
Erscheinungsweise	wöchentlich	wöchentlich
Auflage (ca.)	12.000	27.000
Ausrichtung	links	konservativ
Nennungen gesamt	190	975
Einordnungen (Anzahl)	linken (14), linke (10)	rechten (90), rechtskonservativen (57), AfD (47), rechte (45), Rechten (34), rechtsgerichteten (15), neurechten (14), Rechtspostille (13), rechtslastigen (12), neu-rechten (10), neurechte (10), rechtsnationale (9), rechtspopulistischen (7), rechtsnationalen (6), rechtsextremen (5), Rechte (4), neu-rechte (4), AfD-nahe (4), AfD-Kreisen (3), AfD-nahen (3), rechtsgerichtete (3), rechtspopulistische (3), konservative (3), konservativen (3)
Quote 1:	7,9	2,4

Bei der *Jungle World* finden sich insgesamt 24 Ableitungen von *links*. Das heißt, dass nur in etwa einem von acht Fällen eine politische Zuordnung stattfindet. Bei der *Jungen Freiheit* hingegen finden sich solche Label in 404 Fällen. Im Gegensatz zu dem, was man aufgrund der Verbreitung der Zeitungen eigentlich erwarten könnte, findet eine journalistische „Einordnung“ also wesentlich häufiger bei der JF als bei der *Jungle World* statt. Mit anderen Worten: Bei jeder zweiten

13 9/9-Fenster, satzbegrenzt

bis dritten Erwähnung der *Jungen Freiheit* fühlen sich die Schreiber bemüßigt, auf deren politische Ausrichtung hinzuweisen, und das in den allermeisten Fällen eben nicht mit dem neutralen Begriff *konservativ*.

Diese Beobachtung lässt sich auch auf Parteinamen übertragen. Wie bei keiner anderen Partei weisen Journalisten darauf hin, dass die AfD rechtspopulistisch (oder Schlimmeres) sei. Nun ist diese Einordnung nicht nur inhaltlich fragwürdig (mehr dazu später); sie wird auch noch weitaus stärker einseitig betrieben als bei dem Beispiel mit den Wochenzeitungen; dies gilt weit über das Gründungsjahr 2013 hinaus, wo man eine Einordnung für die Leser noch hätte verstehen können. Hier ist ein Beispiel aus dem Jahr 2017.

> Der Landeswahlausschuss in Brandenburg hat das zunächst vorläufige Ergebnis der Bundestagswahl vom 24. September weitgehend bestätigt. Demnach landete die CDU mit 26,7 Prozent der Zweitstimmen auf dem ersten Platz. Die rechtspopulistische AfD wurde mit 20,2 Prozent die zweitstärkste Kraft. Die SPD bekam 17,6 Prozent, die Linkspartei 17,2 Prozent. Auf die FDP entfielen 7,1 Prozent der Stimmen, auf die Grünen 5,0 Prozent. (Nordkurier, 07.10.2017, S. 4)

Keine der anderen im Bundestag vertretenen Parteien bekam ein Extra-Label verpasst, nur die AfD. Dabei wäre es durchaus möglich, auch für jede dieser Parteien ein ähnlich gewählt klingendes und ähnlich stigmatisierendes Attribut zu finden. Wie wäre es mit der *opportunistischen CDU*, der *kapitalistischen FDP*, der *linkspopulistischen SPD* (die 2021 mit dem Slogan „Respekt für Dich!" antrat), den *ökosozialistischen Grünen* und der *linksradikalen Linkspartei*? Genau dieses Labeling findet sich jedoch weder hier noch so gut wie irgendwo sonst.

Die Funktion des in diesem Abschnitt beschriebenen Labeling ist relativ einfach zu umreißen. „Das Labeling ersetzt die Analyse durch eine normative Bewertung", so der Theologe Wolfgang Nestvogel. „Damit drängt man die andere Meinung an den Rand des Diskurses und erspart sich selbst praktischerweise die Auseinandersetzung in der Sache."[14] Anders ausgedrückt: Label sind „Schlag"-Wörter im fast wörtlichen Sinne. Eben das, was manchmal als „Nazi-Keule" bezeichnet wird.

Umdefinition und Begriffserweiterung: Was demokratisch (Rassismus, Sexismus ...) ist, bestimmen wir!

Die Idee, durch Umdeutung bekannter Wörter bei gleichzeitiger Ausgrenzung unerwünschter Wörter die Bevölkerung zu „erziehen", ist keine Erfindung des 21. Jahrhunderts. In der Inhaltsangabe eines Buches über die Sprachpolitik Maos und der Kommunistischen Partei Chinas heißt es beispielsweise:

> Sie brachten jedem ein neues politisches Vokabular bei, gaben alten Wörtern neue Bedeutungen, münzten traditionelle Begriffe zu revolutionären Zwecken um, unterdrückten Wörter, die „inkorrekte" Gedanken ausdrückten, und verlangten von der gesamten Bevölkerung, Slogans, Formeln und vorgefertigte Texte zu rezitieren, die „korrekte" Gedanken in „korrekte" Sprache fassten.[15]

Auch in die Literatur hat diese Idee Einzug gehalten. 1949 veröffentlichte der englische Schriftsteller George Orwell seinen Roman „1984", eine Dystopie („Schreckens-Utopie") eines totalitären Staates, in dem eine Gedankenpolizei die Bürger überwacht und die Medien permanent Hass auf den angeblichen Staatsfeind schüren. Zur perfekten Gedankenkontrolle wird eine neue Sprache („Neusprech") entwickelt, in der „schädliche" Begriffe nicht mehr vorkommen. Zudem wird die Bevölkerung mit Parolen wie „Krieg ist Frieden" „Freiheit ist Sklaverei" oder „Unwissenheit ist Stärke" konfrontiert, mit deren Hilfe

---

14 „Pastor Wolfgang Nestvogel – Fünf politisch ausgesprochen brisante Entwicklungen – PPT Vortrag [2021]" (ab 11:43); https://www.youtube.com/watch?v=UnpQJ1-s_NE

15 Fengyuan 2003

zentrale Begriffe in ihr Gegenteil verkehrt oder zumindest als etwas ganz anderes gedeutet werden.

Der DDR, die sich selbst als „Demokratie“ bezeichnete und die Mauer als „antifaschistischen Schutzwall“ deklarierte, war solch eine Literatur verständlicherweise ein Dorn im Auge. 1978 verurteilte ein Gericht im damaligen Karl-Marx-Stadt (heute Chemnitz) einen 27-jährigen Theologen zu zwei Jahren und vier Monaten Gefängnis, weil er „1984“ an Bekannte verliehen hatte.[16] Doch auch die Parallelen zur heutigen, von politischer Korrektheit durchdrungenen Gesellschaft sind nicht von der Hand zu weisen. „Heute hätte [Orwell] grimmige Freude daran, wie etwa das ‚Beste Deutschland, das wir jemals hatten‘, ‚Das Land, in dem wir gut und gerne leben‘ seine ‚1984‘-Dystopie schier als Gebrauchsanweisung nutzt“, schreibt Josef Kraus, der ehemalige Präsident des Deutschen Lehrerverbandes.[17]

Zugegebenermaßen ist die Umdefinition von Wörtern vor allem eine Sache der Politik. Da sich die Medien jedoch als willfährige Helfer erweisen, statt aufklärerisch tätig zu sein, sei diese Strategie auch hier aufgeführt. Zur Veranschaulichung sehen wir uns einmal ein Beispiel im Detail an, das schon etwas älter ist: den Begriff „Familie“. Der hiermit verbundene Umdefinitionsprozess ist insofern eher untypisch, als dass er offen und sogar in den Parlamenten ausgefochten wurde; er zeigt jedoch sehr anschaulich, wie sich linke Ideen und Definitionen im bürgerlich-konservativen Lager durchsetzen.

Traditionell (und für viele Menschen auch heute) besteht eine Familie aus Vater, Mutter und mindestens einem Kind. Seit 1998 erleben wir jedoch die Entwicklung hin zu einem „inklusiveren“ Familienbegriff. Angestoßen wurde diese Anstrengung wesentlich durch die rot-grüne Koalition, die in jenem Jahr den Satz „Familie ist, wo Kinder sind“ in ihren Koalitionsvertrag aufnahm. Der Prozess des Ringens um die Bedeutung eines Wortes wird hier anhand von chronologisch angeordneten Zitaten aus Parlamentsreden und der Presse nachgezeichnet. Nach anfänglichem

16 Kraus 2020: 77

17 Kraus 2020: 76

Widerstand der CDU sowie der Kirchen adaptierten oder übernahmen beide in Deutschland überraschend schnell die rot-grüne Idee. Ab etwa 2007 folgte dann auch die österreichische ÖVP. War die Definition „Familie ist, wo Kinder sind" zunächst gedacht, um unverheiratete Paare und Alleinerziehende mit Kindern in den Begriff zu integrieren, benutzte die politische Linke ab etwa 2001 die neue Definition, um die Öffnung der Ehe und das Adoptionsrecht auch für Homosexuelle zu fordern. Die letzten beiden Zitate in unserer Liste zeigen, dass diese Erweiterung des Familienbegriffs möglicherweise noch nicht zu Ende ist.

> Familie ist, wo Kinder sind. (Koalitionsvereinbarung zwischen der Sozialdemokratischen Partei Deutschlands und Bündnis 90/Die GRÜNEN von 1998)
>
> Für uns gilt es, die Familie weiterhin auch ideell zu stärken. Wir stimmen Ihrer Definition im Koalitionsvertrag „Familie ist, wo Kinder sind" nicht zu. Für uns ist Familie grundsätzlich: Mann, Frau, Kinder. (Hannelore Rönsch (CDU) am 11.11.1998 im Deutschen Bundestag)
>
> Bei der Vorstellung des Bischofswortes in Berlin sprach sich der Vorsitzende der Deutschen Bischofskonferenz, der Mainzer Karl Lehmann, gegen die rechtliche Gleichstellung nichtehelicher Lebensgemeinschaften mit der Ehe aus. Dies höhlt nach Ansicht des Bischofs den im Grundgesetz verankerten Schutz von Ehe und Familie aus, die einen „einzigartigen Rang" gegenüber anderen Lebensformen haben. (Süddeutsche Zeitung, 05.12.1998, S. 6)
>
> Der Satz, die Familie ist dort, wo Kinder sind, offenbart ein anderes Familienbild, als wir es vertreten. Ehe und Familie haben eine grundlegende Bedeutung für die Entfaltung des einzelnen und die Zukunft unserer Gesellschaft. Für uns ist daher der Schutz von Ehe und Familie, der sich aus Art. 6 des Grundgesetzes ergibt, besonders wichtig. Wir werden daran festhalten und lehnen daher die von Ihnen geplante rechtliche Aufwertung von anderen Lebensgemeinschaften ab. (Maria Eichhorn (CSU) am 25.02.1999 im Deutschen Bundestag)

Merkel räumte ein, dass die CDU um die neue Definition des Familienbegriffs lange gerungen habe. „Familie ist überall dort, wo Eltern für Kinder und Kinder für Eltern Verantwortung tragen", heiße sie nun. Dies unterscheide sich grundsätzlich vom Familienbegriff der SPD: „Familie ist, wo Kinder sind", meinte Merkel. (Spiegel-Online vom 13.12.1999; „Abschied von der traditionellen Familie")

Die Koalition aus SPD und Grünen hat in (...) ihrer Koalitionsvereinbarung definiert: „Familie ist, wo Kinder sind." Daraufhin hat die CDU im Rahmen ihrer immer rascheren Versozialdemokratisierung mit dem Familienbegriff „Familie ist überall dort, wo Eltern für Kinder und Kinder für Eltern Verantwortung tragen" gleichgezogen. Da aber bekanntlich das Verantwortungübernehmen bereits zwingend im Sozialgesetzbuch geregelt ist, unterscheidet sich die CDU-Definition letztlich nicht von der von Rot-Grün. (Michael Herbricht (REP) am 22.03.2000 im Baden-Württembergischen Landtag)

Wir lassen die Frage, wie Erwachsene miteinander leben, weg. Ob die Eltern verheiratet sind, alleine leben, einen deutschen Pass haben, hetero- oder homosexuell sind – das ist uninteressant. Das ist Ausdruck gesellschaftlichen Wandels. Der traditionelle Familienbegriff gilt nicht mehr. (Süddeutsche Zeitung, 05.06.2001, S. 6; SZ-Interview mit Renate Künast (Grüne))

Die „Lesben und Schwulen in der Union" (LSU) erwarten dagegen, dass der Karlsruher Spruch seiner Partei „eine Hilfe" ist, um sich von familienpolitischen Vorstellungen der Fünfzigerjahre zu verabschieden. „Familie ist da, wo auch Kinder sind. Und die Wirklichkeit sagt uns doch, dass Lesben und Schwule auch Kinder haben", sagt der LSU-Bundesvorsitzende Martin Herdieckerhoff. (die tageszeitung, 19.07.2001, S. 3)

„Familie ist da, wo Kinder sind", heißt deshalb die neue Definition. Was die Bundesfamilienministerin Christine Bergmann darunter versteht, das hat sie in einem Grußwort für eine Schrift des Lesben- und Schwulenverbandes festgeschrieben. In diesem Text heißt es: „Familie wird heute in vielfältiger Form gelebt. Für manche Kinder gehören zu ihrer Familie zwei Väter oder zwei Mütter, die in einer gleichgeschlechtlichen Partnerschaft leben. Mit dem Lebenspartnerschaftsgesetz, das am 1. August 2001 in Kraft trat, wird auch die rechtliche und gesellschaftliche Anerkennung lesbischer und schwuler Paare gestärkt." (Rhein-Zeitung, 11.04.2002; „Die Homo-Ehe ist keine echte Familie")

Es ist gut, dass die Familienpolitik für alle Parteien ein wichtiges Thema geworden ist. Wir haben hier Gemeinsamkeiten und Unterschiede. Ein Unterschied besteht beim familienpolitischen Leitbild. Frau Stahl vertritt die Auffassung, Familie ist dort, wo Kinder sind. Das entspricht nicht den Normen des Grundgesetzes und dem besonderen Schutz von Ehe und Familie. (Alois Glück (CSU) am 19.04.2002 im Bayerischen Landtag)

Es ist ein Kampf zwischen traditionellem und modernem Familienbild. Familie ist, wo Kinder sind, steht schließlich im CDU-Grundsatzprogramm. Von Ehe ist da keine Rede. (Nürnberger Zeitung, 03.07.2002; „Peinliches Gezerre um die junge Katherina Reiche")

Für die FDP ist Familienpolitik ganz einfach: „Familie ist, wo Kinder sind", heißt es im Programm der Liberalen. (Berliner Morgenpost, 17.09.2002, S. 3)

„Familie ist da, wo Kinder sind", betont Jetz. „Homosexuelle Familien gehören dazu." Das sieht auch die FDP so: Mit der Beschränkung auf die Adoption leiblicher Kinder bleibe die Regierung weit hinter der gesellschaftlichen Realität zurück, kritisieren die Liberalen. (Nürnberger Zeitung, 03.08.2004; „Adoptionsprobleme")

Geadelt wurde dieses Ansinnen zu Beginn dieses Jahres von keinem Geringeren als Bundespräsident Horst Köhler, der in Tutzing im Rahmen des Jahresempfangs der Evangelischen Akademie dafür plädierte, auch homosexuelle Eltern in ein modernes Familienbild einzubeziehen: „Familie ist dort, wo Kinder sind." Nur die CSU protestierte lauthals. (die tageszeitung, 15.07.2006, S. II)

„Wir haben auch sicherlich einen etwas anderen Familienbegriff als die CDU", sagte Stoiber. Während für die Schwesterpartei

„Familie ist, wo Kinder sind", hält die CSU am traditionellen Leitbild von Ehe und Familie fest, auch wenn sie andere Partnerschaften mit Kindern und „gerade auch die Leistung von Alleinerziehenden" achte. (Spiegel-Online, 23.07.2007; „CSU will bei Konservativen punkten")

Also: „Einfache Botschaften, ohne primitiv zu sein." Beispiel gefällig? „Familie ist, wo Kinder sind" – der neueste Werbespruch der ÖVP. (Die Presse, 06.11.2007, S. 4)

„Familie ist überall, wo Kinder sind." Hier wird also Familie nicht allein über die Lebensform Ehe definiert, sondern weiter gefasst. Doch unter den Unterzeichnern sind auch CSU-Politiker und Kirchenvertreter. (Nürnberger Nachrichten, 12.12.2007, S. 11; „Fortschritt für die Familien")

„Familie ist dort, wo Kinder sind": Justizministerin Zypries versucht, diesen Wahlslogan ihrer Partei mit Hilfe einer von ihr jetzt vorgelegten Studie zu untermauern. Wäre dieser diffuse Familienbegriff der SPD richtig, könnte jede Art von Gemeinschaft, zu der auch Kinder gehören, als Familie angesehen werden. (Braunschweiger Zeitung, 04.08.2009 „Sollen homosexuelle Paare heiraten und Kinder adoptieren dürfen?")

Familie ist, wo Kinder sind, haben findige Sozialdemokraten mal getextet, um sich vom klassischen Familienbegriff der Konservativen abzusetzen, die aus christlichen und/oder steuerlichen Gründen eine Familie lange nur dann als vollwertig ansahen, wenn Papa, Mama und Kind beieinander waren. Heute haben sich die Fronten aufgeweicht und Familie ist ein weiter Begriff geworden, religiös, steuerlich und emotional. (Süddeutsche Zeitung, 17.05.2011, S. 15)

Schäuble treibt die Konservativen tiefer in die Identitätskrise und fordert das Ehegattensplitting für alle, die Verantwortung für Kinder übernehmen, Homos inklusive. Familie ist dort, wo Kinder sind – hoppla, das steht im Wahlprogramm der Grünen. Egal. Wahlkampf ist Wahlkampf. (die tageszeitung, 11.05.2013, S. 6-7)

„Familie ist überall dort, wo Kinder erzogen werden." Mit diesem Satz hat die Evangelische Kirche in Deutschland (EKD) im vergangenen Jahr viel zustimmendes Staunen erfahren, aber auch viel Prügel vor allem aus kirchlichen Kreisen einstecken müssen. (Rhein-Zeitung, 26.02.2014, S. 15)

„Familie ist dort, wo Kinder sind." Ein schöner, klarer Satz, der sich allmählich durchsetzt. Es sind nicht mehr allein die Gene, die entscheiden, wer wessen Vater oder Mutter ist. Elternschaft entscheidet sich zunehmend durch die Frage: Wo wächst du auf? (Der Spiegel, 25.08.2014, S. 113)

Weshalb sollen nicht drei oder vier Männer einander heiraten können? Oder eine Frau und zwei Männer oder zwei Männer und drei Frauen? Für die Monogamie spricht wenig, für die Polygamie viel. Wenn „Familie ist, wo Kinder sind" und „Ehe ist, wo man Verantwortung füreinander übernimmt", dann kann man doch neben Patchwork-Familien auch Patchwork-Ehen haben. (Weltwoche, 06.07.2017; „Ehe für wirklich alle")

Nicht immer wird so offensichtlich und so öffentlich um eine Neudefinition gerungen. Im Gegenteil. Meist werden bestehende Sachverhalte einfach mit einem Label belegt, das dafür eigentlich nicht geeignet ist; manchmal werden auf diese Weise Wörter geradezu in ihr Gegenteil verkehrt. *Demokratisch* ist so ein Beispiel, das wir uns unten im Abschnitt *Implikatur* noch einmal näher ansehen werden. Hier ist eine Liste von Wörtern und ihren Bedeutungen, wie sie von Linken gerne verwendet werden.

Wenn Linke sagen ...	... meinen sie damit häufig:
Aktivist	Linke, die in ihrem Aktivismus über die Grenzen der Legalität hinausgehen und damit keine Aktivisten, sondern Radikale oder Extremisten sind; gebraucht zur Verschleierung
anständig	• Eigenschaft von Linken, die gegen konservative oder rechte Thesen Stellung beziehen, selbst wenn sie dabei die Regeln des normalen Anstands verletzen (indem sie zum Beispiel den Gegner niederbrüllen, ihm den Handschlag verweigern etc.) • in der Regel: sich selbst
Antifa	Linke Vorfeldorganisation, die unter dem Deckmantel des Antifaschismus auch vor faschistischen Methoden wie Bedrohung und Gewalt nicht zurückschreckt
Antisemitismus	Kritik an den wirtschaftlichen oder politischen Eliten, wenn sie von nicht-linker Seite kommt
arm	deutlich ärmer als der Durchschnitt, aber in der Regel nicht arm
Aufmarsch	Demonstration einer nicht-linken Gruppe
bunt	rot-grün
Corona-Tote	Menschen, die an oder mit Corona gestorben sind
demokratisch	links oder Mitte; gebraucht, um alles rechts der Mitte zu delegitimieren (was absolut undemokratisch ist)
Europa	EU (z. B. in dem Adjektiv europafeindlich)
Faschist	Konservativer, Rechter oder Patriot
Flüchtling	Migrant
Gerechtigkeit	Angleichung
geschlossenes Weltbild	wiederholt vorgetragene Meinung derselben Person zu verschiedenen Themen entgegen dem Großen Narrativ

Wenn Linke sagen …	… meinen sie damit häufig:
gruppenbezogene Menschenfeindlichkeit	• gruppenbezogene Menschenfeindlichkeit gegenüber einer Gruppe, die Anhängern des Großen Narrativs am Herzen liegt (aber nie gruppenbezogene Menschenfeindlichkeit von Anhängern des GN selbst) • Haltung gegenüber diesen Menschengruppen, die nicht von uneingeschränkter Zustimmung geprägt ist (aber nichts mit Feindlichkeit zu tun hat)
Haltung zeigen	für linke Werte einstehen (auch wenn dies mit Haltung nichts zu tun hat)
Hass (auf Personen)	Kritik (an Inhalten des GN)
Islamismus	Islam
Kapitalismus	soziale Marktwirtschaft
Leugner	jemand, dessen Meinung ich nicht teile, mit dessen Positionen ich mich aber auch nicht auseinandersetzen will
nationalistisch	patriotisch
Nazi	• Patriot oder Rechter • (im Antifa-Sprech) Demonstrant, der einem beliebigen Aspekt des Großen Narrativs widerspricht
-phob	Kritik an Inhalten des GN, auch wenn diese mit unberechtigter Angst gar nichts zu tun hat
populistisch	Meinung, die mir nicht gefällt, die aber nachvollziehbar und schwer zu widerlegen ist (gebraucht, um die Meinung zu diskreditieren und sich der Diskussion nicht stellen zu müssen)
Privileg	Normalzustand (zum Beispiel Nicht-Diskriminierung); gebraucht, um „privilegierten“ Menschen Schuldgefühle zu machen

Wenn Linke sagen ...	... meinen sie damit häufig:
Rassismus	• wenn man Menschen mit offensichtlich nicht-europäischen Wurzeln nach deren Herkunft fragt • wenn man ungesteuerte Migration kritisiert • wenn man den Islam kritisiert (auch wenn der Islam mit Rasse nichts zu tun hat) • wenn man in unterentwickelte Regionen der Erde geht, um dort zu helfen • ...
rechts	• rechtsextrem („rechte Gewalt“, „Kampf gegen rechts“); gebraucht, um eine ganze politische Richtung zu stigmatisieren • regierungskritisch; gebraucht, um Proteste zu delegitimieren
rechtsradikal, rechtsextrem, ultrarechts	konservativ, rechts oder einfach nur vernünftig; häufig ohne inhaltliche Grundlage gebraucht, um eine Person oder eine Partei zu stigmatisieren
rückwärtsgewandt, ewiggestrig	an unveränderlichen Werten orientiert, was Geschlechterrollen, Ehe, Familie, Arbeit, Nation etc. angeht; konservativ
Seenotrettung	Transport nach Europa (echte Seenotrettung beinhaltet, dass man die Geretteten in den nächsten sicheren Hafen bringt)
Sexist	jemand, der an der natürlichen Unterschiedlichkeit der Geschlechter festhält
Toleranz	Geisteshaltung, die Linke für sich und von ihnen identifizierte Minderheiten einfordern, aber häufig nicht selbst praktizieren
umstritten	in der Öffentlichkeit stehend und eine nicht-linke Meinung vertretend
Umverteilung	Höherbelastung der wirtschaftlichen Eliten („Umverteilung“ impliziert einen reinen Verwaltungsakt)

Wenn Linke sagen ...	... meinen sie damit häufig:
Verschwörungstheorie	Theorie, die dem GN widerspricht, sich aber in der Regel weder beweisen noch widerlegen lässt; gebraucht zur Stigmatisierung der Theorie und ihrer Anhänger
Vorurteil	negative Meinung, egal wie begründet, über jemandem oder eine Gruppe (Ausnahme: wenn Linke eine negative Meinung über andere haben)
Wende	Friedliche Revolution („Wende" verharmlost die Unterdrückung durch das SED-Regime und bagatellisiert den Mut der Widerständler)
Zivilcourage	angebliche Eigenschaft von jemandem, der öffentlich gegen rechte Positionen einsteht; hat mit Mut meist nichts zu tun

Auffällig ist, dass viele der neueren, in letzter Zeit besonders häufig gebrauchten oder auch umgedeuteten Begriffe dazu dienen, Menschen mit bestimmten Meinungen oder diese Meinungen selbst zu diskreditieren. *Hassrede*, *Verschwörungstheorie*, *Desinformation*, *Leugner*, *Schwurbler*, *populistisch*, *Delegitimierung des Staates*, *geschlossenes Weltbild* und *Fake News* können alle eingesetzt werden, um sich direkt auf unliebsame Meinungen oder deren Träger zu beziehen und selbige zu brandmarken. Das Aufkommen und die Verbreitung dieser Begriffe in den letzten Jahren sind Anzeichen dafür, in was für eine Richtung wir uns als Gesellschaft gerade bewegen.[18]

18 Mehr zu Umdeutungen von Begriffen und deren Verwendung als Kampfbegriffe in Schmitt 2022.

Implikatur: Ich sag's nicht direkt, aber es ist schon klar, was gemeint ist

Im Mai 2023 ging in Brandenburg bei einer Landratswahl eine Stichwahl zwischen einem SPD- und einem AfD-Kandidaten knapp zugunsten des Sozialdemokraten aus. Brandenburgs Grünen-Chefin zeigte sich „erschüttert über das knappe Wahlergebnis" und sagte, dies verdeutliche „die Verwundbarkeit unserer Demokratie" – wohlgemerkt, bei einer regulären Wahl.[19] Als wenige Wochen später im thüringischen Sonneberg zum ersten Mal ein AfD-Politiker zum Landrat gewählt wurde, überboten sich Politiker anderer Parteien mit Aussagen wie der, dass nun die „demokratischen Parteien" zusammenstehen müssten. Bei solchen und ähnlichen Aussagen wird in aller Regel die Alternative für Deutschland nicht direkt als undemokratisch bezeichnet; das wäre zu offensichtlich und würde auch zu Nachfragen führen („Wieso sollte eine gewählte Partei nicht demokratisch sein?"). Stattdessen bedient man sich der Implikatur: Man deutet etwas an, ohne es ausdrücklich zu sagen.

Diese Strategie wird bei der AfD bereits seit 2014, also einem Jahr nach ihrer Gründung, gefahren. Hier ist ein Zitat aus jener Zeit, das verdeutlicht, wie man das Narrativ, die AfD sei keine demokratische Partei, damals noch vorsichtig einführte:

> Eigentlich war Hauk eine lässliche Sünde unterlaufen. In dem TV-Interview hatte er erklärt, nach der Landtagswahl 2016 werde keine Koalition von vornherein ausgeschlossen. Die CDU werde im Bedarfsfall „mit allen demokratischen Parteien natürlich Gespräche führen". Der Hinweis, dass für ihn die AfD nicht in diese Reihe gehört, fehlte. (Mannheimer Morgen, 24.05.2014, S. 5)

Diese indirekte Strategie wurde in den Folgejahren zunehmend unverblümt verfolgt. Wenn man das Standardkorpus nach der Phrase

---

19 „Landratswahl: Warum der AfD-Kandidat doch noch verliert"; https://jungefreiheit.de/politik/deutschland/2023/landratswahl-afd/

„demokratische Parteien" durchsucht, nimmt die AfD unter den Kollokaten mit weitem Abstand den ersten Rang ein.[20] Fast immer geht es darum, indirekt der Alternative für Deutschland ihr „Demokratisch-Sein" abzusprechen. Hin und wieder wird deutlich, wie weit diese Verdrehung inzwischen gediehen ist. So schrieb ein Kommentator im *Nordkurier* (ironischerweise unter der Überschrift „Der Wille des Volkes"):

> Wenn man sich ansieht, dass 57000 Wähler bei den letzten Wahlen noch demokratische Parteien gewählt haben und nunmehr die AfD wählten, sollte man meinen, dass dies einen Prozess der innerparteilichen Diskussionen in den Parteien zur Gestaltung der Politik und deren Vermittlung nach sich ziehen sollte. (16.09.2016, S. 2)

Hier wird also gleichzeitig gesagt, dass die AfD von 57.000 Wählern gewählt wurde – und sie aus dem Kreis der „demokratischen Parteien" ausgeschlossen.

Diese indirekte Stigmatisierungstechnik funktioniert nicht nur auf der Ebene eines größeren Text-Zusammenhangs, sondern auch auf der Wortebene. Nehmen wir zum Beispiel den Impfverweigerer. Was ist der Unterschied zwischen Verweigerung und Ablehnung? Verweigerung ist die Zurückweisung von etwas, das als normal erachtet, erwartet oder sogar offiziell gefordert wird. Wenn jemand den Handschlag verweigert, ist dies eine grobe Unhöflichkeit. Eine verweigerte Zustimmung kann zwischenmenschliche Konflikte zur Folge haben. In vielen Fällen hat eine Verweigerung zivil- oder strafrechtliche Konsequenzen. Wer in Deutschland bis 2011 den Wehrdienst verweigerte, musste Zivildienst leisten. Wer auch den verweigerte, wurde inhaftiert. Auch eine Zahlungsverweigerung bleibt nicht ohne Folgen. Und wer den Dienst oder einen Befehl verweigert, muss sogar mit Sanktionen rechnen.

---

20 9/9-Fenster, satzübergreifend. Um einen verzerrenden Einfluss von Nennungen der amerikanischen „Demokratischen Partei" oder anderer ausländischer Parteien mit „Demokratisch" und „Partei" im Namen auszuschließen, wurde für „demokratisch" nach dem Lexem und für „Parteien" nach der Wortform im Plural gesucht.

Von einer Ablehnung spricht man hingegen, wenn der Entscheider frei ist in seiner Entscheidung. Ein Heiratsantrag kann ebenso abgelehnt werden wie ein Vorschlag oder ein Angebot. Bezeichnenderweise findet sich in der fast 4.000 Wortformen langen Kollokationsliste von *Angebot* nicht eine einzige Form von *verweigern*. Genau dies, ein Angebot, war zumindest für die meisten Menschen in Deutschland und nach offizieller Lesart die Impfung gegen Covid 19. Trotzdem wurden jene, die dieses Angebot – aus welchen Gründen auch immer – nicht annahmen, als *Verweigerer* bezeichnet. Mit anderen Worten, es wurde so getan, als ob es ja eigentlich ein Pflicht zur Impfung gäbe, der sich nur halsstarrige Notoriker widersetzen würden. Mehr hierzu und zu dem ähnlich gelagerten Fall des *Aussteigers* im nächste Kapitel.

Assoziation: Irgendeine Verbindung muss es doch geben!

Ein beliebtes Mittel, Andersdenkende zu stigmatisieren, besteht darin, nicht direkt etwas Negatives über sie zu sagen, sondern sie mit etwas Negativem (oder jemand Negativem, d. h. Anrüchigem) in Verbindung zu bringen. Diese Technik bietet sich an, wenn man über die zu diffamierende Person oder Gruppierung selbst wenig oder nichts Negatives zu berichten hat – man kann sie immer noch in ein „schmutziges Umfeld" ziehen.[21] Sprachlich gibt es hierfür mehrere Möglichkeiten.

Die einfachste, aber auch subtilste Option ist die, dass man die zu diffamierende Gruppierung in einem Atemzug mit Geächteten nennt, sei es in Aufzählungen oder Paarformeln. Der Mechanismus, den man sich hierbei zunutze macht, beruht auf der Tatsache, dass Elemente, die in Aufzählungen vorkommen, immer ein gemeinsames Merkmal verbindet. Das ist selbst bei Gegensatzpaaren wie *Tag und Nacht*

---

21 Selbst Jesus wurde von dieser Diffamierungstechnik nicht verschont. Er wurde von seinen Feinden als „Freund der Zöllner und Sünder" bezeichnet (Lukas 7,34), also von rückgratlosen Kollaborateuren mit der Besatzungsmacht und anderen unmoralischen Menschen.

(Tageszeiten) oder *Feuer und Wasser* (Problem und seine Lösung) der Fall; üblicherweise sind die genannten Elemente jedoch vereint in einer „Stoßrichtung", einem gemeinsamen Ziel. Wenn es also in dem folgenden Beispiel heißt:

> Bei der vierten und letzten Diskussionsrunde zu den Themen Freiheit, Gleichheit, Gerechtigkeit und Solidarität wurde Albert K. Knecny als Referent gewonnen. (Niederösterreichische Nachrichten, 20.11.2014; Zeitzeuge sprach über Solidarität),

dann sind das nicht einfach nur zusammenhangslos aneinandergereihte Themen, sondern Werte, die von vielen in der einen oder anderen Form als Grundwerte akzeptiert werden. Nun ist es so, dass durch jahrelange Spracherfahrung jeder Sprachbenutzer um diesen „gemeinsamen Grund" der aufgezählten Elemente weiß und diesen Zusammenhang auch erwartet, wenn er sprachliche Botschaften hört oder liest. Dies kann wiederum ausgenutzt werden, indem man in eine Aufzählung ein Element einbaut, das dort eigentlich gar nichts zu suchen hat.

Schauen wir uns einmal ein Beispiel an. Vor einiger Zeit erschien auf *Focus online* ein Artikel mit dem Titel „Weiterer mutmaßlicher Rechtsterrorist in Sachsen festgenommen", in dem über die Festnahme eines Mannes berichtet wurde, der mutmaßlich zur Terrorgruppe „Revolution Chemnitz" gehörte.[22] Diese Organisation wolle, so der Artikel, „mehr bewirken" „als der Nationalsozialistische Untergrund (NSU), die bislang gefährlichste rechte Terrorgruppe in der Bundesrepublik." Letztere habe zehn Menschen ermordet, 15 Raubüberfälle begangen und drei Bomben gelegt. Irgendwann in diesem Artikel fällt dann der folgende Satz:

> Die „Revolution Chemnitz" hat eine Vorgeschichte, die weit über die Aufmärsche von Neonazis, Hooligans und AfD in diesem August in Chemnitz hinaus reicht.

22 https://www.focus.de/politik/deutschland/chemnitz-revolution-chemnitz-plante-attacken-auf-politiker-journalisten-und-weitere-menschen_id_9688440.html

Und plötzlich steht sie da, die AfD als Verbündete von Neonazis, Hooligans und einer Terrorgruppe, einfach durch die Aufzählung und eine angebliche gemeinsame „Vorgeschichte". Auch wenn sie damit nicht das Geringste zu tun hat – dieser Eindruck bleibt beim Leser haften.

Aber auch explizitere Möglichkeiten der Assoziation gibt es. Man unterstellt jemandem eine *Nähe* zu jemand Stigmatisiertem, schreibt ihn einem *Umfeld* zu oder behauptet, er sei ein *Scharnier* (oder hätte eine *Scharnierfunktion*) zu etwas Bösem. Die politische Einseitigkeit, mit der diese Assoziationstechnik verwendet wird, wird durch die Korpusanalyse schnell deutlich. Durchsucht man die ersten 30 Kollokate von *Nähe zu(r/m)* nach politischen Akteuren, ergibt sich folgendes Bild.[23]

Pos.	Kollokat	Beispiel
1	Putin	Bundestags-Vizepräsidentin Claudia Roth hat IOC-Präsident Thomas Bach für dessen Nähe zu Kreml-Chef Wladimir Putin attackiert. (Nürnberger Nachrichten, 11.03.2014, S. 23)
11	AfD	In der CDU Sachsen ist die geistige Nähe zur AfD besonders ausgeprägt. (Der Spiegel, 08.10.2016, S. 34)
23	rechtsextremen	Anfang August hatte der Klub seinem Kapitän Daniel Frahn wegen vermeintlicher Nähe zur rechtsextremen Szene gekündigt. (Berliner Zeitung, 06.09.2019, S. 19)
25	Reichsbürgern	Sie werfen dem Sänger die Verbreitung von Verschwörungstheorien, die Nähe zu Reichsbürgern sowie Antisemitismus und Rassismus vor. (Nordkurier, 17.06.2020, S. 17)
26	Nationalsozialismus	Und eine Abkehr vom Pädagogen Peter Petersen, der wegen seiner Nähe zum Nationalsozialismus für viele untragbar geworden war. (Mannheimer Morgen, 01.02.2014, S. 17)
28	rechten	Mitbewerber hatten der Gruppe eine Nähe zur rechten Szene unterstellt und mit Boykott gedroht. (Nordkurier, 22.03.2014, S. 9)

23 0/5-Fenster. Komplexere Kollokate (z. B. *Wladimir Putin*) werden unter ihrem ersten Treffer eingeordnet.

Pos.	Kollokat	Beispiel
30	Identitären Bewegung	Anlass war der Vortrag einer Youtuberin, der in dem Fernsehbeitrag eine Nähe zur „Identitären Bewegung“ nachgesagt wird (...). (Rhein-Zeitung, 08.05.2021, S. 19)

Das erste Kollokat in dieser Liste mit *links* als Bestandteil ist *Linken* – mit weitem Abstand auf Platz 783. Dass jemandem eine *Nähe zur Antifa* nachgesagt wird, passiert so gut wie nie – in der gut 2.500 Einträge umfassenden Liste findet sie sich nämlich gar nicht.

Besonders intelligent klingt es, wenn man einer Partei nachsagt, sie sei ein *Scharnier* zu etwas anderem oder sie hätte eine *Scharnierfunktion*. Das liest sich dann zum Beispiel so:

> Thüringens Ministerpräsident Bodo Ramelow (Linke) macht vor allem die AfD für die Eskalation der Corona-Proteste verantwortlich. Die AfD sei das „organisierende Scharnier“ für die Proteste, sagte Ramelow in einem Interview der Süddeutschen Zeitung. (Süddeutsche Zeitung, 16.12.2021, S. 1)

Auch diese Technik findet meist im Zusammenhang mit der AfD Verwendung. Eine „bequeme Methode für den intellektuellen Energiesparmodus“ nennt der Journalist Ralf Schuler diese Nähe-Framings. „Man setze die AfD als das Böse schlechthin und leite dann aus der Nähe zu ihr die pauschale gesellschaftliche Ächtung ab, ohne auch nur ein einziges Argument in der Sache bemüht zu haben.“[24]

Eine besonders perfide und nach meiner Einschätzung relativ neue Art der Assoziation ist es, jemandem zu unterstellen, die „Sprache“, „Codes“, „Stereotype“ oder „Chiffren“ von jemand anderem zu verwenden. Hier geschieht eine Abkehr von einer inhaltlichen Auseinandersetzung und eine Fokussierung auf den Übermittlungsträger. Dies ist deshalb perfide, weil Sprache alle Menschen einer Sprachgemeinschaft miteinander verbindet und sich Überschneidungen nicht nur nicht vermeiden lassen, sondern Voraussetzung dafür sind, dass wir überhaupt miteinander

24 Schuler 2023: 82

kommunizieren können. So geschehen beispielsweise bei Hans-Georg Maaßen im Jahr 2021, also just in jenem Jahr, als er sich in Thüringen als Bundestagskandidat zur Wahl stellte. Zuerst behauptete die grüne Umweltaktivistin Luisa Neubauer in einer Talkshow, ohne dies belegen zu können, Maaßen bediene sich „antisemitischer Codes". Kurz darauf sprang ihr Stephan Kramer, Chef des Thüringer Landesamtes für Verfassungsschutz, zur Seite und behauptete, der ehemalige Spitzen-Beamte verwende „klassische antisemitische Stereotype". Maaßen hatte sich jedoch bei keiner Gelegenheit in irgendeiner Weise feindselig gegenüber Juden oder Israel geäußert, im Gegenteil. In seiner Funktion als Verfassungsschutzpräsident hatte er sich beispielsweise noch 2015 besorgt darüber gezeigt, dass die Zahl der antisemitischen Straftaten zugenommen habe. Was war also geschehen? Maaßen hatte in einem Aufsatz vor einem neuen totalitären, supranationalen System gewarnt und in diesem Zusammenhang auch von „Globalisten" und einer „neuen Weltordnung" gesprochen. Diese Begriffe, so die Vorwerfer, würden im rechtsextremen Milieu als „Signalwörter" verstanden. Dabei ignorierten die Beschuldiger nicht nur, dass diese Begriffe keineswegs notwendigerweise etwas mit Juden oder dem Judentum zu tun haben, sondern ebenso, dass beide Begriffe völlig arglos auch von anderen Journalisten und Politikern verwendet werden – und das schon lange vor dem „Neubauer-Kramer-Vorfall". Hier nur je zwei Beispiele:

> Statt aber den Globalisten zu geben, der den Kontinent der Zukunft umwirbt, sieht sich Obama nun gefangen in dem, was er für Geschichte hielt. (Süddeutsche Zeitung, 20.03.2014, S. 4)
>
> Im Weißen Haus toben die Flügelkämpfe – zwischen Nationalisten und Globalisten. (Focus, 15.04.2017; Game of Trump)
>
> In der sich formierenden neuen Weltordnung sieht Außenminister Steinmeier die EU nicht in führender Rolle. (die tageszeitung, 01.12.2014, S. 12)
>
> Denn was Xi und Putin unter ihrer Federführung präsentieren, ist nicht weniger als die Vision einer neuen Weltordnung – mit dem

> Ziel, die Dominanz der westlichen Wertegemeinschaft zu durchbrechen. (Berliner Morgenpost, 16.09.2022, S. 4)

Ein zweiter Fall von konstruiertem Antisemitismus tauchte während der Corona-Krise auf. Hier wurden immer wieder Coronamaßnahmen-Kritiker bezichtigt, Antisemiten zu sein. Als jemand, der selbst an mehreren Maßnahmen-kritischen Demonstrationen teilgenommen und dort nie auch nur ein judenfeindliches Wort gehört hatte (warum auch?), hielt ich diese Zuschreibung zunächst für eine bloße Erfindung. Die „Logik" hinter diesem Kampfbegriff erklärt jedoch ein taz-Artikel aus dem Jahr 2021:

> Coronaleugner und Anhänger der Querdenkerbewegung fühlen sich von „denen da oben" unterdrückt. „Die da oben" verkörpern für sie Macht und Macht wird gerne mit „den Juden" gleichgesetzt. (...) All die Janas aus Kassel, die sich wie Sophie Scholl fühlen, all die Leute, die sich gelbe „Ungeimpft"-Sterne auf ihre Oberarme kleben, all diejenigen, die in der Coronapandemie das neue 1933 sehen und sich von einer „Weltelite" kontrolliert fühlen, eint ihr antisemitisches Gedankengut.[25]

So einfach ist das. „Macht wird gerne mit ‚den Juden' gleichgesetzt." So kann man jeden, der „Macht" kritisiert, als Antisemiten framen – aber natürlich nur, wenn derjenige Kritiker des Großen Narrativs ist. Tatsächliche Judenfeindlichkeit von anderen Seiten, von Linken und Moslems etwa, ist hingegen selten ein Thema in den Medien.[26]

---

25 „An Verschwörungsgläubige gewöhnt"; https://taz.de/Querdenker-und-Coronaleugner/!5815542/

26 Vgl. z. B. Basad 2021: 161-168

Kontaktschuld: Wenn Sie sich mit denen einlassen, selbst schuld

Eine besondere, nämlich eine auf Menschen bezogene Spielart der Assoziation ist die sogenannte Kontaktschuld. Mit anderen Worten: Selbst wenn Sie gar nichts falsch gemacht haben, es reicht, wenn Sie Kontakt zu Menschen hatten, die möglicherweise etwas Böses gesagt oder getan haben.[27] Allein schon mit Andersdenkenden zu *reden*, kann stigmatisierend wirken. Sucht man im Korpus nach den Begleitwörtern von „mit ... reden", findet man bereits auf dem zweiten Platz (nach *Leuten*) das Kollokat *Rechten*.[28] Das folgende Zitat macht deutlich, wie sehr heutzutage schon der verbale Austausch mit ihnen zweifelhaft ist:

> Aber während man sich in Talkshows und Feuilletons noch darüber zerfranste, ob und wann, und wenn ja, wie man mit den Rechten überhaupt reden solle – könne, dürfe! -, stand die Reporterin Dunja Hayali mit dem Mikrofon in der Hand auf einer AfD-Kundgebung am Erfurter Domplatz und tat genau das: redete. Stundenlang. (die tageszeitung, 19.03.2016, S. 10)

Welch ein Frevel! Dabei reicht es heute aus, den „Falschen" ein Interview gegeben zu haben. Schauen wir uns noch einmal den Wikipedia-Eintrag von Hans-Georg Maaßen an.[29] Hier heißt es:

> Interviews gab Maaßen auch (...) der sogenannten „Atlas Initiative", deren Gründer Markus Krall sich öffentlich für die Abschaffung des allgemeinen Wahlrechts einsetzt, sowie mehrmals dem Kultur-Magazin Schloss Rudolfshausen, einem laut rbb

---

27 Ein Paradebeispiel für diese Technik ist der Artikel „Crashprophet Markus Krall stand in Kontakt mit Terrorverdächtigem Prinz Reuß"; https://www.lifepr.de/inaktiv/zeitverlag-gerd-bucerius-gmbh-co-kg-hamburg/crashprophet-markus-krall-stand-in-kontakt-mit-terrorverdaechtigem-prinz-reuss/boxid/945127

28 *mit* gefolgt vom Lexem *reden* innerhalb von 5 Wörtern, 0/4-Fenster

29 Zugriff am 17.06.2023

christlich-fundamentalistischen und verschwörungsideologischen Online-Magazin, dessen Herausgeberin Helene Walterskirchen sich wiederholt demokratiefeindlich geäußert hat. Auch auf dem Sender TV Berlin, der Propaganda für die Regierung in Aserbaidschan ausstrahlt, sowie auf dem rechten YouTube-Kanal Hallo Meinung des Unternehmers Peter Weber trat Maaßen auf.

Hier wird nicht gesagt, Maaßen sei ein Antidemokrat, Fundamentalist, Verschwörungsideologe, Propagandist und rechts; aber dass er mit solchen Leuten redet, wirft ja auch ein bestimmtes Licht auf ihn.

Doch nicht nur den falschen Leuten Interviews zu geben, kann gegen einen verwendet werden. In Zeiten, in denen ein Großteil der öffentlichen Kommunikation über soziale Medien geschieht, reicht es unter Umständen schon, einen Beitrag von jemandem geliket oder verlinkt zu haben, der mit jemandem zu tun hat, der eine böse Einstellung hat. Im gleichen Wikipedia-Artikel heißt es:

> Am 13. Mai 2021 konkretisierte Neubauer ihre Vorwürfe. Sie habe nicht gesagt, dass Maaßen „selbst ein Antisemit" sei. Er habe jedoch über seinen Twitter-Account auf die Plattform „The Unz Review" verlinkt, deren Gründer Ron Unz „öffentlich den Holocaust in Frage gestellt" habe.

Wohlgemerkt, es geht hier nicht um das, was Maaßen gepostet hat, noch nicht einmal um einen von ihm verlinkten Autor, sondern um den Gründer einer Plattform, auf dem der Autor gepostet hatte. Kontaktschuld zweiten Grades.

Kontaktschuld muss noch nicht einmal in der Verantwortung des Beschuldigten liegen. Einen der schlimmsten Artikel, die sich die Technik „Diffamierung durch Assoziation" zunutze machen, stellt der Artikel „Eine schrecklich braune Familie" aus der taz dar.[30] Er berichtet von der Rolle des letzten Erbgroßherzogs des Großherzogtums Oldenburg, Nikolaus von Oldenburg, im Dritten Reich. Enkelin des Groß-

30 http://www.taz.de/!5359430/

herzogs ist die damalige EU-Parlamentarierin und heutige Bundestagsabgeordnete Beatrix von Storch, und dieser „Kontakt" wird weidlich ausgeschlachtet. Gegen Ende des Artikels weist der Autor darauf hin, dass von Storch als Abgeordnete „jährlich Diäten und Aufwandsentschädigungen in sechsstelliger Höhe" „abgreife". Er schließt mit folgenden Worten:

> Über so viel Geschäftssinn gefreut hätte sich sicherlich von Storchs Großvater mütterlicherseits: Hitlers Finanzminister, der in Nürnberg wegen der „Arisierung" des Eigentums deportierter Juden durch die Finanzämter zu zehn Jahren Haft verurteilte Kriegsverbrecher Johann Ludwig Graf Schwerin von Krosigk.

Hier ist sie wieder, die Assoziationskette: Hitler, die Arisierung, deportierte Juden, ein Kriegsverbrecher – und von Storch, die mit all dem nichts zu tun hat, außer dass sie mit Letzterem verwandt ist.

Der Schriftsteller Uwe Tellkamp, selbst Betroffener von Kontaktschuldvorwürfen, brachte in einem Interview einmal das Wesen und die Wirkung von Kontaktschuld treffend auf den Punkt:

> Diese Kontaktschuldfrage ist für mich ein totalitäres Mittel aus der Propagandakiste. Wenn man keinerlei Argumente mehr hat, dann hofft man, dass das noch zieht. Leider ist es so, dass es bei vielen Menschen verfängt, die nicht nachdenken, die vor allem nicht nachfragen, sondern die gegebenen Narrative einfach schlucken. Das ist ein großes Problem.[31]

Das ist es, in der Tat.

---

31 „'Wer unzufrieden ist, dem bleibt fast nur die AfD' | ‚Schuler! Fragen, was ist' vom 10. Juni 2023" (ab 43:00); https://www.youtube.com/watch?v=VXdrCWXNRLQ

Gatekeeping: Was Sie erfahren, bestimmen wir

Das Bild, das Medienkonsumenten sich von der Welt machen, wird nicht nur davon bestimmt, *wie* über etwas berichtet wird, sondern auch *was überhaupt* berichtet wird – und was nicht. Medienwissenschaftler bezeichnen dies als die Gatekeeper- („Torwächter"-) Funktion der Medien. Was nicht berichtet wird, findet auch keinen Eingang in die Vorstellungswelt der meisten Menschen.

Der Begriff *Gatekeeper* geht auf den amerikanischen Journalisten Walter Lippmann zurück. Lippmann kommt in seinem Buch *Die öffentliche Meinung* zu dem Schluss: „Um Propaganda zu betreiben, muss eine gewisse Schranke zwischen Öffentlichkeit und Ereignis errichtet werden. Der Zugang zu der wirklichen Umwelt muss begrenzt werden, ehe jemand eine Pseudoumwelt errichten kann, die er für klug oder wünschenswert hält."[32] Mit anderen Worten, den Menschen werden Scheuklappen angelegt, die ihren Horizont beschränken, und dies geht am besten, indem man bestimmte Sachverhalte oder Ereignisse gar nicht erst zur Kenntnis des gemeinen Mediennutzers gelangen lässt. Durch die Selektion dessen, was berichtet wird, entsteht beim Mediennutzer ein inneres Bild von der Welt, das eben nur noch teilweise mit der Realität übereinstimmt. Oder, wie es die Framing-Expertin Elisabeth Wehling ausdrückt: „Ideen, über die nicht geredet wird, haben also keine Überlebenschance in der Demokratie."[33]

Nun kann keine Zeitung und keine Fernsehstation über alles berichten. Das heißt, Journalisten *müssen* eine Auswahl treffen. Sichtet man die in den Medien behandelten Themen, wird jedoch schnell deutlich, dass Berichte, die das Große Narrativ fördern, viel Beachtung finden (im Journalisten-Neudeutsch *Agenda-Setting*), während solche Fakten, die dem GN widersprechen, auffallend wenig berücksichtigt werden. So gibt es zahllose Themen und Ereignisse, die systematisch

32 Lippmann 2021: 85
33 Wehling 2018: 60

aus den Nachrichten ausgeblendet oder zumindest unterbelichtet werden. Zu diesen Themen gehören unter anderem die folgenden (zu Beginn das Themenfeld):

- Die Entdemokratisierung Deutschlands: „Rückgängigmachung" der Landtagswahl in Thüringen im März 2020; Verweigerung eines Bundestags-Vizepräsidenten, von Ausschussvorsitzenden und der finanziellen Unterstützung der parteinahen Stiftung[34] der AfD; „Alle gegen einen"-Haltung der „Demokraten"; Umgang mit Demonstrationen in Abhängigkeit von ihrer politischen Ausrichtung (Verbote oder Restriktionen für rechte oder coronamaßnahmenkritische Demonstrationen; Wohlwollen oder Zurückhaltung gegenüber „Klimaschutz"-Veranstaltungen oder muslimisch geprägten Demonstrationen).
- Die problematischen Seiten von Massenmigration: ethnische Spannungen, Clan- und Migrantenkriminalität,[35] muslimischer Antisemitismus, Wohnungsnot, Kosten.
- Corona. Während Corona: Studien und Daten, die dem Großen Narrativ entgegenstanden; die negativen Folgen der Corona-Maßnahmen: die Verletzung demokratischer Grundrechte, die Ausgrenzung der Ungeimpften, die Ängste der Menschen vor der Arbeitslosigkeit, die Not der Mittelständler. Nach Corona: die immer klarer zutage tretenden Impfschäden; Übersterblichkeit 2021 und 2022, auch in den jüngeren Altersgruppen; Forderungen nach Aufarbeitung und erste Versuche der Aufarbeitung.[36]

---

34 Vgl. „Weiter kein Geld für AfD-nahe Desiderius-Erasmus-Stiftung"; https://reitschuster.de/post/weiter-kein-geld-fuer-afd-nahe-desiderius-erasmus-stiftung/

35 Vgl. z. B. „7000 Frauen Opfer sexueller Übergriffe von Flüchtlingen seit 2015"; https://reitschuster.de/post/7000-frauen-opfer-sexueller-uebergriffe-von-fluechtlingen-seit-2015/

36 Vgl. „Corona-Symposium im Bundestag – und Mainstream schaut weg"; https://reitschuster.de/post/corona-symposium-im-bundestag-und-mainstream-schaut-weg/

- Klima: Wissenschaftler, die dem Klimaverständnis des Großen Narrativs widersprechen; Fakten, die diesem Verständnis entgegenstehen.
- Die Schattenseiten der Linken: linke Hetze, linke Gewalt, linke Doppelmoral.
- EU: Kosten des EU-Apparats; Demokratiedefizite der EU.
- Medien: die Einseitigkeit der öffentlich-rechtlichen Medien; Manipulation auch in den neuen Medien (z. B. Twitter-Files).[37]
- Einzelthemen: Christenverfolgung weltweit;[38] die Islamisierung Deutschlands; die Instrumentalisierung des Verfassungsschutzes;[39] die Wahlmanipulationen in Berlin 2021;[40] Alternativen und Weiterentwicklungen im Bereich der Kernenergie.

„Am schönsten ist es für Medien und Politik, wenn man sich ungeliebter Meinungen auf quasi administrativem Weg, über die Auswahl und Präsentation dessen, was man (nicht) veröffentlicht, entledigen kann", bemerkt Thilo Sarrazin. „So begünstigt man die erwünschte und diskreditiert die unerwünschte Meinung. Ein Meister in dieser Praxis ist in Deutschland der öffentlich-rechtliche Rundfunk."[41]

---

37 Vgl. z. B. „Neue Twitter-Files: Ein Überwachungsstaat, der Fakten zugunsten gewünschter Narrative unterdrückt"; https://www.tichyseinblick.de/feuilleton/medien/neue-twitter-files-ein-ueberwachungsstaat-der-fakten-zugunsten-gewuenschter-narrative-unterdrueckt/

38 Siehe zum Beispiel „Die woke Opferpyramide – Wie Christenverfolgung wegretuschiert wird"; https://www.tichyseinblick.de/meinungen/woke-opferpyramide-christenverfolgung/

39 Vgl. „Verfassungsschutz-Chef Haldenwang verfolgt ‚persönliche Anliegen'"; https://www.tichyseinblick.de/meinungen/haldenwang-persoenliche-anliegen-verfassungsschutz/

40 Vgl. „Wie sich Rot-Rot-Grün mit dem Rotstift Stimmen organisiert hat"; https://www.tichyseinblick.de/daili-es-sentials/wahl-berlin-rot-rot-gruen-rotstift/

41 Sarrazin 2021: 158

Asymmetrie: Wenn nur die eine Seite betont wird

Eine besondere Form des Gatekeepings stellt die asymmetrische Behandlung von Themen dar. Sie liegt dann vor, wenn ein bestimmtes Thema, das an sich ideologisch neutral ist und bei dem grundsätzlich beide (oder alle) Seiten betrachtet werden sollten, ausschließlich oder überwiegend von einer Seite betrachtet wird. Besonders deutlich wird dies im Bereich der politischen Kriminalität. Die Beachtung, die ein Fall medial erhält, hängt stark davon ab, wer die Täter und die Opfer sind. Hierzu ein Beispiel.

2019 trat die Bürgermeisterin von Arnsdorf (Sachsen) Martina Angermann (SPD) zurück, weil sie „von Rechtsextremen angefeindet und eingeschüchtert" worden sei.[42] Dieser Fall schaffte es bis in die 19-Uhr-heute-Nachrichten und wurde von dem Sprecher mit den Worten eingeleitet: „Und jetzt ein Thema, das durchaus einiges sagt über unsere Gesellschaft". Nun ist es zu verurteilen, wenn Politiker anders als mit demokratischen Mitteln unter Druck gesetzt werden, egal, welcher Partei sie angehören. Wie unterschiedlich ist jedoch die mediale Behandlung. Wenn Konservative betroffen sind, werden nur die schlimmsten Fälle berichtet, und dies, wie wir im nächsten Abschnitt sehen werden, mit der größtmöglichen Zurückhaltung. Selbst als ein Kreistagsabgeordneter der AfD im Mai 2023 von einem Iraker niedergestochen wurde, hüllten sich Polizei, Staatsanwaltschaft und Presse drei Tage komplett in Schweigen. Danach erst griffen einige Medien den Fall auf, aber längst nicht in einer Breite, die ihm angemessen gewesen wäre.[43] Der besagte Fall der SPD-Bürgermeisterin aus Sachsen fand sich dagegen nicht nur in den 19-Uhr-Hauptnachrichten wieder, sondern wurde hier sogar zu einem Sinnbild für den Zustand der Gesellschaft erhoben.

---

42 „heute 19:00 Uhr vom 22.11.2019" (ab 8:25); https://www.youtube.com/watch?v=jRkdyZYKBEQ

43 „AfD-Politiker in Schleswig von Iraker niedergestochen"; https://www.tichyseinblick.de/daili-es-sentials/afd-politiker-in-schleswig-von-iraker-niedergestochen/

Das Praktische an der Asymmetrie ist jedoch, dass sie sich bisweilen gut korpuslinguistisch nachweisen lässt. Einige Beispiele haben wir bereits angeschaut (beim Labeling, bei der Assoziation), weitere werden im nächsten Kapitel noch folgen (z. B. beim „Populismus"). An dieser Stelle sei nur ein weiterer interessanter Fall aufgeführt.

Während Corona war neben der Impfung und der Zahl der fälschlich so genannten „Corona-Toten" die sogenannte Inzidenz, also die Anzahl der Neuerkrankungen pro 100.000 Einwohner innerhalb eines bestimmten Zeitraums (in der Regel sieben Tage), *das* heiße Thema. Tag für Tag wurde in den Nachrichten über die neuesten Zahlen berichtet. Häufig waren politische Maßnahmen an diese Inzidenz gekoppelt. Selbstverständlich stieg und fiel diese Kurve im Laufe der Corona-Jahre mehrfach. Interessant ist es jetzt, im Corona-Corpus die ersten 50 Kollokate von *Inzidenz* (einschließlich aller Ableitungen wie *Sieben-Tage-Inzidenz*) nach Formen von *steigen* und *sinken* bzw. *hoch* und *niedrig* zu durchforsten.[44] Hier sind die Ergebnisse.

Position	Kollokat	Position	Kollokat
14	steigt	39	steigender
17	sinkt	44	höchsten
29	hohen	45	niedrigen
32	steigenden	46	gesunken
33	stieg	48	steigen

Schon hier wird der Trend offenbar: Sieben der zehn Kollokate verweisen auf steigende oder hohe Zahlen, während nur drei in Richtung Entspannung deuten. Dieser Trend bestätigt sich, wenn man die Gesamtzahlen der mit diesen Begleitwörtern verbundenen Fälle ermittelt: 10.582 Fällen von *steigen/hoch* stehen 3.597 von *sinken/niedrig* gegenüber – ein Verhältnis von 2,9:1. Ganz offensichtlich war es also das Anliegen der Medien, ein Narrativ der Bedrohung zu pflegen. Bereits

44 4/4-Fenster

2022 fasste die Politologin Ulrike Guérot die „Berichterstattung" über Corona so zusammen: „Über zwei Jahre haben sich die Leitmedien also im Wesentlichen damit hervorgetan, das Krisengeschehen einseitig zu beleuchten, Panik medial zu befördern und mithin Angst zu schüren."[45]

Das Fazit des Politologen Werner Patzelt über das, was manchmal als „politisch-medialer Komplex" bezeichnet wird, lautet: „Wir haben eine asymmetrische politische Kultur und eine asymmetrische öffentliche Kommunikation."[46] Aus dieser Wahrnehmung, dass die Presse systematisch Fakten einseitig darstellt oder ganz verschweigt, hat sich dann im Volksmund der Begriff der „Lückenpresse" (in Analogie zur Lügenpresse) etabliert. Aber sind „Lücke" und „Lüge" so ein großer Unterschied? Der Politologe und Publizist Ulrich Teusch hat dies einmal so kommentiert: „Objektiv und ‚von außen' betrachtet laufen Lücken und Lügen am Ende – also in ihrer Funktion, ihrer Wirkung – auf das Gleiche hinaus. Verschwiegene Information, unten gehaltene Information, künstlich hochgespielte Information, dominante Narrative und so weiter – das alles verzerrt die Wirklichkeit, trägt letztlich zu einem unwahren Bild bei."[47]

Täter- und Opferframing: Wen Sie verachten und mit wem Sie Mitleid haben sollen

Es ist ein ganz einfacher, menschlicher Impuls: Opfer erwecken Mitleid, Täter (vor allem Gewalttäter) erregen Ablehnung. Diesen Mechanismus machen sich Politik und Medien gerne zunutze. Eigentlich ist es eine der Aufgaben der Medien, Missstände in Politik und öffentlichem

---

45 Guérot 2022: 32

46 „Interview Professor Werner J. Patzelt – Wie wir dem Diskurs das Lebenselixier entziehen" (ab 6:57); https://www.youtube.com/watch?v=mv75UMiGatg

47 Teusch in Wernicke 2017: 49

Leben unparteiisch offenzulegen, also Fehlverhalten und Verbrechen nach ihrer Schwere zu behandeln und nicht danach, wer Täter und Opfer ist. Von diesem Ideal sind sie jedoch weit entfernt: Wenn die Dynamik von Täter und Opfer dem Großen Narrativ entspricht (z. B. bei rechten Tätern und/oder migrantischen Opfern), wird der Fall medial in aller Breite behandelt und gegebenenfalls vorhandene widersprechende Tatsachen unter den Tisch fallen gelassen. Liegt ein umgekehrter Fall vor (etwa bei migrantischer Gewalt oder AfD-Politikern als Opfer), versucht man sich, wenn man den Fall schon nicht ganz ignorieren kann, mit Beschwichtigungen. Bisweilen kann das sogar zu skurrilen Stellungnahmen führen. Bei der Geiselnahme am Flughafen Hamburg im November 2023 beispielsweise legte ein ZDF-Reporter Wert auf die Feststellung, dass die Tatsache, dass der Täter auf Türkisch verhandeln wolle, nicht bedeute, dass dieser „türkischer Staatsbürger, Angehöriger oder mit dem Migrationshintergrund der Türkei" sei.[48]

Täter- und Opferframing beginnt mit dem Verschweigen von verhältnismäßig geringfügigen Vergehen, wenn die Täter Förderer des Narrativs sind. So hüllten sich beispielsweise die Öffentlich-Rechtlichen 2023 lange Zeit in Schweigen, als Vorwürfe laut wurden, dass Innenministerin Nancy Faeser einen Topbeamten zu Unrecht bespitzelt und dann versetzt haben sollte – und sie dann sogar noch dem Untersuchungsausschuss fernblieb.[49] Selbst die Forderung von Bundeskanzlerin Merkel nach der Landtagswahl 2020 in Thüringen, diese Wahl müsse rückgängig gemacht werden (meiner Ansicht nach die demokratieverachtendste Äußerung eines deutschen Spitzenpolitikers der letzten Jahre) sorgte in den Leitmedien für keinerlei Aufschrei – es ging ja schließlich um die Ausgrenzung der AfD. Zwei Jahre später

48 Vgl. „ZDF-Berichterstattung über die Geiselnahme am Hamburger Flughafen"; https://www.youtube.com/watch?v=wXKbHEw3F1M

49 „ARD und ZDF schweigen über Faesers Schönbohm-Affäre"; https://www.tichyseinblick.de/feuilleton/medien/ard-und-zdf-schweigen-ueber-faesers-schoenbohm-affaere/

entschied sogar das Bundesverfassungsgericht, dass Merkels Äußerung rechtswidrig war.[50]

Auch antisemitische oder rassistische Ausfälle im Teenageralter finden höchst unterschiedliche Beachtung, je nachdem, wer diese (real oder vermeintlich) zu verantworten hat. Ein 35 Jahre altes Flugblatt aus dem Hause Aiwanger wurde im Vorfeld der bayerischen Landtagswahlen 2023 intensiv und auf allen Kanälen thematisiert – selbst dann noch, als Hubert Aiwangers Bruder zugegeben hatte, der Autor gewesen zu sein. Äußerungen und Tweets der Grüne-Jugend-Sprecherin Sarah-Lee Heinrich, die von einer „eklig weißen Mehrheitsgesellschaft" und von „Judenzeug" gesprochen hatte und von Weißen, die sie aus Afrika „rausfegen" wolle, wurden in der Mainstream-Presse bei Weitem nicht so hochgekocht. Der Politologe Martin Wagener kommentierte dies so: „Beide Fälle zeigen daher vor allem eines: die ungleiche politisch-mediale Machtverteilung in Deutschland."[51] Beispiele wie diese, in denen Berichterstattung oder kritische Behandlung ganz unterbleiben, weil sie nicht zum Täter-Opfer-Schema des GN passen, ließen sich zuhauf finden.

Anders verhalten sich Politik und Medien, wenn es zu Gewalttaten oder anderen Verbrechen kommt, die nicht „Narrativ-kompatibel" sind, die aber auch nicht einfach übergangen werden können. Bei den zahlreichen Übergriffen auf Frauen durch Migranten in der Silvesternacht 2015/16 hatten die Medien ursprünglich auch hier von einer Berichterstattung abgesehen; die Fakten ließen sich aber auf Dauer nicht verschweigen. Eine von vielen Medien gern genutzte Möglichkeit ist es nun, über die Tat zwar zu berichten, aber den Hintergrund des Täters so gut wie möglich zu verschleiern. Dazu werden dann neutrale Oberbegriffe wie „Mann", „Aktivist" (ein beliebtes Verharmlosungsframe bei Klimaradikalen) oder auch „Party- und Eventszene" gewählt. Diese Technik

50 Vgl. „Bundesverfassungsgericht: Merkel hat mit Kemmerich-Äußerungen Rechte der AfD verletzt"; https://www.tichyseinblick.de/daili-es-sentials/bundesverfassungsgericht-merkel-kemmerich/

51 https://twitter.com/martin_wagener/status/1700160850064019752

wird jedoch inzwischen von vielen Mediennutzern durchschaut. Alternativ kann man einen Fall durch Weglassung oder Betonung von Details so darstellen, dass er möglichst kompatibel mit dem GN wird. Ein besonders scheußliches Beispiel von Täter- und Opferframing sind in diesem Zusammenhang die Überfälle Ende 2023 in Nigeria. An Heiligabend überfielen Dschihadisten über ein Dutzend christliche Dörfer, ermordeten über 150 Christen und verletzten Hunderte weiterer. Deutsche Medien machten aus den Angreifern schlicht „Bewaffnete" oder „bewaffnete Banden" und schreckten noch nicht einmal davor zurück, als einen Grund für die Massaker die Klimakrise anzuführen.[52]

Ein weiteres Beispiel ist der Fall Chrupalla. Am 4. Oktober 2023, vier Tage vor den Landtagswahlen in Hessen und Bayern, musste der AfD-Sprecher Tino Chrupalla am Rande einer Wahlkampfveranstaltung ärztlich behandelt werden. Er wurde ins Krankenhaus eingeliefert und lag dort über Nacht auf der Intensivstation. Zunächst war unklar, was passiert war. Es hatte keine Zeugen eines Angriffs gegeben; Chrupalla hatte jedoch einen Stich in den Oberarm verspürt und davon auch berichtet. Die Polizei hatte daraufhin den Ort des Geschehens als Tatort behandelt. Am 6. Oktober lag dann der Arztbrief vor, der bestätigte, dass es eine „intramuskuläre Injektion" in den Deltamuskel gegeben habe, durch die eine bislang unbekannte Substanz in den Körper des Politikers gelangt sei. Dies war also Stand der Erkenntnis zwei Tage nach der Tat, und mehrere Medien berichteten auch davon.[53] Nicht jedoch die *tagesschau*. In den 20-Uhr-Nachrichten hieß es, der „Zwischenfall" sei weiterhin „rätselhaft". In dem Blut des AfD-Sprechers, so die Staatsanwaltschaft, seien keine giftigen Stoffe nachgewiesen

52 Vgl. „Mainstream schlägt nach Massaker an Christen in Nigeria seltsame Volten"; https://reitschuster.de/post/mainstream-schlaegt-nach-massaker-an-christen-in-nigeria-seltsame-volten/

53 Siehe z. B. „Attacke auf AfD-Chef Chrupalla bestätigt: Injektion einer toxischen Substanz"; https://www.tichyseinblick.de/daili-es-sentials/chrupalla-attacke-injektion/. Vgl. auch „Wie die Medien die Attacke auf Chrupalla herunterspielen ..." vom 05.10.2023; https://reitschuster.de/post/wie-die-medien-die-attacke-auf-chrupalla-herunterspielen/

worden, und auch Zeugenvernehmungen hätten „keine Hinweise auf einen Angreifer mit einer Spritze“ ergeben. Die AfD spreche von einem „tätlichen Vorfall“ und einer „Einstichstelle“ am Körper Chrupallas.[54] Der Eindruck, der zwei Tage vor den Wahlen erweckt wurde, war: Offiziell kann überhaupt nichts Schlimmes bestätigt werden, aber die Alternative für Deutschland versucht zu dramatisieren. Kein Wort von dem Arztbrief, der den Einstich bestätigt. So kann man auch durch Weglassen von Informationen ein verzerrtes Bild erschaffen.

Stellen wir uns nun vor, nicht Chrupalla, sondern ein Spitzenpolitiker einer anderen Partei wäre das Opfer gewesen, sagen wir Karl Lauterbach (SPD). Was wären die Reaktionen gewesen? Es hätte wahrscheinlich Diskussionsrunden und Sondersendungen mit dem Titel „Demokratie in Gefahr: Wie sicher sind unsere Politiker?“ gegeben. Mit Sicherheit wäre von der „Verrohung der Gesellschaft“, einer „neuen Eskalationsstufe“ oder gar von „politischem Terror“ die Rede gewesen. Der AfD und den Querdenkern wäre wegen ihrer „unerträglichen Agitation und Hetze“ eine Mitschuld gegeben worden, und Forderungen nach einem Verbot wären unüberhörbar geworden. Nichts davon bei Chrupalla, nur der Verweis auf einen „rätselhaften Zwischenfall“.

Auch der Politik-Professor Werner Patzelt bestätigt dieses asymmetrische Täter- und Opferframing. Nach den Krawallen während des G20-Gipfels 2017 in Hamburg wurde er einmal gefragt, was passieren würde, wenn es bei einem gewaltsamen Konflikt zwischen Linken und der Polizei zu einem Todesfall kommen würde. Seine Einschätzungen spiegeln neben den zu erwartenden Narrativen sogar die zu erwartende Wortwahl wider:

---

54 „tagesschau 20:00 Uhr, 06.10.2023“ (ab 9:28); https://www.youtube.com/watch?v=Cw2HAJlq908. Einen Überblick über die Ereignisse liefert „Der Stich gegen Chrupalla“; https://apollo-news.net/fall-chrupalla-die-dubiose-rolle-der-staatsanwaltschaft/; Zum Verhalten der Staatsanwaltschaft Ingolstadt, die erst kurz nach den Wahlen die Einstichstelle bestätigte, siehe „Chrupalla‘s Blutfleck | Wurden wir belogen?“; https://www.youtube.com/watch?v=ZbFPKLXqQ-I.

> Wenn ein toter Demonstrant aus den linken Demonstrantenreihen auf der Straße liegt, dann vollzieht sich das gleiche, was wir schon das eine oder andere Mal gesehen haben. Es ist dann der „brutale kryptofaschistoide Staat, der wieder einmal gemordet hat. Der Gewalttätigkeit von Polizisten tritt niemand in den Weg. Die Faschisierung der deutschen Gesellschaft wird offenkundig, und dagegen muss man sich auflehnen." Wäre ein Polizist zu Tode gekommen, wäre die öffentliche Debatte eine andere. Da ist einfach „die Polizei falsch vorgegangen und hat linke Demonstranten an einer völlig falschen Stelle zu Unrecht provoziert. Dann geht halt dem einen oder anderen der Gaul durch. Noch dazu, wo extremistische Verbrecher sich auch unter solche Leute mischen, wahrscheinlich aus rechten politischen Gefilden."[55]

Gerade der letzte Aspekt, die Verschiebung der Täterschaft, ist eine beliebte Methode der Politik wie der Medien. So tat der WDR beispielsweise einmal importierten Judenhass als „rechte Kampagne" ab.[56] Nach den Krawallen in der Silvesternacht 2022/23 in Berlin versuchte der damalige Innenminister von Niedersachsen, Boris Pistorius, Rechtsextremisten als Täter auszumachen, obwohl es hierfür keinerlei Belege gab.[57] Dieses Muster der Täter-Projektion findet sich immer wieder und auch über die Grenzen Deutschlands hinweg. Egal ob nach dem Tötungsdelikt in Chemnitz 2018, nach den Messerattacken auf Schulkinder in Dublin im November 2023[58] oder nach der Bluttat von Crépol (Frankreich) im selben Monat, bei der unter anderem ein 16-Jähriger getötet

55 „Interview Professor Werner J. Patzelt – Wie wir dem Diskurs das Lebenselixier entziehen" (ab 4:32); https://www.youtube.com/watch?v=mv75UMiGatg

56 Vgl. https://twitter.com/OERRBlog/status/1713871440389263494

57 Migration! In unserem Land haben immer MEHR Menschen immer WENIGER gemeinsam (ab 7:53); https://www.youtube.com/watch?v=2d53_W7fzsc

58 Vgl. z. B. „Schwere Ausschreitungen in Dublin nach Messerangriff auf Kinder"; https://web.de/magazine/panorama/schwere-ausschreitungen-dublin-messerangriff-kinder-38898864

wurde[59]: Sobald es Migranten sind, die eine schreckliche Tat begehen, gibt es Politiker und/oder Medien, die versuchen, die Aufmerksamkeit weg vom Täter und auf „Rechtsextremisten“ zu lenken.

Noch einen Schritt weiter geht die sogenannte Täter-Opfer-Umkehr. Hier werden die Opfer medial so dargestellt, als ob sie eigentlich die Täter seien – oder umgekehrt. Martin Sellner, Chef der Identitären Bewegung (IB) Österreich, berichtete einmal in einem Interview von seinen eigenen Erfahrungen:

> In unserem Fall haben die Medien von Anfang an jeden Angriff auf uns zu einem Angriff durch uns und so die Täter zu „Opfern“ und uns zu „Tätern“ gemacht. Jüngster Fall ist eine Attacke Vermummter während einer IB-Veranstaltung. Auf offener Straße aus einer von der SPÖ-Jugend veranstalteten Gegendemo heraus wurde dabei ein Lautsprecher gestohlen und vor aller Augen in der Demo der SPÖ-Jugend „in Sicherheit“ gebracht. Wir haben ihn lediglich zurückgeholt. Doch unisono berichtet die Presse empört von einer IB-Attacke auf die SPÖ-Jugend. Auch als die Polizei Überwachungsaufnahmen veröffentlichte, welche die Attacke auf uns bewiesen, gab es keine Richtigstellungen. Bei einem anderen Angriff während einer Demo wurde ein Identitärer lebensbedrohlich am Kopf verletzt. Nicht einmal das hielt die Medien davon ab, die Opfer zu Tätern zu machen. Selbst Festnahmen Linker wurden uns schon untergeschoben. Meldung: „Identitäre demonstrieren gegen Asylmissbrauch. Sechs Personen festgenommen.“ Nur weil ein Journalist nachrecherchierte, musste der ORF einräumen, dass die Verhafteten nicht zur IB, sondern zur Gegendemonstration gehörten.[60]

„Das Hauptproblem von Deutschland“, so der EU-Abgeordnete Nicolaus Fest (AfD) nach den antisemitischen Ausschreitungen vom

---

59 „Bluttat von Migranten in Crépol: die Tagesschau berichtet nur von ‚Rechtsextremen‘“; https://apollo-news.net/bluttat-von-migranten-in-crepol-die-tagesschau-berichtet-nur-von-rechtsextremen/

60 „Wir werden als Kriminelle dargestellt“ (beschränkter Zugang); https://jungefreiheit.de/debatte/interview/2020/250125/

November 2023, „ist die Feigheit der Medien, die Ross und Reiter nicht mal dann nennen, wenn es auf den Straßen schon lichterloh brennt.“[61] Ob dies das Hauptproblem Deutschlands ist, sei dahingestellt; dass die ideologische Einseitigkeit, mit der bestimmte Täter geschont werden, weitreichende Folgen haben kann, wurde jedoch gerade in jenen Tagen deutlich, als Tausende von antisemitischen Demonstranten ungehindert durch deutsche Großstädte ziehen konnten.

Unbelegte Behauptungen: Kühn behauptet ist halb gewonnen

„Die reine, einfache Behauptung ohne Begründung und jeden Beweis ist ein sicheres Mittel, um der Massenseele eine Idee einzuflößen“, schrieb schon Le Bon.[62] Diese Feststellung hat bis heute nichts von ihrer Gültigkeit eingebüßt. Johannes Menath erklärt dies so:

> Auch die Methode der leeren Behauptung basiert auf einer Unterstellung. Dabei wirft man dem Gegenüber eine haltlose schwerwiegende Anschuldigung an den Kopf. Wenn man dies wiederholt und mit großem Selbstbewusstsein tut und die Gegenargumente ignoriert, dann bleibt ein negatives Etikett am Gegner haften. Seine Beteuerungen wirken daraufhin mehr wie eine Rechtfertigung und verstärken noch die Wirkung der Technik. Auf diese Weise kann man aus dem Nichts eine starke Stigmatisierung anbringen, solange sie oberflächlich glaubhaft wirkt.[63]

Fragen Sie einmal jemanden in Ihrem Bekanntenkreis: „Glauben Sie, dass die AfD eine populistische Partei ist?“ Wenn der Befragte dann mit „Ja, klar“ antwortet, bitten Sie ihn um eine Begründung. Sie werden mit hoher Wahrscheinlichkeit eine ausweichende Antwort bekommen,

---

61 Fest, Nicolaus. 2023. Feigheit als Hauptproblem. In *Junge Freiheit* 45/23, 2.

62 Le Bon 2020: 117 f.

63 Menath 2023: 86

so nach dem Motto: „Das sagen doch die Medien!“ oder „Die propagieren einfache Lösungen für komplexe Probleme.“ Viele Menschen sind zwar überzeugt, dass die AfD populistisch ist, können aber außer auf einer emotionalen Ebene mit dem Begriff Populismus selbst nicht viel anfangen. Dies gilt auch für andere Begriffe. Im nächsten Kapitel werden wir noch sehen, dass die Technik der unbelegten Behauptung besonders gern bei den Frames „Gefahr für die Demokratie“, „extrem“ und „radikalisieren“ gewählt wird. Ob diese Zuschreibungen wahr oder auch nur gerechtfertigt sind, spielt also eine untergeordnete Rolle; es kommt darauf an, den Gegner zu diffamieren. Der Kabarettist Dieter Nuhr, der selbst schon Opfer von unbelegtem Labeling war, stellte einmal in einem Interview zur Funktion dieser Label fest: „Das ist der Punkt, um den es geht bei der Einschränkung der Meinungsfreiheit in Deutschland: dass das Attribut nichts mit der Wahrheit zu tun haben muss, sondern dass es einfach der Vernichtung der Persönlichkeit dient.“[64]

Alexander Wallasch ist ein konservativer Journalist, der gerne auch mit Menschen diskutiert, die einen anderen Standpunkt als er selbst haben. So startete er einmal auf (damals noch) Twitter einen Aufruf, der exklusiv an Geimpfte gerichtet war. Diese bat er, von ihren Erfahrungen zu berichten, egal, ob positiv oder negativ. Die Resonanz war so groß, dass er gar nicht alle Einsendungen wiedergeben konnte und seine Einordnungen auf zwei Artikel verteilte.[65] Kurze Zeit später startete Wallasch einen zweiten Aufruf, diesmal an „alle linken, grünen und woken Mitleser“: Sie möchten doch bitte einmal konkret sagen, was sie an der AfD rechtsradikal bzw. -extrem fänden. Nun kann man ins Feld führen, dass ein konservativer Journalist eher von Konservativen gelesen wird, und dies trifft sicherlich zu. Die Reaktion war jedoch auch so erhellend. Innerhalb von 33 Stunden meldeten sich ganze drei Leser mit einem Kommentar. Wallasch schrieb dazu: „Linke, grüne und woke Twitter-User

64 „phoenix persönlich: Dieter Nuhr bei Alfred Schier“ (ab 5.45); https://www.youtube.com/watch?v=HxqIHhYPAoo

65 „Die Odyssee der Geimpften“; https://www.alexander-wallasch.de/gesellschaft/die-odyssee-der-geimpften. „Die Odyssee der Geimpften – Teil 2“; https://www.alexander-wallasch.de/gesellschaft/die-odyssee-der-geimpften-teil-2.

lassen sonst keine Gelegenheit aus, zu jedem angebotenen Thema ihre Haltung kundzutun. (...) Warum also ausgerechnet in dem Moment, wo man einmal gemeinsam erarbeiten und diskutieren kann, was dran ist an der Behauptung, die AfD sei rechtsradikal bzw. rechtsextrem?"[66]

Wichtig bei unbelegten Behauptungen ist jedoch, dass sie nach außen nicht völlig aus der Luft gegriffen erscheinen, sondern zumindest oberflächlich glaubhaft sind. Es muss also irgendeinen Zusammenhang geben, und sei er noch so weit hergeholt oder konstruiert. Dies musste auch der Hannoveraner Finanzwissenschaftler Stefan Homburg erfahren. Dieser hatte einmal den amerikanischen Investor George Soros kritisiert. Daraufhin war Homburg vorgeworfen worden, er sei ein Antisemit. Der Beschuldigte antwortete darauf: „Ich kritisiere in einem Satz Schwab (Deutscher), Gates (Amerikaner) und Soros (Jude). Sofort wird daraus ‚Antisemitismus' gemacht. Es ist Unsinn, dient aber der Rufschädigung."[67]

Diese Methode, unwahre, unbewiesene oder unbeweisbare Behauptungen zu verbinden mit einem grundsätzlich richtigen und überprüfbaren Ausgangspunkt, ist eine Technik, die zu DDR-Zeiten die Stasi zur „Zersetzung" von „feindlich-negativen Kräften" anwendete und in ihrer berüchtigten Richtlinie 1/76 so beschrieb:

> Bewährte anzuwendende Formen der Zersetzung sind: systematische Diskreditierung des öffentlichen Rufes, des Ansehens und des Prestiges auf der Grundlage miteinander verbundener wahrer, überprüfbarer und diskreditierender sowie unwahrer, glaubhafter, nicht widerlegbarer und damit ebenfalls diskreditierender Angaben.[68]

---

66 „Großes Schweigen im Wald: Wie rechtsextrem ist die AfD?"; https://www.alexander-wallasch.de/gesellschaft/grosses-schweigen-im-wald-wie-rechtsextrem-ist-die-afd.

67 https://twitter.com/Shomburg/status/1660307367513272321?cxt=HHwWgsC9qaGwzIouAAAA

68 „Richtlinie Nr. 1/76 zur Entwicklung und Bearbeitung Operativer Vorgänge (OV)", S. 43; https://www.stasi-unterlagen-archiv.de/assets/bstu/content_migration/DE/Wissen/MfS-Dokumente/Downloads/Grundsatzdokumente/richtlinie-1-76_ov.pdf

Diese Technik ist allerdings noch viel älter, wie wir im nächsten Abschnitt sehen werden.

Reduktionismus: Aus dem Haar in der Suppe einen Elefanten machen (oder so)

Wir wissen nicht, wie groß der Garten Eden war, in den Gott den Menschen setzte und aus dem er ihn später vertrieb, aber wir können davon ausgehen, dass er zahlreiche Bäume enthielt. Im 1. Buch Mose heißt es: „Und Gott der Herr pflanzte einen Garten in Eden gegen Osten hin und setzte den Menschen hinein, den er gemacht hatte. Und Gott der Herr ließ aufwachsen aus der Erde allerlei Bäume, verlockend anzusehen und gut zu essen."[69] Der Mensch sollte sich nach dem Willen Gottes frei an diesen Bäumen bedienen – außer an einem, dem Baum der Erkenntnis, der in der Mitte des Gartens stand. Der erste Reframer in der Geschichte der Menschheit, der Erste, der Begebenheiten auf den Kopf stellte, war die Schlange. Hier ist, wie der Bericht weitergeht: „Und die Schlange war listiger als alle Tiere auf dem Felde, die Gott der Herr gemacht hatte, und sprach zu der Frau: Ja, sollte Gott gesagt haben: Ihr sollt nicht essen von allen Bäumen im Garten?"[70] Clever. Sehr clever. Aus *einem* verbotenen Baum werden *alle* Bäume, das Ganze wird eingebettet in eine Frage (die Eva zur Antwort zwingt) und begleitet, wie wir noch sehen werden, von Spott. An dieser extremen Selektivität und Konzentration auf *einen* Baum und seiner Darstellung als repräsentativ für das Ganze („alle") entscheidet sich das Schicksal der Welt: Eva lässt sich verführen, Adam lässt sich verführen, die Menschheit fällt.

Wahrscheinlich haben Sie inzwischen die etwas ungewöhnliche Überschrift über diesem Abschnitt verstanden. Es ist die Verbindung

69 1. Mose 2,8-9a.

70 1. Mose 3, 1; beide Zitate nach Luther 2017.

zweier Redensarten: *ein Haar in der Suppe finden* und *aus einer Mücke einen Elefanten machen*. Und genau so funktioniert diese Technik: Man sucht (und findet) etwas tatsächlich oder vermeintlich Negatives, und sei es noch so klein, und stellt es als repräsentativ für die Person oder eine Organisation, der diese Person angehört, dar. Diese Technik wird nicht ausschließlich, aber besonders gerne bei Zitaten eingesetzt – von der Schlange und bis heute. Besonders gut veranschaulichen lässt sich dies bei dem Vorsitzenden der thüringischen AfD Björn Höcke. Im Folgenden soll es dabei ausdrücklich nicht darum gehen, alles zu legitimieren, was Höcke jemals gesagt hat; wohl aber geht es darum, zu zeigen, wie eine extreme Selektivität benutzt wird, um ein Zerrbild zu erschaffen – und welche Konsequenzen das hat.

Spricht man Bürgerliche oder Konservative auf die Alternative für Deutschland an, bekommt man häufig eine Reaktion nach dem Motto: „Ja, aber der Höcke". Damit wird nicht nur einer einzelnen Person unter Tausenden von Mitgliedern, Hunderten von Parlamentariern und derzeit 19 Landesvorsitzenden eine Macht zugeschrieben, die diese nicht im Entferntesten hat; meist tun sich die Angesprochenen auch schwer, ihre Position zu begründen. Fragt man sie, was denn das Schlimmste sei, was Höcke jemals gesagt habe, verweisen sie, wenn sie überhaupt eine Antwort haben, auf eine Äußerung wie die, in der der Politiker das Holocaust-Mahnmal in Berlin als „Denkmal der Schande" bezeichnet hat. Drei einzelne Wörter und deren Repräsentativ-Setzung für einen Politiker und mittels Erweiterung auf die ganze Partei entscheiden also offensichtlich über das Verhalten von vielen an sich konservativen Wählern. Die drei Wörter sind tatsächlich gefallen, aber doch ganz anders, als dies zunächst den Anschein hat. Um diesen Fall zu klären, müssen wir einmal etwas tiefer in die Grammatik einsteigen.

Bei „Denkmal der Schande" handelt es sich um eine Konstruktion, bei der zwei Substantive (*Denkmal*, *Schande*) mit Hilfe eines Artikels im Genitiv (*der*) verbunden werden. Prinzipiell können solche Wortgruppen mancherlei Art von Beziehung zwischen den beiden Substantiven ausdrücken. So kann beispielsweise ein Besitz (*Haus des Schauspielers*) oder eine Teil-Ganzes-Beziehung ausgedrückt werden (*Tür des*

Autos). Manche dieser Konstruktionen sind auch, für sich gesehen, mehrdeutig. So kann sich „Bild der Frau“ unter anderem auf ein Bild beziehen, das der Frau gehört (der sogenannte *Genitivus possessivus*), auf ein Bild, das die Frau gemalt hat (*Genitivus auctoris*) oder auf ein Bild, das die Frau zeigt (Genitiv des dargestellten Objekts), ganz abgesehen von der allgemeinen Vorstellung, die von Frauen in einer Gesellschaft vorherrscht. Was im Einzelfall tatsächlich gemeint ist, zeigt sich in aller Regel im Kontext.

In dem vorliegenden Fall geht es darum, zwischen zwei Lesarten zu unterscheiden: (1) Höcke bezeichnet das Denkmal selbst als Schande (*Genitivus definitivus*, ähnlich wie in „Gefühl der Freude“). Dies wäre ein subjektives Werturteil des Politikers über das Denkmal. (2) Das Denkmal repräsentiert als Holocaust-Mahnmal die Schande der Deutschen, nämlich das Dritte Reich (*Genitivus qualitatis*, ähnlich wie in „Zeichen der Liebe“). Dann wäre die Phrase „Denkmal der Schande“ im Sinne von „Denkmal, das für die eigene Schande steht“ zu verstehen und damit eine Bezugnahme, die bis auf wenige Ausnahmen von der überwiegenden Mehrheit der Deutschen geteilt wird. Die Frage, welche dieser Lesarten zutreffend ist, kann nur entschieden werden, wenn man sich die Äußerung selbst anschaut. Hier ist, was Höcke bei seiner Rede sagte:

> Wir Deutschen – und ich rede jetzt nicht von euch Patrioten, die sich hier heute versammelt haben – wir Deutschen, also unser Volk, sind das einzige Volk der Welt, das sich ein Denkmal der Schande in das Herz seiner Hauptstadt gepflanzt hat.

Von welcher Schande redet Höcke hier? Von der des Denkmals? Oder von der, für die das Denkmal steht? Eindeutig Letzteres. Wenn Höcke Lesart (1) gemeint hätte, hätte er so etwas sagen müssen wie: „Dieses Denkmal ist eine Schande! Lasst uns dieses Denkmal der Schande (oder: Schanddenkmal) wieder einreißen!“ Das hat er aber nicht. Es geht in diesem Kontext nicht um die Empfindungen, die Höcke, die Bürger Deutschlands oder die Bürger anderer Länder gegenüber ihren Denkmälern haben. Es mag viele Menschen rund um den Globus geben, die das eine oder andere Denkmal ihrer Hauptstadt als (z. B. künstlerische oder architektonische) Schande empfinden. Stattdessen redet Höcke von der *Einzigartigkeit*, die dieses Denkmal ausmacht, und es dürfte tatsächlich nicht leicht sein, eine andere Hauptstadt als Berlin zu finden, in deren Zentrum ein Mahnmal steht, das an die Schande des eigenen Volkes erinnert. Lesart (2) ist also die einzige, die im gegebenen Kontext einen Sinn ergibt.

Was aber passiert, wenn die Konstruktion „Denkmal der Schande" isoliert, d. h. aus ihrem Kontext herausgelöst, zitiert wird? Sie löst bei den meisten Menschen die – anstößige, aber unzutreffende – Vorstellung aus, Höcke habe das Denkmal selbst als Schande bezeichnet. Dies dürfte der Grund sein, warum die Medien in der Regel nur die Genitivkonstruktion, nicht aber den vollständigen Satz zitieren. Durch die Isolation einer Wortgruppe gelingt es ihnen, das, was Höcke gesagt hat, in einem völlig anderen Licht erscheinen zu lassen und praktisch in sein Gegenteil zu verkehren. Mit anderen Worten: Das vermeintliche „Haar in der Suppe" ist noch nicht einmal eins!

Im Fernsehen kann Reduktionismus auch visuell unterstützt werden. Ein gutes (Negativ-) Beispiel ist hierfür eine Hetz-Sendung über den ehemaligen Verfassungsschutz-Präsidenten Hans-Georg Maaßen, die das ZDF im Juli 2023 während dessen laufendem Ausschlussverfahren aus der CDU ausstrahlte.[71] In dieser „Doku" werden immer wieder einzelne Schlagwörter visuell hervorgehoben, indem beispielsweise sämtliche anderen Wörter in einem Dokument abgedunkelt werden und nur die zentralen Begriffe mit einer helleren, grünen Farbe beleuchtet werden. Besonders deutlich wird dies bei der Besprechung von Maaßens Doktorarbeit, in der dieser sich mit dem Ausländerrecht auseinandersetzte. Aus dieser Dissertation werden einzelne Begriffe herausgegriffen und dem Zuschauer präsentiert: „Sentimentalität", „gefühlsbetonte Betrachtungen", „political correctness" und „Scheinmoralität"

71 „Der Fall Maaßen: Zwischen Geheimdienst und Verschwörung"; https://www.zdf.de/dokumentation/die-spur/hans-georg-maassen-werteunion-rechte-verschwoerungstheorien-100.html

(ab 8:46). Über 480 Seiten Text, eingedampft auf sechs Wörter, die dem Zuschauer suggerieren sollen, Maaßen sei ein herzloser Mensch. Dabei ist der Kontext, in denen die Begriffe zu finden sind, nur so kurz klar sichtbar, dass der Zuschauer nicht den Hauch einer Chance hat, wenigstens die Sätze, in denen diese Wörter auftauchen, zu lesen. An einer anderen Stelle wird der Kopf eines (Spiegel?-) Artikels eingeblendet mit der Überschrift: „Merz ruft CDU-Mitglieder zum Austritt aus WerteUnion auf". Durch die schnelle Ausblendung des Kontextes und die Fokussierung auf die Überschrift erkennt der Zuschauer nicht, dass sich dieser Artikel auf die Zeit bezog, als Maaßens Vorgänger Max Otte gewählt wurde, also lange bevor Maaßen die WerteUnion übernahm.

Reduktionismus betrifft letztlich jeden und ist ein Problem in unserer Zeit. Die Welt ist so „groß" und kompliziert geworden, dass ein Einzelner in der Regel gar nicht mehr überschauen kann als jenen sehr begrenzten Bereich, der sein Leben unmittelbar betrifft. Sollen trotzdem Entscheidungen getroffen werden, die weit über das hinausreichen, was man selbst überblickt (also etwa Wahlentscheidungen) greift der Einzelne auf Kriterien zurück, zu denen er Zugang hat. Eine Bekannte von mir, die vermutlich der Union nahesteht, argumentierte beispielsweise während der Kanzlerschaft von Angela Merkel einmal, sie habe von der Kanzlerin „immerhin noch nie ein böses Wort gehört". Dieses Argument ist typisch für das Werteempfinden der Mittelschicht (die anstößige Sprache abschreckt) und war offenbar für meine Bekannte entscheidend. Reduktionismus in Aktion.

Diese Anfälligkeit für reduktionistische „Argumente" machen sich die Medien zunutze. Im Juli 2021 wurde der damalige CDU-Kanzlerkandidat Armin Laschet während einer Rede des Bundespräsidenten Frank-Walter Steinmeier nach der Flutkatastrophe im Ahrtal dabei fotografiert, wie er herzlich lachte. Das Bild ging viral, und in der Folge brachen die Umfragewerte für die CDU ein. Offensichtlich waren für die Wahlentscheidung vieler Wähler nicht die Programme der Parteien und die Kompetenzen ihrer Politiker ausschlaggebend, sondern ein Fehlverhalten – ob vermeintlich oder echt, sei dahingestellt – eines einzelnen Menschen von wenigen Sekunden Dauer. Reduktionismus verfängt. Heute reicht ein falsches Wort, ein falsches Like, eine falsche Geste oder ein unangebrachtes Lachen aus, um Karrieren zu knicken oder zu beenden.[72]

Agenda Setting: Wir bestimmen, was wichtig ist

Nicht nur *worüber* berichtet wird und *wie* die dargestellten Aspekte behandelt werden, auch *wie häufig* (oder *wie intensiv*) diese Themen in den Medien gespielt werden, hat einen starken Einfluss auf die Wahrnehmung der Realität durch die Mediennutzer. In den Medien- und Politikwissenschaften hat sich für diese Themenschwerpunktsetzung der Begriff *Agenda Setting* etabliert. Schauen wir uns zu diesem Zweck einmal die Entwicklungen der Vorkommenshäufigkeit von einigen Schlüsselbegriffen einschließlich ihrer Ableitungen und Komposita seit 2014 an (WpM).

	2014	2015	2016	2017	2018	2019	2020	2021	2022
Wirtschaft	730	712	673	665	660	671	817	683	831
Bildung	406	399	414	418	413	411	380	403	335
Kriminalität	22	23	29	27	28	27	20	21	80
Corona/Covid	3	2	1	1	1	1	2322	1768	968
Klima	124	143	121	156	160	453	321	492	497

Beginnen wir zur Orientierung mit drei Begriffen, die für jede Gesellschaft von großer Bedeutung sind und entsprechend häufig thematisiert werden: Wirtschaft, Bildung und Kriminalität. Wenn Sie sich den Verlauf der Zahlenreihen vor Corona (2014-2019) anschauen, sehen Sie, dass die einzelnen Bereiche zwar stark unterschiedliche Frequenzen

72 Vgl. Pfister 2022

aufweisen, in sich jedoch wenig Variation aufweisen.[73] In den Corona-Jahren 2020-2022 zeigte sich, dass sowohl Kriminalität als auch Bildung tendenziell etwas weniger thematisiert wurden, die Wirtschaft dagegen etwas mehr. All das war erwartbar. Einziger Ausreißer ist ein starker „Anstieg" des Stichwortes Kriminalität im Jahr 2022. Dieser geht jedoch nicht auf eine dramatisch erhöhte Kriminalitätsrate zurück, sondern ist darauf zurückzuführen, dass in jenem Jahr zahlreiche DPA-Pressemitteilungen in das Korpus mit aufgenommen wurden, die zu Beginn den Ort, das Land und dann stichworthaft das Thema angeben, um das es in dieser Meldung geht, z. B. „Berlin; Deutschland; Prozesse; Kriminalität" oder „Sachsen-Anhalt; Deutschland; Schulen; Bildung". Diese Neuerung betrifft alle hier untersuchten Begriffe, schlägt aber aufgrund der häufigen Verwendung des Stichworts Kriminalität in Pressemitteilungen und der deutlich niedrigeren Gesamtfrequenz desselben nur hier wirklich zu Buche. (Auch solche Faktoren gilt es in der Korpuslinguistik bisweilen zu beachten.)

Die Stichwörter Corona und Covid verhalten sich ebenso wie erwartet: Bis einschließlich 2019 sind sie fast gar nicht existent; die wenigen Nennungen gehen z. B. auf St. Corona, eine Ortschaft in Niederösterreich, oder Ähnliches zurück. Ab 2020 ist Corona dann das alles dominierende Thema; 2020 und 2021 weisen die Stichwörter eine höhere Frequenz auf als Wirtschaft, Bildung und Kriminalität zusammen. Was uns aber nun interessiert, ist das Verhalten des Stichworts Klima. Bis 2018 bewegt es sich konsistent zwischen 120 und 160 WpM. Im Jahr darauf springt es plötzlich auf über 450 WpM, also etwa auf das Dreifache. Was war geschehen?

Wer 2019 regelmäßig Nachrichten konsumiert hat, musste zu dem Schluss kommen, die Welt stünde kurz vor ihrem Untergang. Tausende junger Menschen gingen (außerhalb der Schulferien) allfreitäglich auf

73 Solche Zahlenreihen sollten vor allem über die Zeitachse verglichen werden, weniger untereinander. Dies liegt daran, dass das Vorhandensein eines Stichwortes nicht Voraussetzung ist für dessen thematische Behandlung. So kann beispielsweise ausführlich über einen Kriminalfall berichtet werden, ohne dass auch nur einmal das Wort Kriminalität auftaucht.

die Straße, um für mehr „Klimaschutz“ zu demonstrieren (bzw. zu „streiken“). Ihre Anführerinnen wurden von der Politik hofiert, in Talkshows eingeladen und durften ihre Forderungen bis in höchste Gremien vortragen. Es bliebe, so der einhellige Tenor aus Klima-Aktivisten, Medien und Teilen der Politik, nur noch wenig Zeit, um den „Klimakollaps“ abzuwenden. Verschiedene Städte und das EU-Parlament riefen sogar den „Klimanotstand“ aus. Mit dem Aufkommen von Corona 2020 büßte das Thema zwar seine Dominanz ein, aber bereits 2021 erreichte und übertraf der WpM-Wert wieder den von 2019. Auch 2022 blieb dieses hohe Niveau erhalten. Dies ist keineswegs selbstverständlich. Bei dem Stichwort Rassismus beispielweise erlebten wir einen absoluten Höhepunkt im Jahr 2020, als die „Check your privilege“-Bewegung Deutschland erreichte; danach flachte die Beschäftigung mit diesem Thema über zwei Jahre hinweg auf das Niveau von 2019 ab:

	2014	2015	2016	2017	2018	2019	2020	2021	2022
Rassismus	35	43	45	45	54	57	115	79	54

„Klima“ dagegen hält sich seit 2019 auf diesem hohen Niveau. Hier hat sich in den Medien also ein Narrativ fest etabliert. Die Permanenz in Themensetzung und Darstellung wird in den Köpfen vieler Menschen zur subjektiven Wahrheit. Es wird ein Weltbild etabliert, das zwar möglicherweise von der Realität entfremdet ist, sich für Anhänger des Großen Narrativs jedoch politisch (z. B. in Wahlen) auszahlt. Inwiefern dieses Narrativ zutrifft, kann ich als klimatologischer Laie nicht beurteilen (dies habe ich mit den allermeisten Journalisten gemein). Es gibt jedoch ein Indiz, das bei mir den Verdacht der Unwahrhaftigkeit der Erzählung nährt: nämlich, dass bei diesem Thema (wie bei manchen anderen) „Gegenzeugen“ von vornherein ausgeschlossen werden.

Zeugenselektion: Wessen Meinung Sie hören sollen (und wessen nicht)

Die Verwendung einzelner Wörter, seien es Kampfbegriffe, sei es die Verschiebung oder Manipulation von Bedeutungen, ist im Kampf um die Deutungshoheit durchaus wichtig. Sie bewirken eine schnelle Stigmatisierung der Bezeichneten und eine Emotionalisierung auf Seiten der Hörer bzw. Leser. Nachhaltiger im Sinne einer dauerhaften Meinungsprägung ist meiner Ansicht nach jedoch das, was ich als Zeugenselektion bezeichne.

In einem Gerichtsverfahren kommt Zeugen eine wichtige Rolle zu: Ihre Aussage kann darüber entscheiden, ob ein Angeklagter freigesprochen oder verurteilt wird. Wenn es keine neutralen, unbeteiligten Zeugen (wie etwa bei einem Verkehrsunfall) gibt, versucht jede Seite, Zeugen zu finden, die die eigene Sichtweise bestätigen. In einer Demokratie ist die Instanz, die darüber entscheidet, wie es mit einem Land weitergeht (also, in unserem Bild gesprochen, der Richter), das Volk, genauer gesagt das Wahlvolk. Es entscheidet über die Zusammensetzung der Parlamente und damit über die politische Richtung, welche ein Land nimmt. Zu Aktivisten gewandelte Journalisten versuchen nun, dieses Volk durch Auswahl der Stimmen, die diese Entscheider zu hören und zu sehen bekommen, in ihrem Sinne zu beeinflussen. Diese „Zeugen“ können ganz unterschiedliche Rollen spielen. Das kann der Wissenschaftler sein, der das Große Narrativ mit seiner wissenschaftlichen Expertise untermauert; das kann eine interviewte Demonstrationsteilnehmerin sein, die repräsentativ für eine ganze Demonstration steht und so das Bild der Demonstration je nach Wunsch entweder positiv oder negativ färbt. Und natürlich gilt dies auch bei der Auswahl der Studiogäste, die man zu Talkshows einlädt (bzw. hiervon ausgrenzt). Aus aktivistisch-„journalistischer“ Sicht ist das alles sehr praktisch. Man kann als Journalist weiterhin „objektiv“ berichten, ohne selbst offensichtliche Wertungen vorzunehmen, und überlässt die Meinungsäußerungen und Wertungen den Zeugen. Schauen wir uns einige Beispiele an.

Eine tragische Rolle spielen die Medien immer wieder bei der Auswahl der Wissenschaftler (oder „Experten"), die sie befragen. Zu allen großen Themen werden praktisch nur solche Wissenschaftler eingeladen, die das Große Narrativ stützen, wobei Abweichungen in gewissen Grenzen toleriert werden. So suggeriert man dem Zuschauer einen Meinungspluralismus, der jedoch nur innerhalb eines begrenzten Rahmens existiert. Fängt ein Wissenschaftler an, dem Großen Narrativ zu widersprechen, wird er gnadenlos fallen gelassen und bekämpft. Dies lässt sich gut an drei Professoren illustrieren, die alle einmal gefragte Interviewpartner oder Talkgäste waren, dann jedoch in Ungnade fielen, als sie es wagten, aus dem Gleichschritt auszuscheren: dem Ökonomen Max Otte, dem Finanzwissenschaftler Stefan Homburg und der Politologin Ulrike Guérot.

Otte war lange Zeit gefragter Experte für Wirtschaftsfragen und galt als „Crashprophet", weil er bereits 2006 eine Weltfinanzkrise vorausgesagt hatte, die ein Jahr später auch eintraf. Nachdem der (damalige) CDU-Mann 2017 jedoch öffentlich bekannt hatte, er werde bei der Bundestagswahl die AfD wählen, war es mit den Einladungen vorbei. In einem Youtube-Interview einige Zeit später erzählte er von der Reaktion der Medien auf dieses Bekenntnis. Auf die Frage „Welche Konsequenzen hatte dieses Outing für Sie?" antwortete Otte:

> Ganz konkret ist passiert, dass ein Fernsehsender, mit dem ich seit über zehn Jahren vertrauensvoll zusammenarbeite, angerufen hat und gesagt hat: „Wir sagen alles ab." Ich hatte schon drei Interviews für den Rest des Jahres geplant. Ich finde das sehr bedenklich für einen freiheitlichen Staat. Ein Sender hat abgesagt, ein bekannter Verlag hat mir abgesagt. Eben bekam ich noch von einem Konzernstrategen einen Anruf, der sich entschuldigte und sagte, er könne jetzt auch den zugesagten Artikel nicht schreiben. Also, man wird geschnitten, man verschwindet in der Versenkung.[74]

74 „Otte zu money.de: „Merkels Politik ist katastrophal"" (ab ca. 2:10; zugangsbeschränkt); https://www.youtube.com/watch?v=e5qxVmaNR7E.

Derselbe Mensch, jahrelang gern gesehener Experte in den Medien, wurde quasi über Nacht zur Persona non grata, allein wegen eines politischen Bekenntnisses. Ähnlich erging es Homburg und Guérot. Beide hatten sich während der Corona-Krise kritisch über die vom Staat ergriffenen Maßnahmen geäußert und diese Kritik auch publik gemacht: Homburg hauptsächlich über Twitter, Guérot mit Hilfe von Büchern und Artikeln. Auch diese beiden Wissenschaftler wurden fortan von den Medien geschnitten und bekämpft; Guérot wurde, da noch im Hochschuldient aktiv, an ihrer Universität zunächst gemobbt und dann entlassen.[75] Alle drei Professoren fielen bzw. fallen somit als Zeugen für die Sache derer, die dem Großen Narrativ widersprechen, aus.

Zeugen können jedoch auch benutzt werden, um Gegner in einem schlechten Licht dastehen zu lassen. Eine Institution, die gerne negative Zeugnisse über Menschen übernimmt, wenn sie dem GN widersprechen, ist die Online-Enzyklopädie Wikipedia. Wenn Sie die Artikel zu den besagten Wissenschaftlern aufrufen, werden Sie – vermutlich unabhängig vom Abrufzeitpunkt – zahlreiche negative Stimmen Dritter über die Experten finden, denen nur wenige (wenn überhaupt) positiv wertende Stimmen gegenüberstehen.

Besonders einfach und beliebt ist das Framing durch Zeugenselektion bei Demonstrationen, weil man hier eine große Zahl von Stimmen einfangen und eine entsprechende Auswahl treffen kann. Soll das Ziel der Demonstration unterstützt werden, nimmt man sachliche oder auch emotional-betroffene Beiträge; wenn die Demonstration in ein schlechtes Licht gerückt werden soll, sendet man hauptsächlich unqualifizierte oder radikale Teilnehmerbeiträge. Dies galt neben den Pegida-Demos vor allem für die Demonstrationen gegen die Corona-

---

75 Vgl. zu Homburg: „Stefan Homburg: Wird Corona jemals enden? (Infektionsschutzgesetz)" (ab 1:13 bis 8:17); https://www.youtube.com/watch?v=GH3ZgHVqI0M; zu Guérot: „Ulrike Guérot über ihre Entlassung an der Uni Bonn und das Lanz-Tribunal"; https://www.youtube.com/watch?v=vU3u3WtypyU

maßnahmen.[76] Unbedarfte Zuschauer schließen dann von dem einzelnen (ausgewählten) Teilnehmer auf die ganze Versammlung, und das Ziel der Zeugenselektion, die Diskreditierung des Anliegens, ist erreicht. Der Eindruck, der vermittelt werden soll, lautet: Kritiker der Coronamaßnahmen sind Spinner, Esoteriker, Verschwörungstheoretiker oder Rechtsradikale. In seinem Buch *Zombie-Journalismus* beschreibt der Journalist Marcus Klöckner die Vorgehensweise solcher Journalisten so:

> Zombie-Journalisten fahren voll beladen mit Vorurteilen und reichlich weltanschaulicher Überzeugung zu einer Querdenker-Demo mit dem festen Ziel vor Augen, über einen „Nazi-Aufmarsch" zu „berichten". Unbeeindruckt von dem harmlosen, friedlichen Treiben, suchen die „Reporter" nach den Nazis (...). Und irgendwo, da so am Rande der Zehntausenden Bürger aus allen Klassen und Schichten, werden sie fündig: drei Reichsflaggen hier, zwei dumme rechtsradikale Parolen da, fertig ist die Relotius-Reportage.[77]

Aber selbst eine Demonstration, bei der es nicht gelingt, radikale oder absurde Äußerungen zu erheischen, bei der es keine Ausschreitungen gibt und bei der vielleicht sogar die Zahl der Demonstranten jene der Gegendemonstranten bei Weitem übersteigt, kann man negativ framen. Es reicht, ganz überwiegend Gegendemonstranten sowie kritische Stimmen aus Politik und Wissenschaft zu Wort kommen zu lassen. Diesen bleibt es dann überlassen, die eigentlichen Demonstranten als „Verschwörungstheoretiker", „wissenschaftsfeindlich" oder „Gefahr für die Demokratie" zu bezeichnen, während der Journalist diese Meinungen ja nur weitergibt – und andere Stimmen weitgehend ausgrenzt. Auf der anderen Seite erhalten radikale „Klimaschützer" immer wieder

76 Wie solche radikalen Stimmen bei den Demonstrationen gegen die Corona-Maßnahmen praktisch aussehen, können Sie (wenn Sie sich das antun wollen) beispielsweise auf dem Youtube-Video „Der Corona-Soundtrack – Best Of 'Hygienedemos'" sehen: https://www.youtube.com/watch?v=bCaTX-7gd32E

77 Klöckner 2021: 23 f.

Gelegenheit, ihr Anliegen und ihre Thesen ausführlich und zur besten Sendezeit darzulegen, selbst dann, wenn sie Straftaten begehen.[78]

Einseitige Zeugenselektion im weiteren Sinne kann man auch bei der Besetzung der Talkshows im deutschen Fernsehen feststellen. Analysiert man die Parteienzugehörigkeit der Gäste, die von 2017 bis Anfang Februar 2021 zu den fünf großen politischen Talkshows von ARD und ZDF eingeladen wurden, so finden sich insgesamt 1.326 Angehörige der im Bundestag vertretenen Parteien. Davon gehörten 474 (35,7 %) der CDU/CSU an, 407 (30,7 %) der SPD, 202 (15,2 %) den Grünen, 118 (8,9 %) der FDP, 83 (6,3 %) den Linken und ganze 42 (3,2 %) der AfD.[79] Damit entsprach der Anteil der CDU/CSU und der FDP in den Talkshows in etwa ihrem Zweitstimmenergebnis bei der Bundestagswahl von 2017, während die Grünen und die SPD deutlich überrepräsentiert und die Linken etwas unterrepräsentiert waren; der Oppositionsführer jener Legislaturperiode wurde bis auf einen Alibi-Rest ausgegrenzt. In den folgenden Jahren sollte dieses Missverhältnis nicht nur nicht besser, sondern noch schlimmer werden.[80] Wird dann doch einmal eine andersdenkende Person eingeladen, um den Anschein von Ausgewogenheit aufrechterhalten zu können, mutiert die Talkshow nach dem Motto „alle gegen einen" zu einem Tribunal.[81] Wobei „alle" häufig genug nicht nur die übrigen Studiogäste meint, sondern auch den Moderator (der diesen Titel dann nicht mehr verdient) mit einschließt – und sogar das Publikum.

---

78 Vgl. „Wie die Letzte Generation von den Öffentlich Rechtlichen hofiert wird"; https://www.tichyseinblick.de/meinungen/wie-die-letzte-generation-von-den-oeffentlich-rechtlichen-hofiert-wird/

79 Zahlen nach Schmidt-Ahmad 2021

80 Vgl. „Talkshow-Gäste von ARD und ZDF: AfD-Anteil bei nur 0,4 Prozent"; https://jungefreiheit.de/kultur/medien/2023/talkshow-einladungen-afd/; oder „Öffentlich-Rechtliche ohne AfD: Alle sprechen über sie, keiner mit ihnen"; https://pleiteticker.de/oeffentlich-rechtliche-ohne-afd-alle-sprechen-ueber-sie-keiner-mit-ihnen/

81 Einen kurzen Zusammenschnitt solcher unseligen Szenen aus der Lanz-Sendung mit Ulrike Guérot im Juni 2023 finden Sie hier: https://twitter.com/JoernCarmaker/status/1673642298536603648.

Ein besonders scheußliches Beispiel für eine Zeugenselektion praktizierte die *BILD* im August 2023. Auf einer Vortragsveranstaltung der AfD-Politikerin Beatrix von Storch beschmierte ein Gegner die Politikerin mit Fäkalien. *BILD* machte den Täter ausfindig und gab ihm unter der Überschrift „Darum bewarf ich die AfD-Politikerin mit Kuh-Fladen" die Möglichkeit zur Selbstdarstellung. Von Storch reagierte darauf mit einem Tweet: „Liebe BILD, ich habe da mal eine Frage: Warum geben Sie einem Linksextremisten wie dem ein Millionenpublikum? (...) Würden Sie das nach dem Anschlag eines Rechtsextremisten auch tun? Oder würden Sie davon absehen, weil es Nachahmer animiert?"[82]

Neben diesen offensichtlichen Formen von Zeugenselektion gibt es zahlreiche Sonderformen. Ein Beispiel hierfür ist das sogenannte episodische Framing durch „Human-Interest-Storys". Hierbei werden berührende Einzelschicksale realer Personen präsentiert, die für Zuschauer oder Leser stellvertretend für eine ganze Bevölkerungsgruppe stehen, etwa im Falle von Migranten oder Minderheiten, aber auch für Menschen mit Long Covid oder Impfschäden.[83] „Solche narrativen Artikel oder *Human-Interest-Storys* bewirken einen stärkeren und andauernderen Framing-Effekt als rein informative Beiträge, da hierbei vermehrt kognitive Resonanzen auftreten und Empathie eine große Rolle spielt", schreibt der Framing-Experte Michael Oswald.[84]

In letzter Zeit tauchten auch immer mehr Fälle auf, in denen Fernsehzuschauern eine Person als normale Kundin eines Ladens, als Passantin auf der Straße oder als Beobachter einer Demonstration präsentiert wurden, bei denen sich im Nachhinein jedoch herausstellte, dass sie in Wirklichkeit Mitglieder oder Funktionäre einer linksgerichteten Partei sind.[85] Alternativ werden Mitarbeiter des eigenen Medienunter-

---

82 https://twitter.com/Beatrix_vStorch/status/1696173724121125347

83 Vgl. zum Beispiel „RBB-Abendschau interviewt Schülerin zur AfD"; https://reitschuster.de/post/rbb-abendschau-interviewt-schuelerin-zur-afd/

84 Oswald 2021: 154

85 Siehe zum Beispiel „ZDF löscht Monika Lazar AfD-Hirse Video und veröffentlicht geänderte Version. VIDEO-VERGLEICH!"; https://www.youtube.

nehmens interviewt und diese als zufällige Interviewpartner dargestellt. Diese Praxis scheint weiter verbreitet zu sein als bisher angenommen.[86]

Doch selbst, wenn Gegenzeugen zugelassen und gehört werden, heißt das nicht, dass es sich hierbei um einen „fairen Prozess" handelt. In dem bereits erwähnten Hetzvideo des ZDF gegen Hans-Georg Maaßen vom Juli 2023 kommen auch einige Menschen zu Wort, die sich positiv über den ehemaligen Verfassungsschützer äußern. Damit wird der – falsche – Eindruck erweckt, man habe ja mit allen gesprochen und ausgewogen berichtet. Der Punkt ist, dass auch „Zeugenaussagen" geframet werden können. Im ersten Fall interviewt einer der Reporter ein paar Teilnehmer einer Veranstaltung der WerteUnion und befragt sie zu ihrer Meinung zu Maaßen (ab 3:30). Alle Befragten äußern sich positiv über ihren Vorsitzenden. Abgeschlossen wird diese Sequenz jedoch mit einem schon kurz zuvor Befragten, der offensichtlich so provoziert worden war, dass er die Fassung verliert, ins Du verfällt (obwohl er vorher den Reporter gesiezt hatte) und ihn mit „So'n grüner Hetzer bist du!" beschimpft. Botschaft an den Zuschauer: „Sehr her, so sind sie, die Maaßen-Anhänger!" Im zweiten Fall wird der frühere Bundesinnenminister Hans-Peter Friedrich befragt (ab 13:54). Auch er äußert sich nur positiv zu dem Mann, den er selbst eingesetzt hatte. Diese Sequenz endet jedoch mit dem Hinweis des Journalisten: „Hans-Peter Friedrich redet nur über die Zeit bis zu seinem Ausscheiden als Innenminister Ende 2013. Wie Maaßen sich später positionierte, habe er nicht zu bewerten. Viele wollen sich nicht zu Maaßen äußern (...)." Damit wird nicht nur das positive Urteil Friedrichs relativiert, sondern gleichzeitig der Verdacht erweckt, Friedrich und „viele" würden etwas verschweigen. Auch der letzte Gegenzeuge, der ehemalige Chef des Auslandsgeheimdienstes Gerhard Schindler, wird geframet. Er wird

---

com/watch?v=lV0XzU0IX68 oder „Fake-Bürgerdialog mit dem Kanzler: Als Bürger getarnte Parteifunktionäre stellen Gefälligkeitsfragen"; https://www.youtube.com/watch?v=uvLM5XRHEJQ

86 „Insider packt aus: Interviewen eigener Mitarbeiter bei GEZ-Sendern offenbar üblich"; https://reitschuster.de/post/insider-packt-aus-interviewen-eigener-mitarbeiter-beim-gez-sendern-offenbar-ueblich/

zweimal als „Weggefährte" Maaßens bezeichnet (20:55, 22:23), die Parallelität ihrer Berufe wird betont, und hinzugefügt: „Regelmäßig treten Maaßen und Schindler gemeinsam in Talkshows selbsternannter alternativer Medien auf." Unterstützt wird die Botschaft durch Fotos und Filmsequenzen, in denen die beiden ehemaligen Top-Beamten gemeinsam zu sehen sind. Der Eindruck, der hier geformt wird, ist: „Na klar, best Buddies – eine Krähe hackt der anderen kein Auge aus." Allein die Tatsache, dass ein Journalist Gegenzeugen zulässt, bedeutet also nicht automatisch Ausgewogenheit in der Berichterstattung; es kommt auch darauf an, wie diese Gegenzeugen selbst dargestellt werden.

Die Agenda hinter der Zeugenselektion und ihrem Framing ist offensichtlich: Dem Medienkonsumenten wird vermittelt, welche Meinungen gesellschaftlich opportun sind und welche nicht. Einem Zuschauer einer Talkshow beispielsweise kann sowohl durch die Auswahl der Gäste als auch durch die Besetzung des Publikums ein irreführendes Bild von der Verteilung von Meinungen in der Gesellschaft vor Augen geführt werden. Ein Zuschauer, der sich solch eine Sendung ansieht, aber eigentlich eine andere Meinung vertritt, bekommt das Gefühl, zu einer Minderheit zu gehören oder irgendwo am Rande der Gesellschaft zu stehen – und da möchten die meisten Menschen eher nicht sein. Dann passt man doch lieber seine Meinung an.

Gleichausrichtung der Medien: Alle berichten dasselbe ...

Ein großes Problem unserer Zeit besteht darin, dass der mediale Mainstream mehr oder weniger geschlossen hinter dem Großen Narrativ steht. Unterschiede bestehen im Detail, aber nicht mehr in der grundsätzlichen Akzeptanz des Narrativs. Dies hat verschiedene Ursachen. Zunächst einmal verlassen sich Medienhäuser heutzutage weniger auf eigene Recherchen (viel zu teuer) und übernehmen Meldungen aus den Presseagenturen. Zudem haben sich einige ehemals konservative Medien – parallel zur Linksverschiebung der Union unter der Vorsitzenden Merkel – dem

Mainstream angepasst. Der wichtigste Grund ist jedoch: Verschiedene Studien zeigen, dass der überwiegende Anteil der Journalisten heute links tickt. Ein aus konservativer wie aus demokratischer Sicht erschütterndes Ergebnis lieferte eine Umfrage unter den Volontären der ARD im Jahr 2020, nach der sich nicht weniger als 92 % zu einer der dezidiert linken Parteien (Grüne, Linke, SPD) bekannten.[87]

Nachdem Anfang 2023 langsam klar wurde, dass viele der Coronamaßnahmen der vergangenen Jahre verfehlt waren und dies vereinzelt auch in der Politik zugegeben wurde, schien sich die Stimmung in der Bevölkerung zu wenden. Offenbar hatten die Kritiker der Maßnahmen also von Anfang an Recht gehabt. Die Medien, die ganz überwiegend das Narrativ der Regierung gestützt hatten, hatten nun die Wahl: Sie konnten sich endlich, endlich der Wahrheit stellen, oder sie mussten sich gegen die Angriffe wehren. Sie entschieden sich für Letzteres und bemühten dafür einen sogenannten Faktencheck.[88] Im April jenes Jahres erschien in den verschiedensten Medienoutlets, von der *FAZ* über *Focus* und *Handelsblatt* bis zu kleineren Zeitungen, ein Artikel mit einer mehr oder weniger identischen Überschrift: „Faktencheck: Warum Querdenker meinen, recht gehabt zu haben". Stefan Homburg illustrierte die Homogenität der Medien mit einem sehenswerten Poster[89] und kommentierte dies mit den Worten: „Nachdem hochwertige Studien weltweit gezeigt haben, dass die Coronapolitik völlig verfehlt war, folgt ein letzter ‚Faktencheck' über jene, die von Anfang an Recht hatten. Durch dieses kollektive Foul könnt Ihr Mitmacher weder Ansehen zurückgewinnen noch Eure Schuld tilgen!"

---

87 „Ausgewogene Berichterstattung? 92 Prozent der ARD-Volontäre wählen grün-rot-rot"; https://www.welt.de/debatte/kommentare/plus219289186/Oeffentlich-Rechtliche-Ausgewogene-Berichterstattung-92-Prozent-der-ARD-Volontaere-waehlen-gruen-rot-rot.html

88 Zur der Rolle, die aktuell die „Faktenchecker" oder „Faktenfinder" in den Medien spielen, vgl. „Warum Faktenfinder die neue Zensur sind | Achtung, Reichelt! vom 21. Dezember 2023"; https://www.youtube.com/watch?v=2eMmAU8WYZg

89 https://twitter.com/SHomburg/status/1645005048437456896/

Für ihr Potential, Meinungen manipulieren zu können, ist die Geschlossenheit („Homogenität") der Medien von großer Bedeutung. Gustave Le Bon hatte in seiner *Psychologie der Massen* bereits Anfang des 20. Jahrhunderts eine wichtige Einschränkung für die Wirksamkeit von Propaganda beschrieben: „Lesen wir täglich in derselben Zeitung, A sei ein ausgemachter Schuft und B ein Ehrenmann, so werden wir schließlich davon überzeugt, vorausgesetzt allerdings, dass wir nicht zu oft in einem andern Blatt die entgegengesetzte Meinung lesen, die die Eigenschaften der beiden miteinander vertauscht."[90] Wenn ein präsentiertes Weltbild mehr oder weniger konsistent präsentiert wird, wenn also keine echten Gegenmeinungen zugelassen werden, kann die Wirkung auf Unbeteiligte so stark sein, dass sie anfangen, Dinge zu glauben, die offensichtlich falsch sind. Dies gilt unabhängig von der Intelligenz des Menschen und lässt sich auch experimentell nachweisen. Einer der Pioniere der Sozialpsychologie, der amerikanische Psychologe Solomon Asch, hatte dies bereits in den 50er-Jahren des letzten Jahrhunderts belegt. In einem Experiment präsentierte er Gruppen von jeweils acht Studenten vier Linien auf einem Blatt: eine Referenzlinie auf der linken Seite sowie drei unterschiedlich lange Vergleichslinien auf der rechten. Die Aufgabe der Studenten bestand nun darin, zu sagen, welche der Vergleichslinien die gleiche Länge hätte wie die Referenzlinie. Dabei war die unterschiedliche Länge der Vergleichslinien so groß, dass die richtige Antwort jeweils leicht ersichtlich war. Der Trick bei diesem Experiment war nun folgender: Die ersten sieben der Probanden waren in das Experiment eingeweiht und gaben nach einem vorher vereinbarten Muster entweder alle die richtige oder alle dieselbe falsche Antwort. Ziel des Experiments war es nun herauszufinden, wie sich der letzte, der einzige wirkliche Proband verhalten würde, wenn alle anderen vor ihm die falsche Antwort gegeben hatten. Es stellte sich heraus, dass sich in über einem Drittel der Fälle die echten Probanden der Mehrheitsmeinung (den „selektierten Zeugen") anschlossen – und das, obwohl sie bei einer abweichenden Meinung keinerlei Sanktionen

90 Le Bon 2020: 118 f.

zu befürchten hatten. Mit anderen Worten: Sie handelten allein aus dem Wunsch heraus, sich konform zu verhalten.

Dieses Prinzip haben die Medien verstanden, und so versuchen sie, eine Meinungs-Homogenität selbst in der Zuschauerschaft zu suggerieren, um die gewünschte Meinung auf jene Zuschauer zu übertragen, die unentschlossen sind. Johannes Menath erklärt:

> In der uns umgebenden medialen Welt ist die Ansprache der Gruppenmentalität in vielerlei Hinsicht zu beobachten. Das eingespielte Lachen bei Fernsehshows suggeriert etwa, dass andere Personen die Situation lustig finden, was sich auf den Zuschauer überträgt. Ebenso verhält es sich mit dem Klatschen bei Talkshows, welches die Zustimmung des Studiopublikums bezüglich der Beiträge verdeutlichen soll.[91]

An der Produktion der Talkshow „Lanz“ beispielsweise ist eine Firma beteiligt, die für die „Zuschauerkoordination“ verantwortlich ist. Diese Firma wirbt auf ihrer Internetpräsenz damit, dass sie nach „zielgruppenspezifischen Merkmalen“ ein „Wunschpublikum“ „generieren“ kann und dieses dann sogar nach den „Prämissen“ der Auftraggeber im Studio „platziert“.[92] Offenbar gibt es sogar bei den Zuschauer- oder Höreranrufen ins Studio eine Vorzensur, bei der politisch unerwünschte Meinungen aussortiert werden.[93] Mit anderen Worten: Nicht nur bei der Selektion von „Zeugen“ und bei den Inhalten herrscht eine große Gleichförmigkeit; selbst bei der Präsentation der Medien-Rezipienten wird auf „Haltung“ geachtet. „Der scheinbar breite Konsens, der im öffentlich-rechtlichen Rundfunk präsentiert wird, ist in Wirklichkeit eine Simulation, gesichert durch Ausgrenzung und Abschottung“, resümiert der Journalist Schmidt-Ahmad.[94]

---

91 Menath 2023: 16

92 „‚Generieren‘ von ‚Wunschpublikum‘“; https://reitschuster.de/post/zuschauermarketing/

93 „Ein Zuschauer prangert Vorzensur beim Presseclub an!“; https://www.youtube.com/watch?v=QzP_UGX0a24

94 Schmidt-Ahmad 2021

Wiederholung:
... und das immer wieder

Die letzte in diesem Kapitel beschriebene Technik ist einigermaßen trivial. Der Volksmund kennt den Spruch: „Übung macht den Meister.“ Sowohl bei handwerklichen Tätigkeiten wie bei Wissens- oder Glaubensinhalten gilt: Je mehr ich etwas wiederhole, umso sicherer „sitzt“ es. Victor Klemperer (1881-1960) war ein protestantischer Literaturwissenschaftler, der an der TH Dresden als Professor arbeitete. Aufgrund seiner jüdischen Herkunft war er während des Dritten Reichs jedoch zunehmend Repressionen ausgeliefert. Erst wurde er in seiner Arbeit immer stärker eingeschränkt, verlor diese dann ganz und musste Zwangsarbeit leisten. Er verlor auch sein Haus und musste in ein Judenhaus umziehen. 1945 entkam er schließlich nur knapp der Deportation durch die Nazis, indem er die Wirren in den Tagen nach den Bombenangriffen auf Dresden zur Flucht nutzte. Klemperer hielt während all dieser Jahre seine Erlebnisse in Tagebüchern fest, in denen er auch immer wieder berichtete, was das „gemeine Volk“ über die Geschehnisse wusste und dachte. An einer Stelle schrieb er: „Die Masse lässt sich alles einreden. Wenn man drei Monate lang alle Zeitungen zwingt, zu behaupten, es habe keinen [Ersten] Weltkrieg gegeben, dann glaubt die Masse, es habe ihn wirklich nicht gegeben.“[95]

Auch Gustave Le Bon hatte Anfang des 20. Jahrhunderts bereits festgestellt:

> Das Wiederholte befestigt sich so sehr in den Köpfen, dass es schließlich als eine bewiesene Wahrheit angenommen wird. (...) Das Wiederholte setzt sich schließlich in den tiefen Bereichen des Unbewussten fest, in denen die Ursachen unserer Handlungen verarbeitet werden. Nach einiger Zeit, wenn wir vergessen haben, wer

95 Klemperer 1995: 106

der Urheber der wiederholten Behauptung ist, glauben wir schließlich daran.[96]

Und auch der Whistleblower Edward Snowden ist für seine Aussage bekannt: „Das ganze System beruht auf der Idee, dass man der Mehrheit alles einreden kann, solange man es laut und oft wiederholt. Und es funktioniert."

Wird derselbe Inhalt und dieselbe Sichtweise (sei es zu Themen wie Corona, dem Ukrainekrieg oder dem Klimawandel) immer wieder und auf verschiedenen Kanälen präsentiert, ohne dass Andersdenkende wirklich einmal zu Wort kommen, hat dies jedoch noch einen weiteren Effekt: Es spaltet die Gesellschaft. In der Wahrnehmung derjenigen, die den Meinungsmonopolisten folgen, verkommen Andersdenkende automatisch zu Unzurechnungsfähigen, da sie etwas glauben, das doch so offensichtlich falsch ist. Menath erklärt:

> Wird ein Thema (...) stets auf ein und dieselbe Art und Weise präsentiert, verleitet das zu dem Schluss, es handle sich um die alleinige Wahrheit, und es suggeriert, dass derjenige doch verrückt sein muss, der eine andere Ansicht vertritt. Dies führt dazu, dass kritisch denkende Menschen zu Außenseitern abgestempelt werden, sobald sie ihren Standpunkt äußern. Folglich halten sich viele zurück und setzen so die sogenannte „Schweigespirale" in Gang. Ein Teufelskreis aus einseitiger Berichterstattung und immer größerer Angst, sich abweichend zum Meinungsmonopol zu äußern, unterbindet daraufhin jeden Diskurs.[97]

Selbst wenn sich – wie bei Corona – irgendwann herausstellt, dass die Meinungsmonopolisten in vielem Unrecht hatten, heißt das leider nicht automatisch, dass die Mehrheit der Bevölkerung dann auch umschwenkt. Der Kommunikationswissenschaftler Hans Mathias Kepplinger schreibt dazu: „Die Mehrheit der Bevölkerung glaubt am

96 Le Bon 2020: 118
97 Menath 2023: 18 f.

Ende nicht das, was inzwischen erwiesen ist, sondern das, was sie vorher überall massenhaft gelesen, gehört und gesehen hat."[98] Und solange Gegenaufklärung in den Massenmedien nicht erwünscht ist, wird dies vermutlich auch so bleiben.

Etliche andere Techniken der Medien zur Stützung des Großen Narrativs können hier nicht im Detail besprochen werden. Zu nennen wären vielleicht noch folgende:

- Bei visuellen Medien gilt es ganz allgemein, die Macht der Bilder zu bedenken. So werden beispielsweise bei Migrantentrecks vorzugsweise Frauen mit Kindern gezeigt, auch wenn diese innerhalb der Trecks eine Minderheit darstellen. Ein anderes Beispiel sind die Wetterkarten, die seit einigen Jahren tiefrot eingefärbt sind, sobald die Temperaturen sommerliche Höhen erreichen, um so das Bewusstsein für den Klimawandel zu unterstützen.
- Der Primäreffekt („Primacy-Effekt"). Wenn wir mit etwas Neuem konfrontiert werden – einem unbekannten Menschen, einer neuen Partei oder einem neuen Phänomen – hat der erste Eindruck, den wir bekommen, eine nachhaltigere Wirkung als die später hinzukommenden Information („Es gibt keine zweite Chance für einen ersten Eindruck."). Diese Wirkung später zu verändern ist tendenziell schwierig, da neue Informationen unter Umständen im Licht der alten interpretiert werden. Als Anfang 2020 Corona im Bewusstsein der Menschen auftauchte, wusste am Anfang keiner so recht, wie er die Lage einschätzen sollte – kein Politiker und erst recht kein Laie. Die Bilder aus Bergamo, wo ein nächtlicher Konvoi von Militärfahrzeugen Leichen abtransportierte, sowie die Bilder der Sargreihen haben entscheidend zur Verängstigung weiter Teile der Bevölkerung beigetragen. Das Vorzeichen war gesetzt und ließ sich später kaum mehr durch Fakten wie dem Durchschnittsalter der Verstorbenen oder die tatsächliche Letalitätsrate korrigieren,

98 Kepplinger 2018: 197

zumal die meisten Medien an diesen Fakten nur geringes Interesse hatten.

- aggressive oder manipulative Interviewtechniken[99]

- Rollenbilder. Während sich Politik und Medien bei den Geschlechtern vehement gegen die klassischen Rollenbilder wehren (vgl. das Stichwort „überkommen & antiquiert“ im nächsten Kapitel), pflegt das Fernsehen in Vorabendserien und Krimis sehr wohl bestimmte Rollenbilder, nur eben andere. Hier ist klar verteilt, wer gut wegkommt (z. B. Migranten oder Homosexuelle) und wer nicht (Konservative, „Rechtspopulisten“). Der amerikanische Filmkritiker Michael Medved schrieb einmal über die Verhältnisse in seinem eigenen Land: „Ein Marsmensch, der Material über die amerikanische Gesellschaft sammelt, indem er einfach unser Fernsehen verfolgt, würde sicherlich davon ausgehen, dass es in Amerika mehr Schwule gibt als evangelikale Christen“, und der Radiomoderator Michael L. Brown ergänzte: „Der Marsmensch würde auch zu dem Schluss kommen, dass Schwule, mit seltenen oder keinen Ausnahmen, unglaublich nett, familienorientiert, kreativ und rücksichtsvoll sind, während evangelikale Christen alle gemein, verurteilend, langweilig, gierig und scheinheilig sind.“[100] Mittlerweile sind die „woken“ Rollenbilder (etwa zu den Themen Rassismus und Klima) hinzugekommen. Ein neuer Stunt in dieser Hinsicht war die ZDF-Serie „Aufgestaut“ über die sogenannten Klimakleber.[101]

99 Vgl. z. B. „ZDF inszeniert politisches Tribunal bei Markus Lanz“; https://www.tichyseinblick.de/feuilleton/medien/zdf-tribunal-lanz/

100 Zitiert nach Scriven 2013: 482

101 Vgl. z. B. „Mit dem Zweiten sieht man – Propaganda“; https://www.tichyseinblick.de/feuilleton/medien/zdf-aufgestaut/

2. Inhaltliches Framing

In diesem Kapitel werden wir uns der inhaltlichen Seite der Diffamierung Andersdenkender zuwenden, also der Frage: Als was stellen die Medien jene dar, die nicht dem Großen Narrativ folgen und ihm sogar widersprechen? Dabei geht es den Medien in der Regel nicht darum, Menschen und ihre Ideen argumentativ zu widerlegen, sondern sie bloßzustellen oder unmöglich zu machen. „Wir haben bereits festgestellt", schreibt Le Bon, „dass die Massen durch logische Beweise nicht zu beeinflussen sind und nur grobe Ideenverbindungen begreifen. Daher wenden sich auch die Redner, die Eindruck auf sie zu machen verstehen, an ihr Gefühl und niemals an ihre Vernunft."[102]

Wir beginnen unseren Überblick mit relativ harmlosen Frames, die sich bis zur Porträtierung der Dissidenten als den absolut Bösen steigern. Innerhalb jedes Frames werde ich einige Begriffe vorstellen, die gerne für diese Zwecke benutzt werden. Dabei ist zu beachten, dass weder die Verwendung eines solchen Ausdrucks automatisch schon ein negatives Framing beinhaltet, noch dass die Verwendung dieser Begriffe notwendig für das Framing ist. Dies wird zum Beispiel deutlich an einem Beitrag des grünen Landwirtschaftsminister Cem Özdemir (Die Grünen) bei Markus Lanz im Juni 2023. In der Sendung ließ der Minister seinen Unmut über die nicht-linken alternativen Medien aus. Explizit (wenn auch nicht namentlich) erwähnte er den ehemaligen Chefredakteur der Bildzeitung Julian Reichelt sowie den Journalisten Roland Tichy, der ein Medienportal namens *Tichys Einblick* betreibt. Ersterer ist bekannt dafür, dass er sich auf seinem Youtube-Kanal *Achtung, Reichelt* gegen die „grüne Partei" auslässt. *Tichys Einblick* hatte wenige Tage vor der Sendung aufgedeckt, dass die Ehefrau Özdemirs, die für die Deutsche Welle arbeitet, Staatsgelder erhalten hatte.[103] In

102 Le Bon 2009: 108

103 „Staatsknete für die Ehefrau von Cem Özdemir und Hirschhausen, Kerner: Höchst Vertraulich!"; https://www.tichyseinblick.de/feuilleton/medien/hirschhausen-kerner-bezahlte-journalisten/

der Talkshow machte Özdemir nun seinem Ärger Luft. Diese Leute „in der rechten Bubble“ erfänden irgendwas, behaupteten irgendwas, das müsse „gar nicht im Entferntesten“ stimmen. „Früher wäre klargewesen, das ist so irre – ein normaler Mensch, der mit Messer und Gabel isst und zivilisiert ist, der eine Erziehung genossen hat, lässt die Finger davon und muss anschließen die Hände waschen. Heute diffundiert das. (...) Das heißt, die Brandmauer zum Irrsinn wird gerade massiv eingerissen.“[104] Özdemir bedient hier die Frames „Wer anders denkt ... ist dumm und primitiv“ und „... ist gefährlich“, benutzt aber nur ein einziges der besprochenen Stichwörter (*Brandmauer*). Mit anderen Worten, bei den analysierten Lexemen handelt es sich um solche, die typisch für das jeweilige Frame sind und die häufig in diesem Kontext Verwendung finden, zur Etablierung dieser Sichtweise jedoch nicht notwendig sind. Die Verwendungsweise der einzelnen Stichwörter wird dann mit Hilfe von Korpusdaten nachgewiesen.

Wer anders denkt ... ist von gestern

Beginnen wir mit einem relativ harmlosen Frame. „Von gestern“ hat seine beste Zeit auch schon hinter sich. Besonders beliebt war es von den späten 1960er-Jahren bis etwa zur deutschen Wiedervereinigung. Aber auch heute noch wird es eingesetzt, vorzugsweise gegen Wertkonservative. Diese hingen *überkommenen* Vorstellungen an, so der Tenor der Progressiven; sie seien *rückwärtsgewandt* oder sogar *reaktionär*.

überkommen & antiquiert

Überkommen (im Sinne von veraltet) ist kein Framing-Begriff im engeren Sinne, da ihm die verdeckt-manipulative Komponente fehlt. Wenn etwas als „überkommen“ bezeichnet wird, kann sich jeder überlegen,

---

104 „Markus Lanz vom 6. Juni 2023“ (ab ca. 1:03:12); https://www.zdf.de/gesellschaft/markus-lanz/markus-lanz-vom-6-juni-2023-100.html

ob er dem zustimmt oder nicht. Progressiven dient der Begriff zur Markierung all dessen, was sie als ablösenswert bzw. -bedürftig empfinden. Entsprechend findet sich der Begriff sechsmal so häufig im linken wie im bürgerlichen Korpus. Interessant ist jedoch, in welchen Zusammenhängen er verwendet wird. Neben allgemeinen Kollokaten wie *Strukturen*, *Traditionen* und *Vorstellungen* wird das Wort häufig im Zusammenhang mit der Rolle von Mann und Frau in Verbindung gebracht: *Frauenbild*, *Rollenbildern*, *Rollenbilder* und *Geschlechterrollen* sind alles Top-10-Kollokate.[105] Eine ähnliche Funktion erfüllt *antiquiert*. Auch dieses Adjektiv wird deutlich häufiger von Linken als von Bürgerlichen und oft im Zusammenhang mit Frauen- oder Rollenbildern verwendet.

rückwärtsgewandt

Für eine Politik, die ihr Heil im Fortschritt (wohin auch immer) sieht, ist *rückwärtsgewandt* ideologische Antithese und Kampfbegriff zugleich. Hin und wieder wird dieses Adjektiv in einem Atemzug mit *konservativ*, quasi als Synonym oder zur Stigmatisierung desselben verwendet, wie in den folgenden Beispielen:

> Die „LebensschützerInnen" seien eine „rückwärtsgewandte, konservative Welle, die gerade die ganze Gesellschaft durchzieht", so der Experte. (die tageszeitung, 09.09.2015, S. 7)
>
> Kretschmann jedenfalls erntete massive Kritik, auch weil er noch daran erinnert hatte, dass die meisten Menschen bis heute in einer klassischen Ehe leben. Für alle Linken war das eine Provokation, die sie sofort als konservativ, altmodisch, rückwärtsgewandt geißelten. (Süddeutsche Zeitung, 11.11.2016, S. 8)

Wie wir gleich noch sehen werden, beruht diese Gleichsetzung auf dem (möglicherweise bewusst) falschen Verständnis, Konservative würden an vergangenen gesellschaftlichen Zuständen um dieser Zustände selbst willen kleben.

---

105 9/9-Fenster, satzbegrenzt

reaktionär

Mehr als praktisch alle anderen Kampfbegriffe ist *reaktionär* ein sogenanntes Schibboleth, ein Erkennungswort, das Rückschlüsse auf den Verwender zulässt: Wer *reaktionär* sagt, ist fast immer ein Linker. Im linken Korpus hat das Wort eine Vorkommenshäufigkeit von 8,55 WpM, im bürgerlichen von 0,32, was einem Verhältnis von etwa 27:1 entspricht.

Für Adjektive ist es zudem ungewöhnlich, wenn sie mit anderen Adjektiven kollokieren, mit denen sie nicht ein Gegensatzpaar bilden (*laut-leise*, *hell-dunkel*). Genau dies ist bei *reaktionär* jedoch der Fall. Unter den ersten zehn Kollokaten finden sich *konservativ* (Platz 2), *konservativen* (4) und *konservative* (7).[106] Auch im weiteren Verlauf der Liste finden sich zahlreiche andere Kollokate mit der gleichen Wurzel: *Konservative*, *Konservativen*, *Konservatismus* etc. Dabei werden die beiden Adjektive teils kommentarlos nebeneinandergestellt (als ob sie mehr oder weniger dasselbe bedeuten); meist scheint aber durch, dass *reaktionär* so etwas wie eine radikalere Form von *konservativ* sein soll. Hier zwei Beispiele:

> Jetzt, mit 35, ist mir vollkommen klar, wie reaktionär und konservativ mein Welt- und Gedankenkonstrukt ist im Vergleich zu dem meiner Eltern. (NZZ, 24.11.2015, S. 37)
>
> „Das ist nicht konservativ, das ist sogar reaktionär", kritisiert Lindner. (Berliner Zeitung, 07.01.2019, S. 4)

Doch was ist der Unterschied zwischen konservativ und reaktionär? Beide Begriffe sind vielschichtig und werden auch nicht immer einheitlich gebraucht. Eines ist jedoch klar: Während *konservativ* durchaus zur Eigencharakterisierung verwendet wird, dient *reaktionär* fast ausschließlich zur Markierung des politischen Gegners durch Linke. Etliche negativ behaftete Kollokate belegen dies: *autoritären*, *rassistisch*, *Haustyrann*, *Nationalisten*, *meckernde*, *sexistisch*, *besserwisserische*, *rückständig*, *homophob* und *Spießer* finden sich alle unter den ersten 60

---

106 4/4-Fenster, satzbegrenzt

Kollokaten. Damit ist jedoch noch nicht klar, wie die beiden Wörter inhaltlich differenziert werden.

Eine Grundlage für das heutige Verständnis vor allem in linken Kreisen lieferten Karl Marx und Friedrich Engels in ihrem *Manifest der Kommunistischen Partei*:

> Die Mittelstände, der kleine Industrielle, der kleine Kaufmann, der Handwerker, der Bauer, sie alle bekämpfen die Bourgeoisie, um ihre Existenz als Mittelstände vor dem Untergang zu sichern. Sie sind also nicht revolutionär, sondern konservativ. Noch mehr, sie sind reaktionär, denn sie suchen das Rad der Geschichte zurückzudrehen.

Konservative sind nach diesem Verständnis also solche Menschen, die (unter Umständen aus egoistischen Motiven) bestehende Verhältnisse sichern wollen; Reaktionäre versuchen dagegen, frühere gesellschaftliche oder politische Verhältnisse wiederherzustellen, die Linke als „überwunden" ansehen möchten. Hierzu passt, dass *Backlash* und *Rollback* beides Top-50-Kollokate von *reaktionär* sind. Konservative werden also quasi als Bremse für den „fortschrittlichen" (oder gar revolutionären) Prozess angesehen, die jedoch prinzipiell in die gleiche Richtung gehen, während Reaktionäre die „Erfolge" der Linken rückgängig machen wollen. Die Charakterisierung eines Gegners als *reaktionär* dient durch die mit diesem Wort verbundene Stigmatisierung somit auch der Absicherung des Erreichten.

Konservative müssen sich von Zuschreibungen dieser Art weder beeindrucken lassen noch sie übernehmen. Die beste Definition von Konservatismus, die ich kenne, stammt von dem französischen Schriftsteller Antoine de Rivarol (1753-1801): „Konservatismus ist nicht ein Hängen an dem, was gestern war, sondern ein Leben aus dem, was immer gilt." Konservative Werte sind also weder rückwärtsgewandt oder ewig-gestrig noch „modern", sondern schlicht zeitlos.[107] Ein Eintreten für diese Werte

107 Nach diesem Verständnis ist die Aussage des ehemaligen CDU-Vorsitzenden Wolfgang Schäuble „Die Welt ändert sich. Und konservative Werte auch" (zitiert nach Palko 2014: 214) also unzutreffend.

ist auch, wie Linke dies verstehen, keine bloße „Reaktion" ohne eigene Vorstellungen des zu erreichenden Ziels, sondern eine auf Errichtung und Erhaltung eines dauerhaften, lebbaren Gesellschaftszustandes gerichtete Aktion. Nach christlichem Verständnis sind diese zeitlosen Werte in der sogenannten Schöpfungs- und Erhaltungsordnung (1. Mose 1-11) verankert. Zu ihnen gehören unter anderem die durch seine Gottesebenbildlichkeit begründete Würde des Menschen, die Sinnhaftigkeit von Arbeit, Gestaltungsfreiheit und Gestaltungsverantwortung, die Legitimität von Schönheit und Kreativität, Bewahrung der Schöpfung, Zweigeschlechtlichkeit, Ehe und Familie, eine Anerkenntnis der Gefallenheit des Menschen (mit Konsequenzen wie Sanktionen und Machtkontrolle), die Unmöglichkeit einer Selbsterlösung, das Mandat der „Obrigkeit" und auch die Organisation der Menschheit in Völkern. Wenn de Rivarol Recht hatte (und das glaube ich), wird jedes Abweichen von genuin konservativen Werten Unheil gebären.

Wer anders denkt ... ist dumm und primitiv

Populisten sind sie, die Andersdenkenden, auch wenn niemand so genau weiß, was das ist. Sie haben ein *geschlossenes Weltbild* und stehen jeglicher *Wissenschaft feindlich* gegenüber. Folglich darf man sie auch als (Wissenschafts-, Corona-, Klima- etc.) *Leugner* bezeichnen. Ihre Positionen können sie nicht zivilisiert artikulieren; stattdessen *schwurbeln* oder *schwadronieren* sie, und statt zu argumentieren, *machen* sie *Stimmung*. Wenn sie demonstrieren, *grölen* oder *brüllen* sie ihre Parolen. In diesem Fall sind sie nicht etwa Demonstranten oder Teilnehmer einer Kundgebung, sondern *Wutbürger*. „Dumm und primitiv" ist bei Weitem nicht das schlimmste Frame, aber es ist weit verbreitet und sehr effektiv. Einhellige Botschaft dieses Framings ist: Diese Leute muss man nicht ernst nehmen.

Populist

Populist ist eines von jenen Wörtern, die starke Assoziationen hervorrufen, deren Kernbedeutung jedoch weitgehend unklar ist. Als ich einige Zeit vor dem Ende unserer Freundschaft einmal mit Rüdiger über die Alternative für Deutschland redete, reagierte er empört: „Aber das sind doch Rechtspopulisten!" Auf meine Frage, was denn Rechtspopulisten seien, meinte er: „Das sagen die Medien doch immer." Solche emotionalen Reaktionen, die auf wackeligen rationalen Beinen stehen, dürften im Zusammenhang mit dem Wort Populist weit verbreitet sein.

Bereits Ende der Sechzigerjahre des letzten Jahrhunderts kamen an der renommierten *London School of Economics* Historiker, Soziologen und Politikwissenschaftler zusammen, um das Phänomen des „Populismus" zu ergründen und zu definieren. Die Tagung endete erfolglos.[108] Viel hat sich in dieser Hinsicht seitdem nicht getan. In den letzten Jahren wurde zwar eine Fülle von Abhandlungen geschrieben, die das Wesen des Populismus zu ergründen suchen; von einem einheitlichen Verständnis von Populismus kann jedoch auch heute keine Rede sein. Einig sind sich viele Soziologen und Politologen immerhin in der Ansicht, dass es sich beim Populismus nicht um eine Ideologie, sondern eher um einen Politikstil handelt, der im Prinzip mit jeder Ideologie einhergehen kann. Folgende Merkmale sind unter anderem für einen populistischen Politikstil vorgeschlagen worden:

- eine opportunistische Politik, die weniger einem konsistenten Weltbild verpflichtet ist, als sich vielmehr durch die Anpassung an aktuelle Stimmungslagen auszeichnet
- ein volkstümliches Auftreten, das sich hauptsächlich an die breiten Massen richtet
- die Trennung zwischen dem „guten" Volk und den „korrupten" Eliten
- eine emotionalisierende Rhetorik.

108 Müller 2016: 15

Noch unklarer als der Begriff selbst scheint die Frage zu sein, wie ein populistischer Politikstil zu erkennen ist. Ist ein inhaltsleerer Slogan wie „Für ein Deutschland, in dem wir gut und gerne leben" (CDU im Bundestagswahlkampf 2017), dem ja nun wirklich jeder zustimmen kann, nicht ein Paradebeispiel für Populismus? Und wer hat das auf welcher Grundlage zu entscheiden? Kann es überhaupt eine Politik ohne Populismus geben? Angesichts dieser Unklarheiten ist es kein Wunder, dass der Philosoph Brian Klug feststellt, Populismus sei „wie der Planet Venus, ständig in Wolken gehüllt", oder dass die Politologin Karin Priester den Begriff als „Chamäleon" und der Journalist Ulf Poschard ihn als „Wieselwort" bezeichnen, dessen „Bedeutung im ungenauen und inflationären Gebrauch längst verdampft ist".[109]

Bei aller Unklarheit in der Kernbedeutung und speziell in der Frage, woran man Populismus im konkreten Alltagsgeschäft festmacht, eines ist klar: Der Begriff Populismus ist durchweg negativ konnotiert. Sätze wie der folgende, in dem gleich mehrere belastete Begriffe mit „Populismus" verbunden werden, sind keine Seltenheit: „Angesichts des erstarkenden Rechtsradikalismus und Populismus sei jeder zum Kampf gegen Fremdenhass und Intoleranz aufgerufen."[110] Durchsucht man die ersten 100 Kollokate von *Populismus*, finden sich zahlreiche negativ besetzte Substantive wie *Nationalismus*, *Extremismus*, *Rassismus*, *Demagogie*, *Hetze* und *Fremdenfeindlichkeit*, daneben auch Adjektive wie *billig*, *blank* oder *rein*.[111] Es heißt, das *Gespenst* des Populismus gehe um, oder der Populismus wird als *Gefahr* (vor allem für die *Demokratie*) dargestellt, gegen die ein *Bollwerk* errichtet werden muss. Populismus wird zum Kampfbegriff: Man *wirft* sich Populismus *vor*. Viele der Kollokate implizieren ferner ein Anwachsen des Populismus. So finden sich Adjektive wie *zunehmend*, *wachsend*, *erstarkend*, *grassierend* und

---

109 Priester 2012. „Wer ohne Populismus ist, werfe den ersten Stein"; https://www.welt.de/debatte/kommentare/article160009788/Wer-ohne-Populismus-ist-werfe-den-ersten-Stein.html

110 „Inland"; In Süddeutsche Zeitung vom 10.11.2017: 8

111 4/4-Fenster, satzbegrenzt

aufkeimend, sowie die Substantive *Aufstieg*, *Erstarken* und *Vormarsch*. Aber auch die Unklarheit des Begriffs findet ihren Niederschlag in Wörtern wie *Begriff*, *Phänomen* und *Thema*, die auf die Metaebene, die Diskussion des Begriffs selbst, verweisen.

Nun hatten wir eben gesagt, dass Populismus nicht an eine bestimmte Ideologie gebunden ist, sondern prinzipiell mit fast jedem Weltbild verbunden werden kann. „Populismus ist nicht aktiv im Sinne der Verfolgung eigener Wert- und Zielvorstellungen, sondern reaktiv. Er reagiert emotional (leidenschaftlich, wütend, empört) auf ein Elitenhandeln, das er als Verrat und Betrug am Volk wahrnimmt", schreibt beispielsweise Priester.[112] Schaut man jedoch in die Medien, wird Populismus ganz überwiegend (bzw. fast ausschließlich) mit rechter Politik in Verbindung gebracht. Die folgende Tabelle gibt die WpM-Werte im Gesamtkorpus für die Lexeme *Rechtspopulismus*, *Rechtspopulist* und *rechtspopulistisch* sowie deren linke Entsprechungen in Fünfjahres-Schritten von 1994 bis 2019 wieder.

Jahr	Rechts-populismus	Rechts-populist	rechts-populistisch	Links-populismus	Links-populist	links-populistisch
1994	0,1	0,5	0,4	0,0	0,0	0,1
1999	0,1	1,1	0,6	0,0	0,0	0,1
2004	0,2	1,2	1,1	0,1	0.2	0,3
2009	0,2	1,2	1,1	0,0	0,1	0,1
2014	0,6	4,2	4,3	0,1	0,1	0,2
2019	2,7	11,9	8,2	0,2	0,4	0,5

Hier wird deutlich, dass Linkspopulismus in den deutschen Medien so gut wie keine Rolle spielt. Damit haben wir wieder ein Beispiel für die in Kapitel 1 angeführte Asymmetrie.

Fassen wir zusammen: Es ist völlig unklar, was Populismus ist, es ist völlig klar, dass es etwas Negatives ist – aber jeder weiß, dass die

112 Priester 2012: 243

AfD populistisch ist. Dass eine politische Richtung populistisch ist, muss nicht belegt oder gar bewiesen werden. Es reicht, wenn man den Vorwurf ausreichend häufig wiederholt, damit er geglaubt wird. Dass damit ausgerechnet solche Politiker als Populisten gelabelt werden, die den Mut haben, Probleme anzusprechen, auch wenn dies weder von den Medien noch von der Politik gewürdigt wird, und dass Funktionäre und Mitglieder für ihren Einsatz einen hohen Preis zahlen, zeigt, wie sehr *Populismus* inzwischen zum inhaltsleeren Kampfbegriff degeneriert ist. Nicht die Fakten zählen, sondern das Narrativ.[113] Dasselbe gilt übrigens auch, wenn der Populismus-Frame explizit ausformuliert wird, etwa durch die immer wieder einmal bemühte Behauptung, die AfD habe „einfache Lösungen für komplexe Probleme".

Damit soll nicht gesagt werden, dass es keinen wirklichen Populismus gäbe. Ich verstehe darunter den Versuch, Popularität auf Kosten von Realität und Verantwortung zu erlangen. Verantwortung wahrnehmen beinhaltet, sich unpopulär zu machen. Der Populist scheut sich davor und ergreift lieber populäre Maßnahmen, die in der Realität aber nicht durchzuhalten sind oder langfristig zu Verwerfungen führen. Lehrer, die trotz sinkender Leistungen gute Noten vergeben, um es sich nicht mit den Schülern oder der Schulleitung zu verscherzen, agieren populistisch. Pfarrer, die ein Wohlfühlevangelium oder populäre politische Inhalte statt der Breite der biblischen Botschaft predigen, praktizieren einen geistlichen Populismus, selbst dann, wenn sie dazu Bibelverse zitieren. Und auch Politiker, die verantwortungslos genug sind, ein „bedingungsloses Grundeinkommen" zu fordern, oder trotz zahlreicher Widerlegungen behaupten, Frauen würden 18 % weniger verdienen als Männer, sind Populisten. Populismus liegt auch vor, wenn auf notwendige, aber unpopuläre Maßnahmen verzichtet wird, etwa dann, wenn man Grenzen öffnet, um unschöne Bilder zu vermeiden.

---

113 Einen satirischen Zusammenschnitt zur Verwendung des Begriffs Rechtspopulismus in den Öffentlich-Rechtlichen liefert der Youtuber „horizont" unter „ARD und ZDF vs. Javier Milei"; https://www.youtube.com/watch?v=d2DNAkuMPKI

Populismus ist ein echtes Problem. Aber Populismus ist nicht das, was Linke daraus machen.

Schwurbler

Schwurbeln ist ein abwertendes Wort und bedeutet so viel wie *realitätsfern oder unverständlich reden.* Schwurbeln und Schwurbler sind Wörter, die lange Zeit ein unauffälliges Schattendasein in der deutschen Sprache fristeten. Bis vor Kurzem waren diese Wörter noch nicht einmal in den einschlägigen Wörterbüchern aufgeführt. Erst in allerjüngster Zeit erleben sie eine Art Renaissance. Dies lässt sich auch an der Worthäufigkeit im Standardkorpus nachvollziehen:

Jahr	2014	2015	2016	2017	2018	2019	2020	2021	2022
WpM	0,3	0,2	0,2	0,3	0,3	0,3	0,4	1,8	1,5

Innerhalb von einem Jahr hat sich der Gebrauch also mehr als vervierfacht. Der plötzliche Anstieg kam nicht von ungefähr: *Schwurbeln* und *Schwurbler* wurde extra zur Diffamierung der Coronamaßnahmen-Kritiker wiederbelebt. Dies belegt ein Blick in die Kollokationsliste. Unter den ersten sechs Begleitwörtern finden sich vier mit direktem Bezug zur Kritiker-Szene: *Querdenker* auf Platz 1, *Impfgegner* (2), *Covidioten* (5) und *Corona-Leugner* (6), außerdem *Verschwörungstheoretiker* auf Platz 4.[114] Zwei Beispiele für diesen Gebrauch, eins diffamierend, eins verteidigend, mögen an dieser Stelle genügen:

> Die unzähligen Impfgegner, Schwurbler und Corona-Leugner haben leider immer noch nicht begriffen, dass es nicht nur um sie, sondern um die Gemeinschaft geht. (SonntagsZeitung (Tages-Anzeiger), 19.09.2021, S. 24)
>
> Sind dies alles „Corona-Leugner“, „Wirrologen“, „Schwurbler“, wie sie mitunter genannt werden? Das wäre zu einfach. Denn es sind auch kluge Leute darunter. (Berliner Zeitung, 09.01.2021, S. 8)

---

114 4/4-Fenster, satzbegrenzt.

Unter den weiteren Kollokaten finden sich *Esoteriker*, *Aluhutträger*, *Nazis*, *Wissenschaftsfeinde* und *Reichsbürger* – eine illustre Gesellschaft, mit der man Andersdenkende, die ihre Meinung sagen, in Verbindung bringt.

Wissenschaftsfeind

Eine ganz ähnliche Karriere wie *Schwurbler* (wenn auch nicht auf so hohem Niveau) hat das Wort *Wissenschaftsfeind* gemacht. Auch dieses Wort führte einen Dornröschenschlaf und wurde für Corona reaktiviert:

Jahr	2014	2015	2016	2017	2018	2019	2020	2021	2022
WpM	0,0	0,1	0,1	0,2	0,1	0,1	0,3	0,5	0,3

Hier wieder zwei Beispiele:

> Zweifelsohne steuern wir auf den nächsten Lockdown zu. Dabei haben Experten angesichts der zu geringen Durchimpfungsrate schon lange vor dieser Entwicklung gewarnt. Doch Wissenschaftsfeindlichkeit, Verschwörungstheorien oder einfach nur Ignoranz haben dazu geführt, dass wir dort stehen, wo wir jetzt stehen. (Niederösterreichische Nachrichten, 19.11.2021; „Da geht das Geimpfte auf")
>
> Die Szene der Corona-Skeptiker radikalisiere sich gerade, sagt Matthias Pöhlmann. Rechtsextreme benutzten die Esoterik, um wissenschaftsfeindliches und antidemokratisches Denken zu verbreiten. (Tages-Anzeiger, 04.12.2021, S. 33)

Die Agenda hinter der Zuschreibung als wissenschaftsfeindlich ist offensichtlich. Wissenschaftler genießen in unserem Land ein hohes Ansehen. Was sie sagen, wird oftmals mit Wahrheit gleichgesetzt, vor allem, wenn der Wissenschaftler als Experte in einem Feld dargestellt wird und ein paar zusätzliche Buchstaben vor dem Namen trägt. Ein „Wissenschaftsfeind" kann daher nur ein Ignorant oder ein verbohrter Typ sein, der wider jede Vernunft an seiner Ideologie festhält. Dieses Bild von Wissenschaft ist aus mehreren Gründen problematisch, auf die wir im letzten Kapitel näher eingehen werden. Da diese Einblicke in das Wesen der Wissenschaft den meisten Bürgern jedoch verborgen sind, bleibt bei der großen Masse der Eindruck bestehen, der als „Wissenschaftsfeind" Gebrandmarkte müsse ein Feind der Wahrheit sein.

geschlossenes Weltbild

Als sich Hans-Georg Maaßen 2021 in einem Interview dagegen aussprach, dass in Deutschland politische Parteien vom Verfassungsschutz beobachtet werden, kommentierte dies Konstantin Kuhle, der damalige innenpolitische Sprecher der FDP-Bundestagsfraktion, so: „Mit jedem Tag schreitet die Selbstradikalisierung Hans-Georg Maaßens weiter voran. Es ist traurig zu beobachten, wie sich ein ehemaliger deutscher Spitzenbeamter immer weiter in seinem geschlossenen Weltbild einmauert."[115] Dieser Vorwurf eines „geschlossenen Weltbildes" wird immer wieder einmal gegen dissidente Politiker oder sonstige Andersdenkende vorgebracht. Was aber genau ist darunter zu verstehen?

Jede Religion und jede Ideologie hat ein bestimmtes Verständnis vom Menschen, von dem, was richtig und falsch ist, von der Gesellschaft, von Geschichte und von Gott (und sei es die Ablehnung einer Vorstellung von Gott). Das ist es, was eine Religion oder Ideologie ausmacht, und das gilt für den Islam genauso wie für das Christentum und für linke ebenso wie für rechte Ideologien.[116] Wann aber hat man ein „geschlossenes" Weltbild? Vielleicht wenn man eine Vorstellung vom Ursprung und Wesen des Menschen hat? Dies trifft sowohl auf Gott-Gläubige verschiedener Couleur (Schöpfung) als auch auf Ungläubige (Evolution) zu. Wenn man an ein definiertes Ziel der Menschheit glaubt? Dann würden zumindest die Religiösen (z. B. Himmel/Hölle oder Nirwana) und die Linken (klassenlose Gesellschaft) ein

115 „Maaßen bezeichnet Beobachtung der AfD als falsch – Scharfe Kritik von FDP, SPD und Grünen"; https://www.welt.de/politik/deutschland/article233972654/Maassen-bezeichnet-die-Beobachtung-der-AfD-als-falsch.html

116 Eine systematische Übersicht über die Weltsichten von sechs großen Ideologien aus einer christlichen Perspektive liefert Noebel 2007.

geschlossenes Weltbild haben. Oder wenn man eine feste Vorstellung davon hat, wie eine ideale Gesellschaft aussehen würde? Das würde wohl auf die allermeisten Politiker zutreffen.

Tatsächlich wird im politischen Diskurs die Vorstellung von einem „geschlossenen Weltbild" jedoch praktisch nur mit *einer* politischen Richtung in Verbindung gebracht. In diesem Fall reicht es sogar, sich die ersten zehn Kollokate anzuschauen.[117]

Position	Kollokat	Position	Kollokat
1	rechtsextremes	5	rechtes
1	rechtsextremistisches	6	antisemitisches
4	rechtsextremen	8	rechtsradikales

Links taucht in der gesamten Liste nicht auf – auch nicht in Ableitungen. In seiner Funktion ähnelt *geschlossenes Weltbild* damit dem Kampfbegriff *Populist*: Es verbindet eine unklare, aber gewählt klingende Denotation (Kernbedeutung) mit eindeutig negativen Konnotationen und einem völlig einseitigen Gebrauch.

Interessanterweise stolpert man bei der Recherche zum Begriff „geschlossenes Weltbild" aber immer wieder über zwei Sätze, die Robert Habeck im Jahr 2019 einmal formuliert hatte: „Nur ein geschlossenes Weltbild kennt keine Widersprüche. Eine offene Gesellschaft muss streiten." Habeck macht ein geschlossenes Weltbild also an der Unfähigkeit, mit Widersprüchen umzugehen, fest. Was hieße das für Anhänger einer politischen Richtung, die Andersdenkende nur zu gerne stigmatisieren, ausgrenzen oder gleich ganz „canceln"? Könnte es sein, dass wir es hier nicht nur mit einem völlig einseitigen Gebrauch einer diskreditierenden Phrase zu tun haben, sondern um einen Fall von Projektion, frei nach dem Motto „Haltet den Dieb!"?

117 Kollokate von *geschlossen* Weltbild* im maximalen Abstand von drei Wörtern, 4/4-Fenster, satzübergreifend.

grölen & schwadronieren

Auch *grölen* wird fast ausschließlich für Anhänger des rechten politischen Spektrums gebraucht. Durchsucht man im Standardkorpus die ersten 50 Kollokate von *grölen* nach Hinweisen auf die Ideologie des Gegrölten, stößt man auf folgende Wortformen:[118]

Position	Kollokat	Position	Kollokat
7	Nazi-Parolen	25	ausländerfeindliche
9	antisemitische	28	Hitlergruß
17	rassistische	36	rechtsradikale
21	Neonazis	45	rechte
23	Naziparolen		

Linke, Sozialisten und Anhänger der Antifa grölen dagegen so gut wie nie. Eine der ganz wenigen Ausnahmen, wo dieses Verb einmal in Zusammenhang mit Linken gebraucht wurde, stammt bezeichnenderweise aus einer Bundestagsrede. Bei einer Aussprache am 18. Februar 2005 zur Änderung des Versammlungsgesetzes stellte der CDU-Abgeordnete Thomas Strobl zunächst einmal im Einklang mit dem politischen Mainstream fest: „Wir wollen nicht (...), dass grölende Nazibanden mit antisemitischen, ausländerfeindlichen und den Nationalsozialismus verherrlichenden Parolen durch das Brandenburger Tor oder am Holocaust-Mahnmal vorbeimarschieren", schloss jedoch gleich darauf an: „Das gilt übrigens auch – um das an dieser Stelle einmal klar zu sagen – für grölende und prügelnde Banden von linken und autonomen Schlägern, mit denen gerade die Berliner in der Vergangenheit so leidvolle Erfahrungen gemacht haben."[119] Solch ein differenzierter Gebrauch von *grölen* ist aber die absolute Ausnahme.

118 4/4-Fenster, satzbegrenzt

119 „Deutscher Bundestag, Stenografischer Bericht, 158. Sitzung"; https://dserver.bundestag.de/btp/15/15158.pdf

Ähnlich wie *grölen* wird *schwadronieren* (etwa: wortreich, aber substanzlos daherreden) gebraucht. Hier stehen mehr der Sprecher (z. B. *Trump* oder *Strache*) oder bestimmte Themen (über die *Lügenpresse* oder eine *Diktatur*) im Fokus. Auch hier gilt: Fast ausschließlich Nicht-Linke schwadronieren.

Stimmung machen

Ist im politischen Journalismus davon die Rede, dass jemand *Stimmung gemacht* hat, so gibt es drei klar verteilte Rollen. Es gibt 1. die Täter (die Stimmung machen), 2. die Opfer, gegen die Stimmung gemacht wird, und 3. die Mittel, mit deren Hilfe Stimmung gemacht wird. In dem Beispiel:

> 2017 ließ Orbán in ganz Ungarn Plakate aufhängen, die Stimmung gegen Soros machten. (Süddeutsche Zeitung, 24.10.2018, S. 3)

ist der ungarische Regierungschef Viktor Orbán also der Täter, das Opfer der ehemalige Fondsmanager George Soros und das Mittel die Plakate. Durchsucht man die ersten 50 Treffer der Kollokationsliste der Phrase *Stimmung machen*, so lassen sich viele der Kollokate einer der drei Rollen zuordnen (wobei natürlich nicht in jedem Fall alle drei Rollen explizit aufgeführt werden).[120] Am wenigsten interessant sind vielleicht noch die Tatwerkzeuge. Hier finden sich unter anderem *Parolen*, die sozialen *Medien* oder *Netzwerke*, oder auch *Falschmeldungen*. Zu den Opfern, gegen die (angeblich) Stimmung gemacht wird, gehören *Flüchtlinge*, *Muslime*, *Ausländer*, *Migranten*, *Geflüchtete*, *Einwanderer*, *Zuwanderer* sowie andere *Minderheiten*. Und auch die Täter erfüllen das linke Klischee:

---

120 *Stimmung* und *machen* im Abstand von max. 5 Wörtern, 9/9-Fenster, satzbegrenzt.

Position	Kollokat	Position	Kollokat
7	AfD	27	Populisten
11	Trump	34	rechte (z. B. Gruppen, Kräfte)
15	Rechtspopulisten	37	rechtspopulistische (z. B. Parteien)
25	Rechtsextreme	38	Pegida
23	Naziparolen		

Das Framing ist offensichtlich: Wenn Rechte über Zuwanderung oder den Islam reden, argumentieren sie nicht, sondern machen *massiv* oder *gezielt* Stimmung (es sind halt *Populisten*), und zwar gegen die Menschen selbst. *Linke* tauchen auch in der Liste auf, allerdings erst auf Platz 350 und zwar sowohl in der Täter- als auch in der Opferrolle.

Leugner

Der Leugner-Frame ist eine sehr effektive Waffe, um Andersdenkende ins intellektuelle Abseits zu stellen. Typischerweise wird sie dann gezogen, wenn es um die ganz großen Narrative geht, also etwa den menschengemachten Klimawandel oder Corona:[121]

	2014	2015	2016	2017	2018	2019	2020	2021	2022
Klimaleugner	0,0	0,0	0,1	0,2	0,2	0,7	0,5	0,4	0,2
Klimawandelleugner	0,0	0,1	0,1	0,2	0,1	0,5	0,3	0,3	0,2
Coronaleugner	0,0	0,0	0,0	0,0	0,0	0,0	4,2	7,9	3,1

121 WpM im Standardkorpus. Berücksichtigt werden sowohl Formen mit als auch ohne Bindestrich.

Das Problem mit diesen Etikettierungen ist ein dreifaches.

1. Niemand leugnet die Existenz des Klimas, d. h. des typischerweise auftretenden Wetters, das durch langjährige Datensammlungen auf Durchschnittswerte reduziert und in der Regel auf einen mehr oder weniger großen regionalen Raum oder auf bestimmte Zeiten (sei es im Jahr oder in der Weltgeschichte) bezogen ist. Jeder weiß, dass es in Deutschland im Winter durchschnittlich kälter ist als im Sommer oder dass es in der Sahara weniger regnet als in Halle an der Saale. Der Begriff „Klimaleugner" an sich ist also Unsinn. Selbst der etwas präzisere Ausdruck *Klimawandelleugner* geht an der Wirklichkeit vorbei: Oft werden so Menschen tituliert, die sehr wohl wahrnehmen, dass sich das Klima ändert. Strenggenommen müsste man diese Leute als *Kritiker der These, dass der Mensch einen entscheidenden Einfluss auf den Klimawandel hat* bezeichnen; daraus lässt sich natürlich kein gutes Kompositum mehr bilden. Dies rechtfertigt jedoch nicht die grob verzerrende Verkürzung.

   Eine etwas andere Angelegenheit ist die des Coronaleugners. Hier gab es tatsächlich sehr vereinzelt Menschen, die die Existenz des Virus bestritten; diese waren jedoch in der absoluten Minderheit (ich persönlich kenne niemanden, der dies behauptet hätte). Vielmehr ging es den als Coronaleugner Bezeichneten meist um die – wie wir im Nachhinein wissen – legitime Kritik an den Regierungsmaßnahmen. Auch hier verzerrt das Etikett also grob die Realität.

2. Leugnen ist – zumindest in meinem Sprachgebrauch – etwas anderes als bestreiten. Jemand kann *bestreiten*, ein Alkoholproblem zu haben. Damit ist nicht gesagt, ob er eines hat oder nicht. Hingegen liegt der Aussage „Herr Meier leugnete, ein Alkoholproblem zu haben" und erst recht „Herr Meier leugnete sein Alkoholproblem" implizit die Annahme des Sprechers zugrunde, dass Herr Meier sehr wohl zu viel trinkt. Dies sieht man auch daran, dass man *bestreiten* in der ersten Person und mit einem oder mehreren Adverbien benutzen kann. „Ich bestreite ganz entschieden, von der Sache

gewusst zu haben", ist möglich, aber wenn jemand sagt: „Ich leugne, von der Sache gewusst zu haben", widerspricht er sich selbst. Wer also Menschen als Klima- oder Coronaleugner bezeichnet, verkürzt nicht nur die Argumentation, sondern impliziert auch, im Besitz der alleinigen Wahrheit zu sein – bei Corona trotz substanzieller Opposition aus der Wissenschaft.[122]

3. Ein letzter Framing-Effekt ist möglicherweise nicht intendiert, aber trotzdem wirksam. Das bis 2018 mit Abstand meistgebrauchte Kompositum mit *Leugner* als zweitem Bestandteil und das einzige, das neben *Klima-* und *Coronaleugner* überhaupt nennenswerte Zahlen aufweist, ist *Holocaustleugner* (oder *Holocaust-Leugner*). Selbst wenn man im Standardkorpus nach allen möglichen Ableitungen von **leugner** sucht, finden sich unter den ersten zehn Kollokaten noch drei Namen von Holocaustleugnern. Wer 2019 also von *Klimaleugnern* oder ab 2020 von *Coronaleugnern* redete, machte sich – bewusst oder unbewusst – eine Assoziation zunutze, die schlimmer kaum sein könnte.

Verschwörungstheoretiker

Verschwörungen sind so alt wie die Menschheit. Auch in der Bibel finden wir etliche Berichte von angeblichen oder realen geheimen Übereinkünften mehrerer Menschen zum Nachteil eines anderen.[123] Da es in der Natur von Verschwörungen liegt, nicht offen kommuniziert zu werden, ist es nicht verwunderlich, dass ungewöhnliche Ereignisse Anlass geben zu entsprechenden Spekulationen, die dann als Verschwörungstheorien bezeichnet werden. So weit, so nachvollziehbar.

Verschwörungstheorien und ihre Urheber oder Förderer, die Verschwörungstheoretiker, sind schon länger ein Thema in der deutschen

---

122 Ein Beispiel unter vielen ist die Initiative „Alles auf den Tisch": https://allesaufdentisch.tv/index.html

123 Siehe zum Beispiel 1. Mose 37,18; 1. Samuel 22,8; 2. Samuel 15,12; 1. Könige 15,27; 2. Könige 9,14; 2. Könige 12,21; 2. Könige 21,23; Esther 2,21; Apostelgeschichte 23,13.

Presselandschaft. Allerdings kam es 2020 zu einem dramatischen Anstieg im Gebrauch dieser Vokabeln. Noch deutlicher wird der Anstieg bei Verschwörungsideologie bzw. Verschwörungideologe, die beide vor Corona so gut wie keine Rolle spielten. Hier sind die WpM-Werte:

	2014	2015	2016	2017	2018	2019	2020	2021	2022
V-Theorie	3,3	3,9	5,3	4,6	5,4	5,9	14,4	9,0	6,3
V-Theoretiker	0,9	1,1	1,3	1,4	1,5	1,3	6,9	4,0	2,3
V-Ideologie	0,0	0,0	0,0	0,0	0,1	0,0	0,4	0,7	0,6
V-Ideologe	0,0	0,0	0,0	0,0	0,0	0,0	0,8	0,7	0,5

Interessant ist, dass der Sprung von 2019 zu 2020 bei *Verschwörungstheoretiker* (1:5,3) über doppelt so hoch war wie bei *Verschwörungstheorie* (1:2,4). Dies ist ein deutliches Indiz dafür, dass es weniger um die Inhalte als um das stigmatisierende Labeling der Personen ging. Als es zu Demonstrationen gegen die Regierungsmaßnahmen kam, ging man dazu über, die Kritiker zu diffamieren, und ein in diesem Zusammenhang beliebtes Lexem war das des Verschwörungstheoretikers. Die folgenden Ausschnitte sind zwei Beispiele aus einer Unzahl von ähnlichen Formulierungen:

> Auch am Nachmittag hatten bereits etwa 100 Corona-Verordnungs-Kritiker, Impfgegner, Esoteriker, Verschwörungstheoretiker, Links- wie Rechtsradikale am Rosa-Luxemburg-Platz in Mitte bei der sechsten sogenannten „Hygiene-Demonstration“ in Berlin protestiert. (Berliner Zeitung, 02.05.2020, S. 11)
>
> Auf der anderen Seite haben wir eine laut artikulierte, sehr präsente allgemeine Unzufriedenheit mit dem demokratischen System bis hin zur offenen Feindlichkeit. Das sehen wir bei den Rechtspopulisten, den Verschwörungstheoretikern, den Antisemiten. (Tages-Anzeiger, 12.09.2020, S. 39)

Nun ist es nicht prinzipiell ehrenrührig, als Theoretiker bezeichnet zu werden; gerade die Wissenschaft lebt zu einem großen Teil von

Theoriebildung und deren empirischer Überprüfung. Bei der Verwendung von *Verschwörungstheoretiker* fällt jedoch bereits hier auf, dass die Vokabel häufig im Verbund mit Außenseitern der Gesellschaft aufgeführt wird. Dabei ist der Auszug aus dem Artikel der Berliner Zeitung vom Mai 2020 noch ziemlich realitätsgetreu: Immerhin werden auch „Corona-Verordnungs-Kritiker" und Linksradikale unter den Demonstranten aufgeführt. Diese Ausgewogenheit war jedoch nicht typisch für den Diskurs während Corona. Unter den ersten 15 Kollokaten von *Verschwörungstheoretiker* finden sich verschiedene Wortformen von *Impfgegner*, *Rechtspopulisten*, *Corona-Leugner*, *Esoteriker*, *Reichsbürger*, *Rechtsextreme*, *Rechtsextremisten*, *Rechtsradikale* und *Antisemiten* – Linke jeglicher Couleur tauchen in der gesamten Kollokationsliste wieder einmal fast gar nicht auf.

Damit ist klar, wie das Framing der Verschwörungstheoretiker funktioniert: über Assoziation. Ebenso, wie Rechte über Jahrzehnte mit Gewalt, Terror und den ganz großen Verbrechen der deutschen Geschichte in Verbindung gebracht und so geframet wurden, wurden ab 2020 Kritiker der Corona-Restriktionen mit Rechtspopulisten, -extremisten und Antisemiten in einen Topf geworfen. Jeder, der in jenem Jahr an einer der Demonstrationen gegen die Corona-Maßnahmen teilgenommen hat, weiß, wie sehr die Medien hier die Realität verzerrt haben. Eine im Dezember 2020 veröffentlichte Studie belegte sogar, dass viele der Protestierer bei der letzten Bundestagswahl Grün oder Links gewählt hatten.[124]

Dabei muss eine Verschwörungstheorie – wie jede Theorie – ja nicht falsch sein, und nach einer längeren Phase der Auseinandersetzung mit dem Virus wissen wir, dass vieles von dem, was ursprünglich als Verschwörungstheorie abgetan wurde, durchaus den Tatsachen entsprach. So stellte der Journalist Milosz Matuschek bereits im April 2021 fest:

---

124 „Verblüffende Studie: Querdenker wählen häufig die Grünen"; https://www.berliner-kurier.de/politik-wirtschaft/querdenker-waehlen-haeufig-die-gruenen-li.123852.

> Welche Verschwörungstheorie ist eigentlich nach einem Jahr noch nicht wahr geworden? Das Virus stammt womöglich nun doch aus dem Labor, es sollte angeblich nie einen zweiten Lockdown geben, schon gar keinen ewigen, auch keine Impfapartheid, keine Umwandlung von Grundrechten in Privilegien, dafür unendliche und unbürokratische Hilfszahlungen und die perfekten Impfstoffe, die so gut erforscht sind, dass sich selbst Politiker nicht vordrängeln wollen.[125]

Inzwischen sind weitere ehemalige „Verschwörungstheorien" dazugekommen.[126]

Verschwörungstheorie übernimmt damit heute eine ähnliche Funktion wie *Vorurteil* in der zweiten Hälfte des letzten Jahrhunderts: Ob die Theorie (bzw. das „Vorurteil") wahr ist oder nicht, spielt keine Rolle. Es geht allein darum, den zu diskreditieren, den der Vorwurf trifft, und potentiell ähnlich Denkende abzuschrecken. Die implizite Botschaft lautet: „Diese Leute muss man nicht ernst nehmen." Zudem enthebt der Verschwörungstheorie-Vorwurf den Vorwerfer (zumindest scheinbar) von der Aufgabe, sich mit den Thesen auseinanderzusetzen. Ja, es gibt abgedrehte Verschwörungstheorien. Aber es gilt, das Kind nicht mit dem Bade auszuschütten und begründete Theorien nicht von Vornherein zu diskreditieren, nur weil sie nicht ins Konzept des Mainstreams passen. „Wer kritisches Denken dergestalt delegitimiert, öffnet einem neuen Totalitarismus Tür und Tor", schreibt der Journalist Michael Dienstbier. „Hier liegt heute die wahre Gefahr hinter dem Phänomen ‚Verschwörungstheorie' und nicht in den teilweise abstrusen geistigen Auswüchsen der jeweiligen Internet-Gemeinschaften."[127]

125 „Kollabierte Realität: Was, wenn die Verschwörungstheoretiker Recht haben?"; https://miloszmatuschek.substack.com/p/kollabierte-realitat-was-wenn-die-003

126 Einen Überblick über „Verschwörungstheorien", die sich schlussendlich als wahr herausgestellten, liefert Stefan Homburg auf Twitter unter https://twitter.com/SHomburg/status/1634242993908531215. Vgl. die Rede von Homburg im Bundestag unter https://twitter.com/SHomburg/status/1736092690826060125.

127 Dienstbier 2021

Das Erschreckende dabei ist, dass dieselben Medien, die anderen vorwerfen, Verschwörungstheoretiker zu sein, mitverantwortlich für diese Entwicklung sind. Menschen haben das Bedürfnis, ihre Erfahrungen und ihr Wissen in ein widerspruchsfreies Ganzes einzuordnen. Sogenannte kognitive Dissonanzen, also Spannungen, die man zum Beispiel dann erlebt, wenn die Berichte anderer deutlich von dem abweichen, wie man bestimmte Dinge selbst erlebt hat, sind für Menschen schwer zu ertragen. Die Coronamaßnahmen-Kritiker mussten mit ansehen, wie die Medien ihre Anliegen verzerrten und sie selbst diskreditierten oder lächerlich machten. Zudem erlebten sie, dass in den sozialen Medien Beiträge oder ganze Kanäle von ihnen oder ihren Gesinnungsgenossen zensiert wurden. Auch im öffentlichen Diskurs wurden Fakten und Stimmen, die der Regierungslinie zuwiderliefen, weitgehend totgeschwiegen. All dies geschah in einer Demokratie, in der es eigentlich den freien Austausch der Meinungen geben sollte. Wie sollten die Kritiker mit diesem Widerspruch umgehen? Menschen, die diese Erfahrungen machen, können gar nicht anders, als zu versuchen, diese Spannung irgendwie aufzulösen – und landen so unter Umständen bei genau jenen Theorien, die die Medien dann als Verschwörungstheorien abtun.[128]

Wutbürger

Der Begriff *Wutbürger* hat eine interessante Karriere hinter sich. Das Licht der Welt erblickte er 2007 in der *taz*, die ihn für Anhänger oder Abgeordnete der Bremischen Partei *Bürger in Wut* verwendete. Ein paar Jahre lang war sie die einzige Zeitung, die den Begriff mit einer gewissen Regelmäßigkeit verwendete. Dies änderte sich im Jahr 2010, als im *Spiegel* ein Artikel mit der Überschrift „Der Wutbürger" erschien. Autor Dirk Kurbjuweit schrieb: „Der Wutbürger buht, schreit, hasst. Er ist konservativ, wohlhabend und nicht mehr jung. Früher war er

128 Vgl. „Die Schuld der Medien an der Ausbreitung von „Verschwörungstheorien""; https://www.youtube.com/watch?v=NPTJPn4yT1c

staatstragend, jetzt ist er zutiefst empört über die Politiker.“[129] Er zeige sich, so damals der Autor noch, sowohl bei Veranstaltungen mit Thilo Sarrazin als auch bei Demonstrationen gegen das Bahnhofsprojekt Stuttgart 21. Hier hatte man also ein perfektes Label gefunden für die nun zunehmend auf der Straße sichtbar werdende bürgerlich-konservative Opposition. In der Folge galt: Wenn Linke demonstrieren, sind es Demonstranten; wenn Konservative oder Regierungskritische dasselbe tun, sind es eben Wutbürger. Dies lässt sich auch sehr gut an den Top-10-Kollokaten von *Wutbürger* nachvollziehen. Im Standardkorpus finden sich *Pegida* (Platz 1), *AfD* (2), *Trump* (6), *rechten* (7) und *Neonazis* (9) auf den vorderen Rängen. Während Corona verschob sich kurzfristig der Fokus. Im Corona-Korpus (2020-2022) sind es die *faktenleugnenden* (3), *hasserfüllten* (5) Kritiker der *Corona-Maßnahmen* (2) sowie die *Querdenker* (8), die man mit dem stigmatisierenden Ausdruck in Verbindung bringt.[130] „Im Begriff des ‚Wutbürgers‘ ist bereits die Diffamierungsabsicht erkennbar“, schreibt Thilo Sarrazin. „Wer die Wut hat, hat sich nicht unter Kontrolle, dessen Rationalität ist eingeschränkt, möglicherweise ist er für seine Handlungen auch nicht voll verantwortlich, und er ist auf seine Wut reduziert.“[131]

Eine andere Beobachtung sei in diesem Zusammenhang noch angemerkt. Im Jahr 2010 wurde *Wutbürger* von der Gesellschaft für deutsche Sprache prämiert – nicht etwa als „Unwort des Jahres“, sondern als „Wort des Jahres“. Wenn Sie sich ansehen, welche Wörter in den letzten Jahren als „Wort“ oder „Unwort“ des Jahres gekürt wurden, werden Sie unschwer die politische Ausrichtung der Gesellschaft erkennen. Wenig verwunderlich, dass die Entscheidungen jedes Jahr weite Verbreitung in den öffentlich-rechtlichen wie den privaten Medien finden (Stichwort „Zeugenselektion“).

Ein beliebtes Stilmittel, um Menschen als „dumm und primitiv“ zu markieren, ist auch, sich über sie lustig zu machen. Nun ist absolut

129 Der Spiegel, 11.10.2010, S. 26

130 Jeweils 9/9-Fenster, satzübergreifend

131 Sarrazin 2014: 30

nichts gegen einen guten Humor einzuwenden, aber wenn unter dem Deckmantel der „Satire" einseitig und permanent Gegner des Großen Narrativs verspottet werden, wird Humor zur Waffe.

Wer anders denkt ... ist lächerlich

Spott, das Sich-lustig-Machen über andere, ist weit verbreitet, und Witze auf Kosten anderer werden von allen Seiten gemacht. Im (seltenen) Fall der Selbstironie kann Spott sogar auf eigene Kosten gehen. Nicht immer ist Spott automatisch kritikwürdig; in manchen Fällen ist er sogar Teil eines Spiels (Plumpsack). Politischer Spott kann eine erleichternde Funktion haben, besonders in schwierigen Situationen, denen man sich hilflos ausgeliefert fühlt („Galgenhumor"). Im Karneval werden ganze Wagen mit 3-D-Karikaturen von „denen da oben" durch die Straßen gezogen. Gleichzeitig untergräbt Spott die Autorität desjenigen, auf dessen Kosten er geschieht. In Diktaturen ist politischer Spott deshalb so sehr gefürchtet, dass ein Witz auf Kosten der Regierung den Witzeerzähler ins Gefängnis bringen kann.

Spott kann gebraucht werden, um Menschen zu manipulieren. Bereits bei der ersten großen Verführung der Menschheit durch die Schlange im Garten Eden war Spott im Spiel. Als die Schlange an Eva herantritt, sagt sie: „Ja, sollte Gott gesagt haben: Ihr sollt nicht essen von allen Bäumen im Garten?" (1. Mose 3,1). Luther kommentiert die Stelle, die er mit „Ja, sollte ..." übersetzte, wie folgt: „Ich kann das Hebräische nicht gut wiedergeben, weder auf Deutsch noch auf Latein; das Wort ‚aph ki' klingt so, wie wenn einer die Nasse rümpft und einen verlacht und verspottet."[132] Mit anderen Worten, was die Schlange hier sagt, ist: „Wie blöd ist das denn?!"

Linguistisch ist Spott nicht an bestimmte Wörter gebunden. Er beruht vielmehr auf dem letzten Frame („ist dumm und primitiv") und nutzt diesen, um sich über den so Geframten zu überheben und lustig

132 Zitiert in Anlehnung an Bräumer 1986: 85.

zu machen. Als stilistische Mittel dienen unter anderem: die völlige Überzeichnung von tatsächlichen unvorteilhaften Eigenschaften, Wiederholungen von peinlichen Situationen, nachgeahmte oder übertriebene Dialekte, verstellte Stimmen, ironisches „Priming" (vor einem Filmbeitrag wird z. B. die Redegewandtheit einer Person herausgestellt, dann kommt der Filmbeitrag, in dem eben jene Person sich völlig verhaspelt), despektierliche Vergleiche, vulgäre Sprache und vieles andere.

Es gibt eine feine, kaum zu definierende, aber spürbare Grenze, bei der gutmütiger Witz in eine Ehrverletzung abgleitet. Zu Recht ist Spott auf der Grundlage von körperlichen Eigenschaften wie Krankheiten, Behinderungen oder sonstigen körperlichen Merkmalen in unserer Gesellschaft weitgehend tabu. Aber auch jenseits dieser Tabus gilt: Spott setzt Menschen immer in einer unsachlichen Art und Weise herab. Er ersetzt Argumente durch Stimmung. Die Betroffenen können sich zudem in der Regel nicht wehren, weil sie nicht anwesend sind und man auf Spott sowieso kaum mit Argumenten reagieren kann. Die Grenze vom harmlosen Witz zur Diffamierung ist in den zur Ausgewogenheit verpflichteten öffentlich-rechtlichen Medien meiner Ansicht nach dort überschritten, wo er einseitig und wiederholt auf Kosten einer bestimmten politischen oder gesellschaftlichen Richtung erfolgt und Gegenbeispiele nur Alibifunktion erfüllen. Die Kabarettistin Christine Prayon, die von 2011 bis 2022 als „Birte Schneider" bei der „heute-show" mitwirkte, erklärte 2023 in einem Interview, warum sie das Format verlassen hatte:

> Ich habe mit der Art, wie die großen gesellschaftlich prägenden Themen seit Corona behandelt werden, zunehmend Bauchschmerzen bekommen. Ich habe auch mit den Verantwortlichen dort geredet und betont, dass ich mich nicht daran beteiligen will, Andersdenkende der Lächerlichkeit preiszugeben. Satire darf sich nicht daran beteiligen, den Diskurs zu verengen. Und jetzt findet genau dies wieder statt beim Krieg in der Ukraine. Da werden Narrative und Positionen von Gruppen, die gesellschaftlich in der Hierarchie weit oben stehen, unablässig wiederholt und gleichzeitig wird Stimmung

gegen Andersdenkende gemacht. Das hat nach meinem Dafürhalten nichts mehr mit Satire zu tun.[133]

Respekt, Frau Prayon.

Wie erschreckend effektiv „Satire“ sein kann, zeigt der Fall Schönbohm aus dem Jahr 2022. Im Oktober strahlte das ZDF einen Beitrag Jan Böhmermanns aus, in der dieser dem Chef des Bundesamts für Sicherheit in der Informationstechnik (BSI) Arne Schönbohm vorwarf, Kontakte zu einem Cybersicherheits-Verein zu pflegen, dem wiederum Kontakte zum russischen Geheimdienst nachgesagt wurden. Noch im selben Monat entließ Innenministerin Nancy Faeser den BSI-Chef. Dieser bat um ein Disziplinarverfahren gegen sich selbst, um die Vorwürfe zu entkräften, was Faeser ablehnte. Später stellte sich dann heraus, dass die Vorwürfe unbegründet waren.[134]

Wer anders denkt ... ist ein schlechter Mensch

In der klassischen Rhetorik gibt es die Kategorie des sogenannten „ad hominem“-Arguments (lat. „zum Menschen“). Dies bedeutet, dass jemand nicht auf den eigentlichen Sachverhalt, der gerade diskutiert wird, eingeht, sondern stattdessen seinen Gegner persönlich angreift, indem er beispielsweise versucht, dessen Glaubwürdigkeit zu untergraben oder ihn als schlechten Menschen darzustellen. Bei den Anhängern des Großen Narrativs ist dies ein weit verbreitetes Mittel, das daraus resultiert, dass sie sich selbst als die moralisch Guten sehen. Ein mittlerweile klassisches Beispiel für eine Ad-hominem-Argumentation findet sich in der Neujahrsansprache der Bundeskanzlerin Merkel aus dem Jahr 2015. Es war die Zeit, in der die Montagsdemonstrationen

133 „Birte spielt nicht mehr mit“; https://www.kontextwochenzeitung.de/gesellschaft/639/birte-spielt-nicht-mehr-mit-8943.html

134 Vgl. z. B. „Böhmermann hat Mist gebaut | Schönbohm Vorwürfe haltlos“; https://www.youtube.com/watch?v=8rE6UFEaHL8

vor allem in Ostdeutschland an Dynamik gewannen, und Frau Merkel forderte ihr Volk auf: „Folgen Sie denen nicht, die dazu aufrufen! Denn zu oft sind Vorurteile, ist Kälte, ja, sogar Hass in deren Herzen."[135] Keine sachlichen Argumente, sondern eine Aussage über die Seele dieser Menschen.

Ad hominem zu argumentieren ist nach meiner Auffassung nicht prinzipiell falsch. Ich bin beispielsweise dafür, dass ein Mensch das, was er von anderen fordert, auch selbst lebt und nicht nach dem Motto verfährt: „Anderen Wasser predigen und selbst Wein saufen." Wenn sich also sogenannte „Aktivisten" auf der Straße festkleben, um für die „Klimarettung" zu demonstrieren, um anschließend zum Urlaub nach Bali zu fliegen, ist es schon legitim, auf diese Doppelmoral hinzuweisen. Ebenso ist es legitim, die Vertrauenswürdigkeit oder die mögliche Voreingenommenheit von Quellen zu hinterfragen. Allerdings geht es im heutigen politischen Diskurs häufig gar nicht darum, die Herkunft einer Information zu beleuchten, sondern von vornherein eine Person oder Gruppierung zu diskreditieren. Da wird Menschen eine *feindliche* Gesinnung oder eine *gruppenbezogene Menschenfeindlichkeit* unterstellt oder sie schlicht und ergreifend des *Hasses* bezichtigt. Begriffe wie *Sexismus* und vor allem *Rassismus*, die ich auch in dieser Kategorie einordnen würde, haben wir bereits in Kapitel 1 näher beleuchtet.

Nun mag es durchaus sein, dass so eine Zuschreibung im Einzelfall zutrifft. Allerdings werden diese Label häufig pauschal und ohne dass ihre Legitimität auch nur ansatzweise nachgewiesen wird, eingesetzt. Sahra Wagenknecht (eine (inzwischen Ex-) Linke!) kritisierte diese Technik der falschen Moralisierung einmal treffend in einem Interview so:

> Das Grundproblem ist die Haltung: „Wer nicht für mich ist, ist kein Andersdenkender, sondern ein schlechter Mensch." Das ist ein typisches Herangehen des linksliberalen Milieus: Wer für eine Begrenzung von Zuwanderung ist, ist ein Rassist. Wer CO_2-Steuern kritisiert, ein

135 „Bundeskanzlerin Angela Merkel: Neujahrsansprache für 2015" https://www.youtube.com/watch?v=CxN7OHP56KA (ab ca. 4:15).

Klimaleugner. Und wer die Schließung von Schulen, Restaurants und Fitnessstudios nicht für richtig hält, ein „Covidiot."[136]

-feindlich

-feindlich ist ein hochproduktiver zweiter Bestandteil von Komposita. In unserem Korpus finden sich nicht weniger als 2.000 verschiedene Formen. Dazu gehören weit verbreitete Adjektive wie *fremdenfeindlich* oder *wirtschaftsfeindlich*, aber auch zahlreiche eher exotische Konstruktionen wie *adipösenfeindlich*, *asketisch-lustfeindlich* oder *duzfeindlich*. Nun kann es, wie gesagt, durchaus sein, dass ein mit einem solchen Adjektiv Charakterisierter tatsächlich über die ihm zugeschriebene Feindseligkeit verfügt. Es kann aber auch sein, dass es sich schlicht um eine Unterstellung handelt. Schließlich kann, wer mit der Meinung eines anderen nicht einverstanden ist, diesen problemlos eines feindlichen Ansinnens bezichtigen und hat damit schon einen entscheidenden, wenn auch möglicherweise nicht fairen Schlag gelandet. Sie sind gegen unbegrenzte Zuwanderung? Dann sind Sie halt ausländer- und flüchtlingsfeindlich. Sie sind für das Lebensrecht von Ungeborenen? Eindeutig frauenfeindlich. Sie weisen auf die Gefahren des importierten Antisemitismus hin? Sie wissen schon, was Sie dann sind, oder?

Wer wissen will, bei welchen Parteien die Medien diese Technik besonders häufig anwenden, muss beispielsweise nach Aussagen wie dieser suchen:

> Diese rückwärtsgerichtete frauen- und ausländerfeindliche Haltung der CSU hat zur Folge, dass die Umfragewerte abrutschen und sich immer mehr Menschen abwenden. (Nürnberger Nachrichten, 20.07.2018, S. 27)

136„Im Mittelpunkt unserer Politik müssen soziale Themen stehen': Sahra Wagenknecht im Interview mit der WELT, erschienen am 31.01.2021"; https://www.sahra-wagenknecht.de/de/article/3013.im-mittelpunkt-unserer-politik-m %C3 %BCssen-soziale-themen-stehen.html

Hier wird der CSU innerhalb einer ganz kurzen Textspanne sowohl eine frauen- als auch eine ausländerfeindliche Haltung unterstellt. Um solche Fälle zu finden, bietet sich als erster Schritt die Suche nach Texten an, in denen der Parteiname innerhalb eines 4/4-Fensters mit einer Form von *-feindlich* kollokiert. Leider ist das Ergebnis, das man auf diese Weise erhält, noch nicht valide, finden sich unter den Treffern häufig auch solche, in denen Angehörige einer Partei *anderen* diese Feindlichkeit attestieren:

> Besorgt äußerte sich die SPD aber auch über fremdenfeindliche Angriffe deutscher Gewalttäter. (Luxemburger Tageblatt, 18.01.2016, „Gabriel will Begrenzung von Flüchtlingszuzug")

Außerdem gibt es Fälle, in denen die unterstellte Feindlichkeit angezweifelt oder bestritten wird:

> Ebenso wenig sei die AfD fremdenfeindlich: „Das ist völliger Humbug." (Rhein-Zeitung, 02.07.2014, S. 19)

Da Korpora zwar vieles können, aber keine Texte verstehen, bleibt an dieser Stelle nichts anderes übrig, als die Trefferlisten nach dieser Vorsuche quasi „per Hand" durchzugehen. Dabei werden alle die Treffer gesammelt, bei denen eine Partei direkt oder indirekt mit einer feindlichen Haltung assoziiert wurde oder zumindest die Möglichkeit einer feindlichen Haltung attestiert wurde (z. B. durch eine Frage). Für die Jahre 2014-2022 ergibt sich für die sechs im Bundestag vertretenen Parteien folgendes Bild:

Partei	Assoziationen mit -feindlich	Häufigste Komposita in absteigender Reihenfolge (min. 2)
FDP	16	wirtschaftsfeindlich, klimafeindlich
SPD	22	demokratiefeindlich, frauenfeindlich, türkeifeindlich, arbeitnehmerfeindlich

Partei	Assoziationen mit -feindlich	Häufigste Komposita in absteigender Reihenfolge (min. 2)
Linke	43	wirtschaftsfeindlich, israelfeindlich, menschenfeindlich, EU-feindlich, europafeindlich, judenfeindlich, kunstfeindlich, lustfeindlich, ausländerfeindlich, demokratiefeindlich
Grüne	44	wirtschaftsfeindlich, autofeindlich, altenfeindlich, technikfeindlich, technologiefeindlich, männerfeindlich, lustfeindlich, kundenfeindlich, wachstumsfeindlich
CDUCSU	60	ausländerfeindlich, fremdenfeindlich, frauenfeindlich, menschenfeindlich, windkraftfeindlich, flüchtlingsfeindlich, kommunenfeindlich, islamfeindlich
AFD	547	fremdenfeindlich, verfassungsfeindlich, ausländerfeindlich, islamfeindlich, demokratiefeindlich, menschenfeindlich, europafeindlich, frauenfeindlich, flüchtlingsfeindlich, arbeitnehmerfeindlich, eurofeindlich, EU-feindlich, judenfeindlich, religionsfeindlich, migrationsfeindlich, gewerkschaftsfeindlich, homosexuellenfeindlich, homofeindlich, muslimfeindlich, systemfeindlich, wissenschaftsfeindlich, zuwanderungsfeindlich

Das Ergebnis könnte klarer kaum sein: Die AfD wird durchschnittlich 15-mal so häufig mit einer feindlichen Gesinnung in Verbindung gebracht wie jeder ihrer politischen Konkurrenten. Da *jedes* politische Programm Prioritäten setzt, die die einen bevorzugen und die anderen benachteiligen, sagt die Ungleichgewichtung der zugeschriebenen Feindseligkeiten mehr über die politischen Präferenzen der Zuschreiber (in der Regel Journalisten) aus als über jene, denen dieses Etikett angeheftet wird. Diese Einseitigkeit der Medien wird auch dadurch bestätigt, dass die CSU trotz ihrer Beschränkung auf Bayern für mehr als die Hälfte der *feindlich*-Zuschreibungen von CDU und CSU herhalten muss. Einige wenige *feindlich*-Komposita sind vielleicht überraschend, etwa *wirtschaftsfeindlich* für die FDP oder *arbeitnehmerfeindlich* für die SPD. Diese repräsentieren jedoch bereits sehr geringe Fallzahlen.

Siegmar Gabriel hatte im Mai 2016 sogar in einem Tweet einmal die AfD als „deutschfeindlich" bezeichnet. Dies war dann vereinzelt von Medien aufgegriffen und (höhnisch) kommentiert worden.

Ein besonderes Problem bei jeglicher unterstellter Feindlichkeit ist die Frage, wer auf welcher Grundlage über diese Zuschreibung entscheidet. Auf diese Frage gehen wir unter dem nächsten Stichwort einmal näher ein.

gruppenbezogene Menschenfeindlichkeit

Der Begriff der „gruppenbezogenen Menschenfeindlichkeit" (GMF) als Fachbegriff fand ab 2002 und verstärkt ab 2011 Eingang in die Medien und damit in die Öffentlichkeit. Er geht zurück auf das gleichnamige Forschungsprojekt, das von 2002 bis 2012 an der Universität Bielefeld durchgeführt wurde. Ziel des Projektes war es, „das Ausmaß und die Entwicklung des Syndroms menschenfeindlicher Einstellungen (...) in der Bevölkerung der Bundesrepublik Deutschland im Zeitverlauf (mittels jährlicher Erhebung) zu analysieren und auf der Basis sozialpsychologischer und soziologischer Konzepte zu erklären."[137] Seit 2013 wird der Begriff meist generisch, d. h. ohne Bezug auf die Bielefelder Studie, gebraucht.

Nun ist prinzipiell nichts dagegen zu sagen, wenn man sich mit den Ursachen von Menschenfeindlichkeit beschäftigt und nach Wegen sucht, diese zu überwinden. Der Aspekt der Gruppenbezogenheit in dem Ausdruck wird jedoch sehr selektiv verstanden. Die von dem Forscherteam untersuchten Feindlichkeiten betreffen beispielsweise Rassismus, Antisemitismus, Fremdenfeindlichkeit, die sogenannte Homophobie, Sexismus und die Abwertung von Asylbewerbern. All dies sind typisch linke Anliegen. Dabei wird übersehen oder bewusst ignoriert, dass viele Linke durchaus nicht immun sind gegen „gruppenbezogene Menschenfeindlichkeit" (vgl. den Eintrag zu Hass unten), diese sich

137 „Datenhandbuch Gruppenbezogene Menschenfeindlichkeit"; https://pub.uni-bielefeld.de/record/2726326

nur eben gegen andere Gruppen richtet: gegen Konservative, Patrioten, Burschenschafter, Polizisten, Soldaten, Wirtschaftsliberale, Ostdeutsche, Sachsen, Christen, Traditionalisten, Rechte, Lebensschützer, Reiche, SUV-Besitzer, Ungeimpfte, Kritiker der Corona-Politik und in akademischen Zirkeln pauschal gegen alte weiße Männer[138]. Diese Gruppen als Objekte von gruppenbezogener Menschenfeindlichkeit finden so gut wie keine Beachtung, weder in besagter Studie noch im öffentlichen Diskurs.

Hass

Sucht man im Deutschen Referenzkorpus nach dem Lexem *Hass* und sortiert die Ergebnisse nach Publikationsjahr, findet man in den ersten 15 Jahren des neuen Jahrtausends fast durchgängig Werte von etwa 10-15 WpM. Im Jahr 2015 springt dieser Wert plötzlich auf 22 WpM und bewegt sich seitdem auf diesem höheren Niveau zwischen 20 und 25. 2015 war das Jahr, in dem die Bundeskanzlerin in der Neujahrsansprache denen, die die Montagsdemonstrationen organisierten, „Hass in deren Herzen" unterstellte. Ob dies nun Zufall ist oder ob die Kanzlerin hier den Impuls für einen neuen Kampfbegriff und – wie wir sehen werden – eine neue Agenda geliefert hat, sei dahingestellt; eins steht jedenfalls fest: Die Häufigkeit, mit der es im öffentlichen Diskurs um Hass geht, hat sich seit der Ansprache fast verdoppelt.

Im gleichen Jahr bildete das Justizministerium eine Arbeitsgruppe, die sich mit Möglichkeiten zur Bekämpfung von Hassinhalten im Internet beschäftigen sollte. Zwei Jahre später, 2017, wurde das sogenannte Netzwerkdurchsetzungsgesetz (NetzDG) verabschiedet. Inzwischen sind in Deutschland über 1000 Menschen damit beschäftigt, Einträge in den sozialen Medien auf Hasstexte zu kontrollieren und gegebenenfalls zu löschen. Im Februar 2020 schließlich beschloss die Bundesregierung den Entwurf des „Gesetzes zur Bekämpfung des

138 Eine Antwort auf die Verächtlichmachung alter weißer Männer liefert Norbert Bolz (2023).

Rechtsextremismus und der Hasskriminalität", der unter anderem eine Verschärfung des Netzwerkdurchsetzungsgesetzes beinhaltet. Nun ist unstrittig, dass weder das Internet noch der öffentliche Raum ein rechtsfreier Raum sein darf. Die aktuelle Verwendung des Begriffes *Hass* im medialen wie im politischen Diskurs ist jedoch höchst problematisch, und dies aus mehreren Gründen.

Hass ist kein Verbrechen

Es kann kein Zweifel daran bestehen: Hass ist destruktiv. Er zerstört denjenigen, der hasst, und er hat unabsehbare Folgen für den, der gehasst wird. Eines ist er aber nicht: Hass ist zunächst einmal kein Verbrechen. Der Staat kann Taten verbieten, aber keine Empfindungen. Auch vor der Einführung des NetzDG existierten Straftatbestände wie Beleidigung, üble Nachrede und Volksverhetzung. Wenn nun aber der Staat hineinregieren will in die Seele seiner Bürger, überschreitet er eine Grenze und betritt ein Territorium, in dem er nichts zu suchen hat. Vor 500 Jahren hatte der Reformator Martin Luther dies bereits so ausgedrückt:

> Das weltliche Regiment hat Gesetze, die sich nicht weiter erstrecken als über Leib und Gut und was sonst äußerliche Dinge auf Erden sind. Denn über die Seele kann und will Gott niemand regieren lassen als sich selber allein. Wo darum weltliche Amtsgewalt sich anmaßt, der Seele ein Gesetz zu geben, da greift sie Gott in sein Regiment und verführt und verderbt nur die Seelen.[139]

Das Konzept des Hassverbrechens, auch wenn es momentan noch anders gefüllt wird, erinnert an die „Gedankenverbrechen" in George Orwells Roman 1984, die in der von ihm geschilderten totalitären Gesellschaft bereits zu Verhaftung und Bestrafung führen können. Hinzu kommt, dass ein Verbot des Hasses reine Symptom- und keine Ursachenbekämpfung ist. Wem nur verboten wird zu hassen, der sucht sich

139 Luther 1978: 36

entweder ein anderes Ventil oder richtet den Hass gegen sich selbst – und nichts ist gewonnen.

Die Kategorie Hass kann beliebig gefüllt werden

Ein weiteres Problem mit Hass als Delikt ist, dass er schwer zu fassen ist. Dies macht ihn anfällig dafür, allein aus der eigenen Perspektive heraus interpretiert zu werden – und damit für Missbrauch. Da wird dann beispielsweise wie folgt vorgegangen. Kritik an der Homo-Ehe oder der Verbeugung von privaten Unternehmen vor der LGBT-Agenda wird als Hass gegen die Menschen in ihrer Eigenschaft als Homosexuelle interpretiert. Dieser Hass führe zu Gewalt gegenüber Homosexuellen und müsse daher bekämpft werden – vor allem staatlicherseits.[140] „Den Haß fixiert, wer die Macht besitzt", schreibt der Journalist Thorsten Hinz, und der Germanist Michael Esders fügt hinzu: „Ein stigmatisierendes Passepartout wie ‚Hassrede' erlaubt es, nicht nur einzelne Äußerungen, sondern ein ganzes Meinungsspektrum als dumpf, ressentimentgeladen und latent gewalttätig zu ächten, aus jeder Debatte auszuschließen und unter Umgehung strafrechtlicher Kategorien zu kriminalisieren."[141] Dass dies keine Fiktion ist, zeigt der nächste Abschnitt.

Die Doppelmoral

Ein Freund von mir berichtete mir einmal von einer Begebenheit, die sich ereignete, als er eine Veranstaltung der AfD besuchte. Er hatte sich schon seinen Weg durch die Gegendemonstranten zur Veranstaltungshalle gebahnt, als er sich entschloss, noch einmal vor die Tür zu treten und die Szenerie auf sich wirken zu lassen. Zuerst sangen die Gegendemonstranten nach der Melodie von „Heho, spann den Wagen an": „Wehrt euch, leistet Widerstand gegen Hass und Hetze hier im Land". Dann holten sie einmal kurz Luft und skandierten als nächstes: „AfD – Rassistenpack! Wir haben euch zum Kotzen satt!" – offenbar ohne

140 Vgl. Palko 2014: 334-350
141 Esders 2020: 38

auch nur im Geringsten die Widersprüchlichkeit ihrer Slogans zu bemerken. Diese Geschichte ist symptomatisch für große Teile des „Hassdiskurses“ in Deutschland: Linke werfen Rechten beharrlich Hass vor, weigern sich aber, Hass bei sich selbst als solches auch nur zu erkennen. Ein Tiefpunkt in dieser Hinsicht war die Titelseite einer *Stern*-Ausgabe vom Juni 2023. Auf ihr zu sehen ist eine kalt ausgeleuchtete Fotografie der AfD-Vorsitzenden Alice Weidel, darunter die Frage: „Was können Sie eigentlich außer Hass, Frau Weidel?“ Dabei war das Wort Hass besonders groß und in Fraktur gesetzt.[142] Würdeloser kann man einen Menschen in einer Demokratie kaum vorführen.

Wenn man unser Standardkorpus nach politischen Eigennamen absucht, die mit *Hass* in Verbindung gebracht werden, findet man nach zu erwartenden Kollokaten wie *Wut*, *Netz* und *säen* bald *AfD* (Platz

142 Siehe „Ein Offenbarungseid: Wie sich Gesinnungsjournalismus selbst entlarvt“; https://www.tichyseinblick.de/feuilleton/medien/weidel-stern-cover/

30), *Trump* (36) und *Pegida* (65).[143] Im nordrhein-westfälischen Kommunalwahlkampf 2020 hängten die Grünen unter die Wahlplakate der AfD sogar ein eigenes kleines Plakat mit der Aufschrift „Hass ist keine Alternative für Deutschland". In keinem Fall muss der „Hass" irgendwie belegt werden. Er wird einfach behauptet und – leider – von Teilen der Bevölkerung geglaubt, auch wenn die Behauptung im Falle des Wahlplakates durch das Plakat selbst ad absurdum geführt wird, dessen Hauptschlagzeile schlicht lautete: „Wegen Corona Existenzen sichern."

Andere des Hasses zu bezichtigen, lenkt auch vom eigenen Hass ab. Der Aufkleber der „links jugend ['solid]" ist dabei unfreiwillig aufschlussreich, was die Technik der Hassbezichtigung angeht: Man unterstellt dem Gegner (hier der FDP) Hass und sieht sich so legitimiert, ihn seiner Grundrechte (hier das Recht auf Eigentum) zu berauben. Die Gegner (FDP, CDU, AfD, „Rechte") und die Grundrechte (häufig das Recht auf freie Meinungsäußerung) sind dabei austauschbar.

143 9/9-Fenster, satzübergreifend.

Dabei wird gerade der Hass der Linken auf Andersdenkende an vielen Stellen sichtbar, auch außerhalb der Parlamente. Wenn Sie einmal blanken Hass sehen wollen, gehen Sie auf eine konservative oder patriotische Demonstration oder andere Veranstaltung – und schauen Sie in die Gesichter der Gegendemonstranten. Kein Parteitag von SPD, Grünen oder Linken erfordert auch nur annähernd so viel Polizeipräsenz wie jene der AfD. Im „besten Deutschland, das es jemals gegeben hat" (Steinmeier) sind wir mittlerweile sogar so weit, dass Veranstalter von bürgerlich-konservativen Veranstaltungen den Veranstaltungsort aus Angst vor Repressalien (für sie selbst oder den Betreiber) nicht mehr öffentlich bekanntgeben. Auch der visuelle öffentliche Raum bleibt von linkem Hass nicht verschont. Wenn Sie mit offenen Augen durch eine deutsche Großstadt gehen und die Aufkleber und Graffiti lesen, werden Sie feststellen, dass es sich bei den politisch orientierten unter ihnen ganz überwiegend um linke Parolen handelt, von denen einige hasserfüllte Botschaften enthalten.

Diese von Staat und Medien betriebene Doppelmoral ist zerstörerisch. Ihre Betreiber säen den Hass, den zu bekämpfen sie vorgeben. Wenn die Anhänger der politisch akzeptierten Meinung sagen können, was sie wollen, und dabei selbst übelste Verleumdungen nicht sanktioniert werden, während auf der anderen Seite bloße Meinungsäußerungen schon als Hassrede gebrandmarkt und ihre Träger sozial ausgegrenzt werden, spaltet dies eine Gesellschaft. „Hass und Hetze sind keine Ursachen, sondern Folgen schwerer politischer Fehler, die nicht mehr streitbar-konstruktiv gelöst, sondern durch Denkverbote, Realitätsverweigerung und politische Korrektheit nahezu magisch verleugnet werden sollen", erklärt der Psychiater Hans-Joachim Maaz.[144] Diese durch Doppelmoral geschürte Wut hetzt Menschen gegeneinander auf und spaltet die Gesellschaft.

144 Maaz in Schwarz 2020

Wer anders denkt … befindet sich außerhalb des gesellschaftlichen Konsens

Menschen sind auf ein Miteinander angelegte Wesen. Bereits auf den ersten Seiten der Bibel heißt es: „Es ist nicht gut, dass der Mensch allein sei." (1. Mose 2,18) Ein perfides Mittel, um Andersdenkende zu diskreditieren, ist, sie so zu framen, als ob sie nicht Teil der Gesellschaft wären, sondern irgendwie isoliert am *Rand* stünden (natürlich am *rechten*). Bestenfalls sind sie *umstritten*, tendenziell aber eher *radikal* oder *extrem* (üblicherweise natürlich *rechtsextrem*), und egal, wie radikal man sie bisher gezeichnet hat, sie *radikalisieren* sich immer weiter. Sie werden als *Demokratiefeinde* gezeichnet, die sich gegen jene Grundordnung richten, die die Gesellschaft trägt und ihr lieb und teuer ist. Sie *verweigern* Anordnungen (die gar keine sind) und stehen damit auf einer Stufe mit Straftätern und Deserteuren. Verlassen sie dann eine Gemeinschaft, bezeichnet man sie als *Aussteiger*, so als ob sie gerade eben noch den Absprung aus einer Sekte oder einer totalitären Organisation geschafft hätten.

Rand

Rand ist ein weiterer guter Begriff, um die Einseitigkeit des politisch-medialen Komplexes zu verdeutlichen. Jede Partei und jede Gesellschaft hat sowohl einen rechten wie auch einen linken Rand. Durchsucht man das Korpus nach den Phrasen *rechter Rand* und *linker Rand*, zeigen sich bald Unterschiede in der Behandlung, und zwar sowohl quantitativ als auch qualitativ.[145] Für *rechter Rand* finden sich insgesamt 6.645 Treffer, für *linker Rand* nur deren 1.570. In den deutschsprachigen Ländern wird also schon gut viermal so häufig über den rechten wie den linken Rand gesprochen. Noch deutlicher wird diese Verzerrung, wenn man sich anschaut, in welchen Zusammenhängen von den jeweiligen

145 Rechte(n/r) bzw. linke(n/r) gefolgt von *Rand* im Abstand von maximal 4 Wörtern. Kollokationsanalyse im 9/9-Fenster, satzbegrenzt.

Rändern die Rede ist. In 515 Fällen, in denen *linker Rand* als Zielphrase gefunden wurde, erscheint in einem 9/9-Fenster auch das Lexem *rechts*; es handelt sich also in aller Regel um Äußerungen, durch die eine Ablehnung beider Ränder zum Ausdruck gebracht wird, also um eine kollektive Behandlung der beiden Ränder wie in diesem Beispiel:

> Es gebe antideutsche Stimmungen sowohl am äußersten rechten wie linken Rand des politischen Spektrums. (Süddeutsche Zeitung, 03.09.2021, S. 9)

Im umgekehrten Fall, bei *rechter Rand* als Zielphrase, finden sich 534 Fälle von „summarischer Behandlung". Zieht man diese kollektiven Fälle von den Gesamtzahlen ab, ergeben sich also 6.111 Fälle für *rechter* und 1.055 für *linker Rand.* Damit erhöht sich das Verhältnis, in dem exklusiv über den linken oder rechten Rand geredet wird, auf fast 1:6.

Doch nicht nur, wie häufig, sondern auch wie die jeweiligen Ränder thematisiert werden, ist aufschlussreich. *Rechter Rand* wird offenbar häufig im Zusammenhang mit dem Vorwurf verbunden, dass jemand dort auf Stimmenfang geht. Unter den ersten 30 Kollokaten finden sich sowohl *Wähler* (Platz 9), *Stimmen* (15), *Wählerstimmen* (22) und *Stimmenfang* (29), als auch *fischen* (8), *fischt* (12), *fische* (19) und *Fischen* (24). Hier zwei typische Beispiele:

> Im Kampf um Wählerstimmen sind die Unions-Parteien sich nicht zu fein, am rechten Rand zu fischen! (die tageszeitung, 09.12.2016, S. 7)
>
> Imhof erinnert hier zum Beispiel an die Flüchtlingskrise, in der Söder am rechten Rand zu fischen versuchte und das heftig umstrittene Wort „Asyltourismus" prägte. (Nürnberger Nachrichten, 19.04.2021, S. 4)

Bei *linker Rand* kommen von diesen Kollokaten nur ganze zwei überhaupt in der Liste vor: *Wähler* auf Platz 27 und *fischen* auf 157! Während der Vorwurf, am rechten Rand zu „fischen" medial sehr präsent ist, findet sich dort Entsprechendes für den linken Rand nur in Ausnahmefällen.

umstritten

Es wird viel gestritten auf dieser Welt. Dies gilt für Menschen in allen Regierungsformen, aber natürlich besonders für solche, die in Demokratien leben; hier gehört Streit quasi zum Geschäft. So verwundert es auch nicht, dass zu den zehn häufigsten Kollokaten von *umstritten* regelmäßig intensivierende Adverbien wie *heftig*, *höchst* und *äußerst* gehören. Daneben finden sich Nomen, die die Angehörigen der Streitparteien bezeichnen (z. B. *Experten*, *Kritiker*, *Fachleute*, *Befürworter*) sowie weitere Lexeme, die die Spannung zwischen den Parteien deutlich machen (*allerdings*, *durchaus*, *überhaupt*). Folgende Dinge sind offenbar besonders umstritten: *Äußerungen*, *Projekte*, *Gesetze* – und, wenig überraschend, wenn man darüber nachdenkt – *Elfmeter*. Interessant für unsere Zwecke sind jedoch weniger Wörter, die in einem Streit-Kontext ohnehin zu erwarten wären, sondern die Frage, *welche* Streitfragen und Personen als umstritten bezeichnet werden – und welche nicht.

Hier ist zunächst eine Übersicht über vergangene oder aktuelle Projekte, die überdurchschnittlich häufig als umstritten bezeichnet worden sind (in alphabetischer Reihenfolge):

> Atomkraftwerk, Atomprogramm, Betreuungsgeld, Ceta (Freihandelsabkommen), Die Passion Christi (Film von Mel Gibson), Fracking, Fußball-WM in Katar, Garzweiler II (Braunkohle-Tagebau), Glyphosat (chemische Verbindung zur Unkrautbekämpfung), Guantanamo Bay (Gefangenenlager auf Kuba), Hartz IV (Arbeitsmarktreform), Homöopathie, Hydroxychloroquin (Medikament), israelische Siedlungen im Westjordanland, Kernkraftwerke (verschiedene), Kohlekraftwerk, Körperwelten (Ausstellung), Krim (Russland-Referendum), Layla (Partysong), Mifegyne (Abtreibungspille), Milliardenprojekt, Mohammed-Karikaturen, Monsanto (US-Saatguthersteller), Nord Stream 2 (Gas-Pipeline), Online-Durchsuchung, PID (Präimplantationsdiagnostik), Pkw-Maut, Scientology, Stuttgart 21 (Bahnhofsprojekt), TTIP (Freihandelsabkommen), Uber (Fahrdienst-Vermittler), Unterwerfung (Roman

von Michel Houellebecqs), Urananreicherung, Vorratsdatenspeicherung, Waldschlösschenbrücke (in Dresden).

Wenn man diese Liste sichtet, ergibt sich folgendes Bild: Bei manchen der „umstrittenen" Projekte herrscht über Partei- und Ideologiegrenzen hinweg entweder keine Einigkeit oder auch weitgehende gemeinsame Ablehnung; hierzu gehören etwa die Fußball-WM in Katar, das Unkrautbekämpfungsmittel Glyphosat, die Ausstellung „Körperwelten" des Anatomen Gunther von Hagens oder die Waldschlösschenbrücke in Dresden. Auf der anderen Seite stehen solche Vorhaben, die hauptsächlich von linken Kräften abgelehnt werden, etwa das Betreuungsgeld (für Elternteile, die sich entscheiden, ihre Kinder zu Hause zu erziehen, statt sie in eine Kita zu geben) oder das Braunkohle-Tagebauprojekt Garzweiler II. Auffällig ist in diesem Zusammenhang das häufige Auftreten von Begriffen aus dem Wortfeld der Atomkraft sowie das unspezifische Wort „Milliardenprojekt". Die einzigen Ausnahmen zu dieser Tendenz scheinen die Abtreibungspille Mifegyne und die Präimplantationsdiagnostik zu sein. In beiden Fällen ist die weltanschaulich fundamentale Frage nach dem Beginn des menschlichen Lebens betroffen. Politisch links Stehende beantworten diese Frage tendenziell liberal, während vor allem christlich-konservative Kreise diesen Verfahren ablehnend gegenüberstehen.

Die Tendenz, dass Konservatives oder Rechtes mit dem Attribut „umstritten" belegt wird, während Progressives und Linkes davon selten betroffen ist, wird noch stärker deutlich, wenn man sich ansieht, mit welchen Personen das Adjektiv zusammen verwendet wird. Das Folgende ist eine Tabelle mit den Namen bekannter Persönlichkeiten aus dem Umfeld europäischer oder westlicher Demokratien mit ihrer Platzierung.[146] Hierzu wurden die ersten 250 Kollokate durchsucht. *Umstritten* kann sich dabei direkt auf den Politiker beziehen:

> Der umstrittene Immobilien-Milliardär Trump hat auf Kritik und Störungen bei seinen Wahlkampfauftritten oft mit aggressiven

146 4/4-Fenster, satzbegrenzt.

Worten reagiert. (Luxemburger Tageblatt, 14.03.2016, „Ich trage nicht die Verantwortung")

Es kann sich z. B. aber auch um eine von dem Politiker durchgeführte Aktion (oder die Nominierung eines „umstrittenen" Kandidaten) handeln, wie hier:

Trump will von seiner umstrittenen „Feuer und Wut"-Drohung an die Adresse Nordkoreas nicht abrücken. (Nordkurier, 12.08.2017, S. 6)

Tritt ein und dieselbe Person in mehreren Formen (z. B. *Trump*, *Trumps*, *Donald*) in der Kollokationsliste auf, wird nur der erste Eintrag berücksichtigt.

Pos.	Person	Beispiel
52	Maaßen	Wann löst der Bundesinnenminister sein Versprechen ein, den umstrittenen Verfassungsschutzpräsidenten Hans-Georg Maaßen auszuwechseln? (Nürnberger Nachrichten, 09.10.2018, S. 2)
55	Donald	Der Vorsprung des umstrittenen Präsidentschaftsbewerbers Donald Trump auf die übrigen republikanischen Anwärter ist einer Umfrage zufolge deutlich geschrumpft. (St. Galler Tagblatt, 22.09.2015, S. 7)
96	Höcke	Den Namen des umstrittenen thüringischen Landeschefs Björn Höcke nimmt er nicht in den Mund. (Mannheimer Morgen, 26.10.2015, S. 3)
151	Kavanaugh	Der Senat hat sich knapp dafür ausgesprochen, die Debatte um den umstrittenen Richterkandidaten Brett Kavanaugh zu beenden. (St. Galler Tagblatt, 06.10.2018; „Erfolg für Kavanaugh")
160	Orbán	Der umstrittene ungarische Regierungschef Viktor Orbán hält sich für mehrere Tage in Berlin auf. (Hamburger Morgenpost, 11.10.2022, S. 4)
217	Sarrazin	Demonstranten haben eine geplante Diskussionsrunde mit dem umstrittenen Bestsellerautor Thilo Sarrazin verhindert. (Hamburger Morgenpost, 03.03.2014, S. 4)

Sämtliche in dieser Liste aufgeführten Persönlichkeiten gehören dem konservativen, rechten oder einwanderungskritischen Lager an. Praktisch für die Linken: Erst streiten sie gegen ihre Kontrahenten, dann bezeichnen sie sie als „umstritten". Linksstehende Politiker oder ihre Projekte stehen kaum in der Gefahr, mit diesem Label bedacht zu werden.

Aussteiger

Woraus steigen Menschen aus, die als „Aussteiger" bezeichnet werden? Da sind zunächst einmal solche, die aus der traditionellen Gesellschaft aussteigen und – gegebenenfalls auf Zeit – ohne festen Wohnsitz, Erwerbsarbeit und Krankenversicherung leben (möglicherweise aber nicht ohne Internet und soziale Medien). Dass diese Gruppe eine große Rolle spielt unter denen, die als Aussteiger bezeichnet werden, zeigt die Tatsache, dass sich Kollokate wie *Hippies*, *Anarchisten*, *Künstler* oder *Überlebenskünstler* weit oben in der Kollokationsliste befinden.

Daneben gibt es Aussteiger aus totalitären, vielleicht sogar gewaltbereiten Gruppierungen: aus Sekten beispielsweise oder extremen politischen Gruppen. Durchsucht man die ersten zwanzig Treffer der Kollokationsliste von *Aussteiger* nach Hinweisen auf Aussteiger im Bereich der Politik, ergibt sich das folgende Bild:[147]

Pos.	Kollokat	Beispiel
8	rechten	Ein Aussteiger aus der rechten Szene hatte gesagt, Enrico T. „steht auf kleine Kinder". (Süddeutsche Zeitung, 18.06.2014, S. 6)
16	rechtsextremen	Weggefährten werden zu Gegnern, mitunter bedrohlichen, wie etwa Aussteiger aus rechtsextremen Szenen zu berichten wissen. (profil, 14.05.2018, „Verdrängungswettbewerb")
18	Neonaziszene	Krüger, der sich zudem für Aussteiger aus der Neonaziszene einsetzt, weiß, wovon er spricht. (Berliner Morgenpost, 03.11.2015, S. 14)

147 4/4-Fenster, satzbegrenzt

Pos.	Kollokat	Beispiel
20	Neonazi-Szene	Auf der Steintribüne, von der aus Hitler seine Reden an die Anhänger gehalten hat, spricht ein Aussteiger aus der Neonazi-Szene über seine Erfahrungen. (Nürnberger Nachrichten, 15.09.2018, S. 6)

In der Presse wird der Begriff des Aussteigers also weitaus häufiger mit rechten und rechtsextremen als mit linken Vereinigungen in Verbindung gebracht. *Antifa* kommt beispielsweise in der Kollokationsliste gar nicht vor.

Wenn man nach Wortzusammensetzungen sucht, deren erster Bestandteil eine der im Bundestag vertretenen Parteien ist und deren zweiter Bestandteil mit „Aussteiger" beginnt (sodass auch Wörter wie *Aussteigerin* oder *Aussteigerprogramm* enthalten sind), ergibt sich folgendes Bild:

	AfD	CDU/ CSU	FDP	Grüne	Linke	SPD
-Aussteiger*	80	5	0	3	0	57

Wie bei keiner anderen Partei werden in den Medien also Mitglieder, die die AfD verlassen, als „Aussteiger" bezeichnet. Da dieser Begriff, wie wir gesehen haben, im politischen Kontext üblicherweise mit extremistischen Gruppierungen in Verbindung gebracht wird, „schwappt" diese Assoziation auf die AfD über, ohne dass der Autor die Partei explizit als extremistisch bezeichnen müsste. Ähnlich wie bei *umstritten* sind Mitglieder anderer Parteien vor dieser Diffamierungstechnik weitgehend sicher.

Impfverweigerer

In Kapitel 1 hatten wir gesehen, dass auch der *Impfverweigerer* zu den indirekten Diffamierungsstrategien zählt, implizierte der Begriff doch – faktenwidrig – eine Pflicht zur Impfung. Was aber verbindet sich inhaltlich mit Verweigerern? Hier ist eine Auswahl aus den ersten 20 Kollokaten:[148]

Position	Kollokat	Position	Kollokat
1	Deserteure	9	Gefährder
2	Bußgeld	12	Impfskeptiker
4	hartnäckige	14	notorische
5	Corona-Leugner	16	notorischen
6	Strafen	17	Straftäter
7	Deserteuren	18	Bußgelder
8	Impfgegner	20	Sanktionen

Wer nun also jene, die dieses Angebot aus welchen Gründen auch immer für sich ablehnten, als „Impfverweigerer" bezeichnete, assoziierte sie nicht nur mit einer starrsinnigen Haltung (*notorisch*), sondern rückte sie in die Nähe von *Deserteuren*, *Gefährdern* und *Straftätern*, die mit *Bußgeldern* oder anderen *Sanktionen* bedacht werden sollten. Willkommen im Club.

extrem, Extremist

Extremismus bedeutet fast immer Unsicherheit und Gefahr. In der Natur sind extreme Wetterlagen wie extreme Hitze, extreme Kälte, extreme Dürre oder extremes Hochwasser sogar lebensbedrohlich. Auch gesellschaftspolitisch wird Extremismus als etwas Negatives gesehen. Wer als Extremist bezeichnet wird, bewegt sich schon per Definition am Rande der Gesellschaft. Als extrem zu gelten ist folglich für die allermeisten Menschen (mit Ausnahme von manchen Jugendlichen) alles andere als ein erstrebenswerter Zustand. In der Politik gilt: „Extremismus ist der Kampf gegen die freiheitlich-demokratische Grundordnung, ganz gleich aus welchen Gründen", erklärt der Politologe Werner Patzelt.

148 Suchbegriff *verweigerer*, 4/4-Fenster, satzbegrenzt.

„Infolgedessen gibt es linken und rechten und islamistischen und allen möglichen sonstigen Extremismus."[149] Dies verdeutlichen auch die Komposita mit *Extremismus* als erstem Glied, die sich im Korpus finden: Idealerweise sorgt die *Extremismus-Prävention* dafür, dass Extremismus gar nicht erst aufkommt. Wenn jedoch ein *Extremismusproblem* erkannt wurde und der *Extremismus-Verdacht* oder die *Extemismusvorwürfe* sich bestätigt haben, geht es um *Extremismus-Bekämpfung* bzw. *Extremismusabwehr*. 2012 wurde in Köln sogar das *Gemeinsame Extremismus- und Terrorismusabwehrzentrum* eingerichtet. Wie einseitig beim Thema Extremismus jedoch der mediale Fokus auf den Rechtsextremismus gelegt wird (und wie fehlgeleitet dies ist), darauf werden wir in Kapitel 3 ausführlich eingehen.

radikalisieren, Radikalisierung

Radikalisierung bedeutet die Entwicklung einer Person oder einer Gruppierung in eine Richtung, die zunehmend illegitime Mittel zur Durchsetzung ihrer Ziele akzeptiert oder verwendet, etwa Gewalt. Somit ist auch Radikalisierung durchweg negativ konnotiert. Unter den ersten 100 Kollokaten finden sich Begriffe wie *Gefahr*, *Anschläge*, *Terroristen* und *Hass*.[150] In der deutschsprachigen Presse wird das Verb *radikalisieren* ganz überwiegend im Zusammenhang mit deutschen oder anderen europäischen Muslimen gebraucht, die eine entsprechende Entwicklung hinter sich gebracht haben. *Muslime*, *Syrien*, *Islamisten*, *islamistisch*, *Moschee* und *Dschihad* finden sich alle unter den Top-20-Kollokaten. Aber auch einige wenige andere Gruppierungen werden mit einer Radikalisierung assoziiert. Als einziger politischer Kraft aus Deutschland werden regelmäßig der AfD Radikalisierungstendenzen unterstellt. Das Skurrile an dieser Sache ist, dass dieses Narrativ bereits 2015, also zwei Jahre nach der Gründung der Partei, aufkam und seither kontinuierlich gepflegt wird. Wenn man aus jedem einzelnen Jahr

149 „Interview Professor Werner J. Patzelt – Wie wir dem Diskurs das Lebenselixier entziehen" (ab 10:36); https://www.youtube.com/watch?v=mv75UMiGatg

150 9/9-Fenster, satzbegrenzt

ein eigenständiges Korpus bildet, stellt man fest, dass sich die Partei seit jenem Jahr beständig unter den ersten 100 Kollokaten findet.

Jahr	Position	Beispiel
2015	82	Tatsache ist, dass die schon vor dem Parteitag rechtspopulistische AfD sich nach dem Parteitag radikalisiert hat, und zwar nach rechts. (Rhein-Zeitung, 06.08.2015, S. 18)
2016	20	Nun radikalisiert sich die AfD, sie befindet sich in einem Strudel des Extremismus und zieht dabei immer mehr Wähler der Union mit sich. (Der Spiegel, 02.01.2016, S. 8)
2017	34	Der Historiker und Buchautor Volker Weiß im Interview: Die AfD hat sich von Parteitag zu Parteitag eher radikalisiert. (Nürnberger Nachrichten, 24.06.2017, S. 5)
2018	2	Obwohl sie sich immer weiter radikalisiert, bleibt die AfD stark oder wird sogar noch stärker. (die tageszeitung, 09.06.2018; „Ich bin nicht die Sprachpolizei")
2019	1	Es war ein schlechtes Zeichen, dass eine radikalisierte AfD jede vierte Stimme bekommen konnte. (Der Spiegel, 07.09.2019, S. 20)
2020	1	Während die AfD sich radikalisiert und ins Visier des Verfassungsschutzes gerät, steht die Linkspartei heute fast überall fest auf demokratischem Grund. (Tages-Anzeiger, 05.03.2020, S. 11)
2021	6	„Die AfD hat sich in den letzten Jahren immer weiter radikalisiert. Das weiß jede und jeder", sagte Britta Haßelmann, erste parlamentarische Geschäftsführerin der Grünen-Fraktion. (Süddeutsche Zeitung, 21.10.2021, S. 6)
2022	4	Thüringens Innenminister Georg Maier (SPD) sagte im Deutschlandfunk, die AfD habe sich immer weiter radikalisiert, verbreite Verschwörungsmythen und Umsturzfantasien. (dpa, 08.12.2022; 3773)

Bezeichnenderweise wird nur selten ein Beleg für die These, die AfD habe sich radikalisiert, geliefert. Sie wird schlicht – ähnlich wie bei dem Extremismus-Vorwurf – in den Raum gestellt und unhinterfragt verbreitet. Offenbar müssen die Medienschaffenden nicht befürchten, dass sich ein über Jahre aufrechterhaltenes Radikalisierungs-Framing irgendwann abnutzt.

Allerdings werden auch andere mit dem Stigma des *radikalisieren*-Frames bedacht. Im Corona-Korpus (Jahrgänge 2020-2022) finden sich folgende Begriffe unter den Top-30-Kollokaten: *Impfgegner, Corona-Proteste, Querdenker-Bewegung, Corona-Leugner, Querdenker, Klimabewegung, Corona-Maßnahmen, Querdenker-Szene, Corona-Leugnern* und *Impfgegnern.*[151] Offenbar ist dieses Frame also ein bevorzugtes Mittel, um alle Kräfte zu stigmatisieren, die dem Großen Narrativ dauerhaft widersprechen. Auf der anderen Seite werden die Anhänger des Narrativs so gut wie nie mit einer Hinwendung zu radikalen Denk- und Handlungsweisen in Verbindung gebracht. Einzige Ausnahme bildet die *Klimabewegung*, deren Radikalisierung durch Straftaten wie Straßen- und Flughafenblockaden schlicht nicht mehr zu leugnen war.

Wer anders denkt ... ist krank oder gestört

Die Pathologisierung von Andersdenkenden (also deren Beschreibung als krank oder gestört) geschieht heute meistens über eine Zuschreibung mit *-phob* als zweitem Wortbestandteil. Phobien sind irrationale Angststörungen. Menschen sind dann von einer Phobie betroffen, wenn keine wirkliche äußere Bedrohung vorliegt, sie aber aufgrund eines Auslösers starke Angst bis hin zur Panik verspüren. Hierzu zählen beispielsweise die Angst vor bestimmten Tieren (etwa die Arachnophobie, die Angst vor Spinnen), die Angst vor engen oder abgeschlossenen Räumen (Klaustrophobie) oder die Höhenangst (Akrophobie). Dazu kommen verschiedene Arten von sozialen Phobien. Menschen, die darunter leiden, vermeiden Zusammenkünfte, bei denen sie in der Gefahr stehen, Aufmerksamkeit auf sich zu ziehen.

Im heutigen Deutsch ist die Wurzel *phob* extrem produktiv; dies liegt jedoch nicht nur daran, dass so viele Menschen unter so vielen

151 Lexeme *radikalisieren* und *Radikalisierung*, 9/9-Fenster, satzbegrenzt

verschiedenen Phobien leiden. Durchsucht man das Standardkorpus nach **phob** (sodass auch Formen wie *-phobie* und *-phobiker* mit inbegriffen sind), finden sich über 2.500 verschiedene (!) Wortformen. Dazu gehören dann tatsächliche Phobien wie die eben aufgeführten (dies öffnet einem die Augen dafür, wovor Menschen Angst haben können), aber auch zahlreiche Spontanbildungen, die mehr oder weniger humorvoll gemeint sind, etwa die *Akten-Phobie*, die *Frischluft-Phobie* oder die *Umlaut-Phobie*.

Zu diesen sachlich-medizinischen oder humorvollen Gebrauchsweisen von *phob* ist in den letzten Jahrzehnten eine Variante getreten, die weder sachlich noch humorvoll ist, sondern die im Wesentlichen Menschen diskreditieren soll. Diese Variante ist durch folgende Merkmale gekennzeichnet: 1. Es handelt sich ausschließlich um Fremdbezeichnungen; 2. Es geht bei den so gelabelten Menschen nicht um eine irrationale Angst, sondern um eine bestimmte Haltung. Der Begriff *Homophobie* beispielsweise taucht in unserem Korpus zum ersten Mal 1979 in einem Spiegel-Artikel auf, führte aber bis zur Jahrtausendwende eher ein Nischendasein. Ab etwa 2000 findet man ihn regelmäßiger in deutschsprachigen Publikationen. Dass mit dem Substantiv *Homophobie* bzw. dem Adjektiv *homophob* fast nie eine irrationale Angst vor Homosexuellen gemeint ist, zeigt sich zum Beispiel daran, dass es Demonstrationen gegen Homophobie gibt (wie soll man gegen eine Angststörung demonstrieren?).

> Mehrere hundert Menschen haben nach Angaben der Organisatoren am Samstag auf dem Berner Münsterplatz gegen Homophobie demonstriert. (Neue Zürcher Zeitung, 19.05.2014, S. 13)

Häufig wird Homophobie in einem Atemzug mit anderen Begriffen genannt, die eine Haltung (und keine Krankheit) beschreiben, besonders mit Rassismus, Sexismus, Antisemitismus oder Frauenfeindlichkeit.

> Neben Rassismus sind auch Volkstümelei, Sexismus und Homophobie auf der Wiesn an der Tagesordnung. (die tageszeitung, 26.09.2015, S. 6)

„Mittlerweile sind Homophobie und homophob längst auch hier zu omnipräsenten politischen Schlagwörtern geworden, die von homosexuellen Interessengruppen nicht immer sehr differenziert gebraucht werden, um auch den leisesten Widerspruch gegen ihre politische und gesellschaftliche Lobbyarbeit zu verunglimpfen", schreibt der Journalist Matthias Heine.[152]

Eine Wortbildung jüngeren Datums ist die „Islam(o)phobie", nach Wehling (2018: 155) die Erfindung eines linken englischen Think Tank. Dieser Begriff taucht in unserem Korpus zum ersten Mal 1990 in einem *ZEIT*-Artikel auf, gehörte aber wie *Homophobie* zunächst lange zu den exotischen Wörtern. Erst ab etwa 2006 findet man den Begriff regelmäßig in der Presse, also in jenem Jahr, in dem es zum ersten Mal einen islamisch motivierten Anschlagversuch in Deutschland gab (versuchter Bombenanschlag auf zwei Züge vom 31. Juli). 2015, dem Jahr, in dem in Deutschland mehrere Großveranstaltungen wegen einer Gefährdung „mit islamistischem Hintergrund" abgesagt werden mussten (u. a. der Braunschweiger Karneval und das Fußball-Länderspiel Deutschland-Niederlande in Hannover), und 2016 (das Jahr mit dem Axt-Attentat in Würzburg und dem Anschlag auf den Weihnachtsmarkt auf dem Berliner Breitscheidplatz) waren die Jahre, in denen *islam(o)phob* und dessen Ableitungen die höchsten Vorkommnisse in der deutschsprachigen Presse verzeichneten (1,9 bzw. 1,6 WpM). Damit ist klar, worum es geht. Dass angesichts dieser Anschläge von einer Phobie (also einer *irrationalen* Angst, vergleichbar der vor Spinnen) keine Rede sein kann, liegt auf der Hand. Vielmehr wird durch den Gebrauch von *Islamophobie* die Problemquelle umgekehrt: Nicht die Terroristen und ihr Glaube stehen jetzt mehr im Fokus; stattdessen wird denjenigen, die davor Angst haben, das Problem zugeschrieben. Damit ist *-phob*, ähnlich wie *Hass* und *-feindlich*, ein klassisches Ad-hominem-Argument: Es geht nicht mehr um den eigentlichen Sachverhalt; es geht darum, den Vertreter einer Meinung zu stigmatisieren und in diesem Fall sogar zu pathologisieren. „Und mit psychisch Kranken

152 Heine 2016: 138 f.

debattiert man nicht, man muss sie qua Umerziehung heilen", resümiert Josef Kraus die Denkhaltung der Anhänger des Großen Narrativs.[153]

Vereinzelt findet diese Stigmatisierung Andersdenkender als krank aber auch ganz offen statt. So arbeitete sich der (eigentlich konservative) Journalist Jan Fleischauer im Jahr 2023 in einer Focus-Kolumne an den Wählern der AfD ab. Sein Artikel trug die Überschrift: „Schrei nach Liebe: Warum AfD-Anhänger ein Fall für den Therapeuten sind".[154] Darin schreibt er unter anderem, die AfD bediene „das Gefühl, nicht die Aufmerksamkeit und Anerkennung zu bekommen, die einem zusteht. Die aus dem Gefühl der Zurücksetzung erwachsene Kränkung ist ein sehr mächtiges Gefühl." Fleischauer kommt zu dem Schluss: „Die Zeitungen fragen immer Politologen oder Extremismusexperten, wie man mit der AfD umgehen solle. Ich würde mal einen Therapeuten zurate ziehen." Der Journalist Boris Reitschuster verweist in einem Reaktions-Artikel zu dieser Kolumne zu Recht auf die unrühmliche Geschichte dieser Technik im Sozialismus, wo die Machthaber „systematisch Andersdenkende und Dissidenten für psychisch krank erklärten. Sie wurden damit aus der Gesellschaft ausgesondert, aller Rechte beraubt und diskreditiert. Man stellte sie in den Anstalten ruhig. Mit Medikamenten. Und auch mit körperlichen Maßnahmen." Reitschuster urteilt über seinen Kollegen: „Ich hoffe sehr, dass die Pathologisierung von AfD-Anhängern einfach ein Ausrutscher war und er sich der Problematik dahinter nicht bewusst war."[155]

153 Kraus 2021: 96

154 https://web.archive.org/web/20230708151118/https://www.focus.de/politik/deutschland/die-focus-kolumne-von-jan-fleischhauer-schrei-nach-liebe-warum-afd-anhaenger-ein-fall-fuer-den-therapeuten-sind_id_198449371.html

155 „Im Focus werden AfD-Anhänger zum ‚Fall für Therapeuten' erklärt"; https://reitschuster.de/post/im-focus-werden-afd-anhaenger-zum-fall-fuer-therapeuten-erklaert/

Wer anders denkt ... ist gefährlich

Andersdenkende sind nicht nur von gestern, dumm und primitiv oder schlechte Menschen, die sich am Rande der Gesellschaft bewegen, nein, manche von ihnen sind regelrecht gefährlich. Eine häufig benutzte Wurzelmetapher (von der sich andere Metaphern dann ableiten) ist die des Feuers oder des Brandes. Andersdenkende sind *geistige Brandstifter*, und gegen sie muss eine *Brandmauer* hochgezogen werden. Aber auch *Gefahr für die Demokratie* ist ein beliebter Frame zur Gegnermarkierung.

Geistige Brandstifter

Die Phrase *geistige Brandstifter* wurde nach meinen Recherchen zum ersten Mal 1989 in den Diskurs eingebracht. Heiner Geissler, damaliger Generalsekretär der CDU, warnte im Oktober 1989 angesichts der fragilen Lage in der DDR vor „geistigen Brandstiftern" in der eigenen Partei, die auf einen Volksaufstand in Ostdeutschland spekulierten. Seitdem ist der Begriff immer wieder zur Diskreditierung politischer Gegner verwendet worden. Ignaz Bubis, ehemaliger Vorsitzender des Zentralrats der Juden, verwendete diese Phrase sowohl 1994 für den Republikaner-Chef Franz Schönhuber wie auch vier Jahre später für den Schriftsteller Martin Walser; Letzteres nahm er wieder zurück. Im selben Jahr belegte die Roma-Union den CDU-Ortspolitiker Wolfgang Bodenstedt mit diesem Label. 2007 nannte Stephan Kramer, der Generalsekretär des Zentralrats der Juden, den Kölner Kardinal Joachim Meisner einen „notorischen geistigen Brandstifter". 2015 schließlich bezeichnete der Pegida-Mitbegründer Lutz Bachmann den damaligen Justizminister Heiko Maas als „schlimmsten geistigen Brandstifter in diesem Land seit einem Goebbels im Dritten Reich oder einem Karl-Eduard von Schnitzler in der DDR." Meist verläuft die Vorwurfsrichtung der „geistigen Brandstifterschaft" jedoch von links nach rechts. Durchsucht man im Standardkorpus die Kollokationsliste nach Personen oder Gruppen, denen dieses Etikett angeheftet wird, findet sich mit weitem Abstand – wer hätte das gedacht? – die AfD.[156]

Brandmauer

In der realen, physischen Welt ist eine Brandmauer eine spezielle Wand, die in Gebäuden oder neben besonders gefährlichen Anlagen installiert wird, um im Falle eines Feuers ein Übergreifen desselben auf andere Gebäudeteile oder das weitere Umfeld zu verhindern. Diese Mauer muss besonderen Ansprüchen genügen: Sie muss feuerbeständig sein, darf keine Fenster enthalten und muss durch alle Etagen bis hinein in den Dachstuhl übereinander angeordnet sein. Primäres Ziel einer Brandmauer ist der Schutz der Gebäudenutzer, die sich im Falle eines Großbrandes in einen sicheren Gebäudeabschnitt retten können sollen. Durchgänge müssen durch sogenannte Feuerschutzabschlüsse, etwa Brandschutztüren, gesichert sein. Dies ist der realweltliche Hintergrund, wenn im politischen Bereich die Brandmauer als Metapher verwendet wird.

Durchsucht man das Standardkorpus nach dem Lexem *Brandmauer*, findet man wieder mit weitem Abstand auf Platz 1 das Kollokat AfD.[157] Hier wieder zwei Beispiele:

> Während die Spitzen von CDU und CSU eine politische Brandmauer zur AfD errichtet haben und Koalitionen auch auf Landesebene ausschließen, zeigte Kurz nach der Wahl im Herbst 2017 wenig Berührungsängste und ging seinerzeit ein Bündnis mit den österreichischen Rechtspopulisten ein. (Spiegel-Online, 30.09.2019)
>
> „Mit mir wird es eine Brandmauer zur AfD geben", sagte Merz dem „Spiegel". (Hamburger Morgenpost, 24.12.2021, S. 5)

Mit anderen Worten: Die Partei wird indirekt mit einer Kraft gleichgesetzt, die nicht nur großen Schaden anrichten kann, sondern im

156 9/9-Fenster, satzübergreifend
157 4/4-Fenster, satzbegrenzt

schlimmsten Fall Leben kostet und gegen die man umfangreiche Sicherungsvorkehrungen ergreifen muss. Ein Forist kommentierte die Metapher einmal so: „Was nutzt die Brandmauer nach rechts, wenn es von links schon lichterloh brennt?“ Weit abgeschlagen auf Platz 113 findet sich dann auch noch *Linken* sowie auf Platz 119 die *Linkspartei* unter den Kollokaten.

Gefahr für die Demokratie

Die Demokratie als Regierungsform hat nach wie vor einen guten Ruf. Kaum jemand möchte ernsthaft in einer anderen Staatsform leben. Selbst eine Diktatur wie die DDR versuchte, nach innen und außen den Anschein einer Demokratie zu wahren, und das sogar im Namen. Wer also erfolgreich seinen politischen Gegner als Gefahr für die Demokratie framen kann, dem ist ein wichtiger Schlag gelungen. Ob dieser Frame einen Bezug zur Realität hat und berechtigt ist, steht auf einem anderen Blatt.

Durchsucht man die Kollokationsliste dieser Phrase nach den „Agenten“ der Gefahr, wird man bereits unter den ersten zehn Treffern mehrfach fündig:[158]

Pos.	„Gefahr“	Beispiel
1	Rechtsextremismus	„Ich bin der festen Überzeugung“, sagt Kretschmer, „dass der Rechtsextremismus die größte Gefahr für die Demokratie ist.“ (Focus, 08.09.2018; „Chemnitz und die gefesselte CDU“)
3	Fake News	Fast die Hälfte der deutschen Wähler (48 Prozent) hält einer Umfrage zufolge Fake News für eine ernsthafte Gefahr für die Demokratie. (Hannoversche Allgemeine, 11.08.2017, S. 25)
4	Trump	Experten sehen Attacken des künftigen US-Präsidenten Trump als Gefahr für die amerikanische Demokratie. (Rhein-Zeitung, 13.01.2017, S. 5)

158 Kollokate im 9/9-Fenster (satzbegrenzt) der Phrase „Gefahr für“, gefolgt von „Demokratie“ im Abstand von bis zu drei Wörtern

Pos.	„Gefahr“	Beispiel
6	AfD	Dass rund jeder fünfte Wähler im Nordosten AfD gewählt hat, bezeichnete Bluhm als „Gefahr für die Demokratie“. (Nordkurier, 05.09.2016, S. 3)
10	Reichsbürgern	Etwa die Hälfte der deutschen Bevölkerung glaubt, dass von sogenannten Reichsbürgern eine ernste Gefahr für die Demokratie und ihre Repräsentanten ausgeht. (dpa, 13.12.2022)

Im weiteren Verlauf finden sich noch folgende – vermeintliche oder echte, jedenfalls behauptete – Gefahren: TTIP (Platz 15), E-Voting (17), Populismus (35) und Facebook (37). Ein typisches Merkmal der „Gefahr für die Demokratie“-Framings ist es, dass sie nicht begründet werden. Stattdessen werden einfach, wie auch in den Beispielen oben ersichtlich wird, Behauptungen aufgestellt oder Behauptungen anderer wiedergegeben (vgl. Kap. 1, Abschnitt „Unbelegte Behauptungen“).

Ein Paradebeispiel für ein groß angelegtes „ist gefährlich“-Framing ist der Beitrag über Hans-Georg Maaßen, den das ZDF im Juli 2023 ausstrahlte.[159] Von der ersten Sekunde an vermittelt dieser Film eine Atmosphäre von Bedrohlichkeit und Gefahr. Von einem, der „unsere“ Demokratie schützen sollte, „aber die Seiten wechselte“ (0:04), ist gleich am Anfang die Rede, von einem „verkappten“ Rechtsradikalen (1:25) und von einem „Provokateur“, der sich heute sogar mit „internationalen Ultrarechten“ vernetze (1:00). Maaßen bewege sich „längst“ „im Umfeld“ von Verfassungsfeinden (Assoziations-Framing, 28:23). Einer der Reporter geht wie in einem Kriminalfall auf „Spurensuche“ (1:46), der andere folgt Maaßens „digitalen Spuren“ (4:23). Die Veranstaltung der WerteUnion (WU), die der eine besucht, „ist seit Wochen die einzige öffentliche Veranstaltung“ (2:31), so, als ob die WU vornehmlich im Geheimen operiere. Einer der Interviewpartner wird

159 Wenn Sie sich dies einmal selbst vor Augen führen wollen (und der Beitrag noch online ist), finden Sie den Film hier: „Der Fall Maaßen: Zwischen Geheimdienst und Verschwörung“; https://www.zdf.de/dokumentation/die-spur/hans-georg-maassen-werteunion-rechte-verschwoerungstheorien-100.html

gefragt, ob Maaßen „als Geheimnisträger heute ein Sicherheitsrisiko“ sei (25:00), und kurz darauf wird Maaßen sogar explizit als „mögliches Sicherheitsrisiko“ bezeichnet (25:20). Unterstützt werden solcherlei Aussagen immer wieder durch eine bedrohliche Musik, die im Hintergrund eingesetzt wird (gleich zu Beginn, ab 28:27 unterstützt von „Herzschlag“-Pulsen). Vor allem aber die Bildsprache fördert dieses düstere Framing. Zweimal wird ein verengtes, rechts und links abgedunkeltes Bild eingesetzt, so als ob man Maaßen aus einer Deckung heraus observieren würde (0:26, 20:24). Im zweiten Fall wird sogar eine an sich völlig banale Szene (Maaßen geht ein paar Schritte zu Fuß) in Zeitlupe gesetzt, als ob man jetzt jeden Schritt genau beobachten müsste. In einem anderen Fall werden insgesamt abgedunkelte Bilder verwendet (28:23), die den Eindruck einer düsteren Szenerie hinterlassen. All dies unterstützt die Botschaft: „Maaßen ist nicht zu trauen!“

Wer anders denkt ... ist mit dem Bösen im Bund

Wie wir jetzt mehrfach an den „Wer anders denkt ...“-Überschriften gesehen haben, geschieht Framing meist implizit auf der Grundlage von übergreifenden Glaubens-, Werte- und Denkmustern, die im Einzelfall gar nicht selbst zum Ausdruck kommen müssen. Wer jemand anderen also als schlechten Menschen darstellen will, wird in der Regel nicht sagen: „Das ist ein schlechter Mensch“; es reicht, ihm Hass anzudichten. Solche grundlegenden Frames werden – im Positiven wie im Negativen – auch als Masterframes bezeichnet. Ganzen politischen Richtungen liegen solche Masterframes zugrunde: Stolz und Würde bei Rechten, Ordnung und Sicherheit bei Konservativen, Freiheit bei Liberalen und Gleichheit bei Linken (was sie häufig unter dem Label Gerechtigkeit propagieren). Diese Masterframes können auch für ganze Gesellschaften relevant sein. In den USA ist beispielsweise das Ideal der Freiheit tief in der Gesellschaft verankert, und so verwundert es nicht, wenn Anhänger der Überzeugung, jeder unbescholtene Bürger sollte eine Waffe besitzen können, auf der Grundlage von Freiheitsrechten argumentieren. In Italien ist es vielleicht die Vorstellung von *la dolce vita*, vom „süßen Leben“, die regions- und schichtenübergreifend Relevanz für die Bevölkerung hat (nicht umsonst wurden Bücher, Filme und Lieder mit diesem Titel versehen). In Deutschland gibt es auch einen solchen Masterframe, der allerdings alles andere als positiv ist. Der Politologe und Framing-Experte Michael Oswald schreibt dazu: „Im spezifischen Fall Deutschlands ist sicherlich auch der Kontext des Nationalsozialismus ein *Master-Frame* – alles, was in diesen Bezugsrahmen gestellt werden kann, erfährt automatisch eine gesellschaftliche Delegitimation.“[160]

Damit ist eine Hauptstoßrichtung (ursprünglich) der radikaleren Linken umrissen, die leider inzwischen auch von moderateren Linken übernommen wird: Versuche, deinen Gegner irgendwie mit dem Dritten Reich in Verbindung zu bringen; wenn die Leute das glauben, ist er erledigt. „Die Bezeichnung ‚Nazi‘ rekurriert auf eine unvergleichliche Monstrosität, das Böse schlechthin“, schreibt Michael Esders. „Solche Markierungen haben „die Unauslöschlichkeit von Brandzeichen. Sie machen die Bezeichneten zu Gezeichneten.“[161] Fairerweise muss dazu gesagt werden, dass die Haupttreiber hinter diesem Framing die politischen Parteien und Vorfeldorganisationen sind und nicht die Medien selbst. Neben der klassischen *Nazi-* oder *Faschismuskeule* gibt es auch indirektere Möglichkeiten. Etwa wenn der eigentlich zur politischen Neutralität verpflichtete Verfassungsschutzpräsident mal eben ein Fünftel der Wählerschaft seines Bundeslandes als *braunen Bodensatz* bezeichnet.[162] Oder wenn rechte Demonstrationen als *Aufmärsche* bezeichnet werden. Das Wortfeld *Antisemitismus*, das inhaltlich auch zu diesem Masterframe gehört, haben wir in Kapitel 1 als ein mögliches Ziel der Assoziierungs-Technik besprochen.

160 Oswald 2022: 122 f.

161 Esders 2020: 15

162 „‚Brauner Bodensatz‘: Verfassungsschutzchef bleibt dabei“; https://reitschuster.de/post/brauner-bodensatz-verfassungsschutzchef-bleibt-dabei/

Nazi

Bei der Verwendung des Nazibegriffs ist aktuell eine deutliche Trennung zwischen den Medien auf der einen Seite und politischen Organisationen auf der anderen zu erkennen. Medial – zumindest in den Printmedien – wird *Nazi* noch ganz überwiegend historisch verwendet. Von den ersten 100 Kollokaten haben fast alle einen erkennbaren geschichtlichen Bezug (Jahreszahlen wie *1933* oder *1945*, Begriffe wie *Machtergreifung*, *Juden* oder *Konzentrationslager* etc.). Auf der anderen Seite finden sich linke Parteien und Organisationen, die den Nazibegriff in inflationärer Art und Weise als Keule für ihre Gegner einsetzen. An vorderster Front steht hier natürlich die Antifa, die Demonstranten sogar dann noch mit dem Slogan „Es gibt kein Recht auf Nazipropaganda!" bedenkt, wenn diese gegen die Coronapolitik demonstrieren. Mittlerweile ist die Verwendung der Nazi-Keule für den politischen Gegner jedoch bis in bürgerliche Parteien vorgedrungen. So bezeichnete der NRW-Ministerpräsident Hendrik Wüst die AfD im September 2023 öffentlich als „Nazi-Partei". Der inflationäre Gebrauch des Nazi-Begriffs führt nicht nur zur Abstumpfung und dazu, dass irgendwann keine ausreichend scharfen Begriffe mehr vorhanden sind für Menschen, die tatsächlich einer solchen Ideologie anhängen. Vielmehr verharmlost der Gebrauch des Nazi-Begriffs als Keule letztlich die Ideologie und die Gräuel der Nationalsozialisten. Dies scheinen sich die Nazi-Bezichtiger nicht bewusst zu machen.

Faschist

Faschist (einschließlich aller möglichen Ableitungen) ist eines jener Wörter, die weit häufiger von Linken als von Bürgerlichen verwendet werden. Dies zeigt ein Blick auf die Vorkommenshäufigkeit in den weltanschaulich organisierten Korpora (Angaben in WpM):

Lexem	linkes-Korpus	bürgerliches Korpus
Faschist	6,5	0,4
Faschismus	10,8	1,0
faschistisch	8,1	0,5

War *Faschismus* ursprünglich die Selbstbezeichnung des italienischen Ministerpräsidenten Mussolini für seine Politik von 1922 bis 1943, entwickelte das Wort in den beiden Machtblöcken bald eine eigene Dynamik. Im Westen wurde es (wenn auch nicht unumstritten) als Sammelbegriff für antidemokratische, nach dem Führerprinzip organisierte Herrschaftsformen oder Bestrebungen verwendet, die dann auch den Nationalsozialismus in Deutschland umfassten. In den sozialistischen bzw. kommunistischen Ländern des Ostblocks wurde der Antifaschismus zur Staatsdoktrin. Der Politologe Wolfgang Bergsdorf schreibt:

> Bereits 1924 hatten die Kommunisten auf ihrem 5. Weltkongreß den ‚Faschismus' als die ‚klassische Form der Konterrevolution' definiert und so die Grundlage dafür geschaffen, im Bedarfsfalle jede nicht revolutionäre, nichtmarxistische Politik als ‚faschistisch' zu brandmarken. ‚Faschismus' wurde so ein beliebig verwendbarer Terminus zur Gegner-Charakteristik.[163]

Gleichzeitig konnte man mit dem Begriff *Faschismus* das Wort *Nationalsozialismus* (in dem das Wort *Sozialismus* steckt) vermeiden.

Heutzutage sind bei der Verwendung der Begriffe *Faschist* und *Nazi* sowohl Gemeinsamkeiten als auch Unterschiede erkennbar. Parallelen ergeben sich zunächst in der Inflationierung beider Begriffe, die, wenn sie als Kampfbegriffe für politische Gegner verwendet werden, mehr oder weniger synonym sind. Einen neuen Tiefpunkt erreichte die Bagatellisierung dabei Anfang 2020, als die thüringische Fraktionsvorsitzende der Linken Susanne Hennig-Wellsow in einer Fernseh-Talk-

163 Bergsdorf 1983: 75

show „angrinsen“, „übertriebene Freundlichkeit“ und „Einladung zum Kaffee“ als Beispiele faschistischer Methoden anführte. Unterschiede bestehen vor allem in der Stilebene: Der Nazi-Begriff erscheint vulgärer und wird mit Antifa-Sprech assoziiert. Oder, wie der Historiker Peter Hoeres schreibt: „[W]ährend also der Gebrauch von ‚Nazi‘ doch arg primitiv wirkt, ist der Faschismusbegriff unbestimmter und klingt zudem intellektueller.“[164]

Ein weiterer Unterschied besteht darin, dass in den Medien *Faschist* (im Gegensatz zu *Nazi*) durchaus nicht nur und noch nicht einmal in erster Linie in historischen Kontexten gebraucht wird. Unter den ersten 100 Kollokaten finden sich mehrere Eigennamen zeitgenössischer Personen oder Organisationen, etwa *Höcke*, *AfD*, *Meloni*, *Salvini*, *Putin*, *Erdogan*, *Fratelli d'Italia* oder *Le Pen*. Meist geht es darum, dass jemand diese Politiker oder Parteien als Faschisten *beschimpft*, *bezeichnet* oder *verunglimpft* hat, oder um die Frage, ob man sie so *nennen* darf.

Aufmarsch, aufmarschieren

Traditionell werden die Lexeme *Aufmarsch* und *aufmarschieren* im Kontext von militärischen Operationen verwendet. So ist es nicht verwunderlich, dass sich unter den stärksten Kollokaten Wörter aus dem Umfeld des Ukrainekriegs finden (*Ukraine*, *Grenze*, *Truppen*, *russischer* etc.). Dieses traditionelle Verständnis von *Aufmarsch* ist in den Medien jedoch längst in den Hintergrund geraten. Stattdessen finden sich in den meisten Fällen Kollokate aus dem Wortfeld rechter oder rechtsradikaler Ideologien: *rechten*, *Rechten*, *rechtsextremen*, *Nazis*, *Pegida*. Das Lexem mit dem höchsten LLR-Wert ist *Neonazis*. Auch christlich-konservative Anti-Abtreibungs-Demonstranten wurden mit diesem Schlagwort bedacht:

> Rechtskonservative „Lebensschützer“ planen ihren alljährlichen Aufmarsch in Berlin. (die tageszeitung, 27.08.2015, S. 31)

164 Hoeres 2020: 39

Die Problematik mit dieser Verwendung von *Aufmarsch* und *aufmarschieren* liegt auf der Hand: Das klassische Verständnis von Aufmarsch als militärischer Aktion beinhaltet Bilder von Krieg, Gewalt, Leid und Elend, vielleicht Besatzung – und in Deutschland natürlich vor allem von Aufmärschen der Nationalsozialisten zur Zeit des „Dritten Reichs". Diese werden als Quelle für das Framing rechter Demonstrationen missbraucht. Abgesehen von vereinzelten Demonstrationen Rechtsextremer, die aufgrund ihrer Formiertheit, der Untermalung durch Trommeln und der einheitlichen und systematisch präsentierten Beflaggung tatsächlich dem Erscheinungsbild militärischer Aufmärsche ähneln,[165] ist das Skript bei den Demonstrationen Linker und Rechter identisch: Die Demonstranten treffen sich zu einer bestimmten Uhrzeit an einem bestimmten Ort; die Demonstrationsordnung wird verlesen; man wandert gemeinsam zu einem Zielpunkt, trägt dabei optional Transparente und ruft Parolen; am Zielort lauscht man den Reden und quittiert diese mit Applaus; schließlich wird die Versammlung aufgelöst. Sachlich besteht also kein Grund, linke Veranstaltungen als „Kundgebungen" oder „Demonstrationen" und rechte (oder bürgerliche) als „Aufmärsche" zu bezeichnen.

Interessant ist auch, dass, wenn der Begriff *Aufmarsch* zusammen mit den neutralen Begriffen *Demonstration* oder *Demonstranten* verwendet wird, es sich bei Letzteren häufig um die Gegendemonstranten handelt:

> Wir registrieren ein erhöhtes Demonstrationsaufkommen mit rechten Aufmärschen und linken Gegendemonstranten. (Hannoversche Allgemeine, 22.08.2007, S. 9)

Formulierungen wie

> Der Aufmarsch der „Fridays for Future"-Bewegung endete am Brandenburger Tor.

165 Vgl. zum Beispiel „Plauen: Rechtsextreme Demo – Flaggen, Parolen und alte Volkstänze"; https://www.youtube.com/watch?v=D_jjqQ2lLOE.

oder

> An dem von der IG Metall organisierten Aufmarsch nahmen etwa 5.000 Personen teil –

sind undenkbar. Wenn zwei das Gleiche tun, ist es eben noch lange nicht dasselbe.

Mittlerweile sind wir auf der „ist mit dem Bösen im Bund"-Schiene sogar noch einen Schritt weiter und bei dem absolut Bösen, dem Teufel, angelangt. Bundeskanzler Scholz sagte im August 2023 auf einer Wahlkampfrede in München an die Kritiker seiner Ukraine-Politik gewandt: „Die, die hier mit Friedenstauben rumlaufen, sind deshalb vielleicht gefallene Engel, die aus der Hölle kommen, weil sie letztendlich einem Kriegstreiber das Wort reden." Kurz darauf, im Oktober 2023, bezichtigte der Thüringische Ministerpräsident Bodo Ramelow CDU und FDP, einen „Pakt mit dem Teufel" eingegangen zu sein, weil sie gemeinsam mit der AfD eine Senkung der Grundsteuer durchgesetzt hatten. Eine weitere Verschärfung der politischen Rhetorik ist damit nicht mehr möglich.

3. Die Folgen

Natürlich sind die Medien nicht alles schuld. Und natürlich sind monokausale Erklärungen (also solche, die bestimmte Entwicklungen auf einen einzigen Grund zurückführen) in der Regel falsch. Und dennoch tragen die Medien meiner Ansicht nach die Hauptlast an den Fehlentwicklungen der letzten Jahrzehnte. Sie haben ihre Berufung, die Bürger ausgewogen zu informieren und die Regierung kritisch zu begleiten, hinter sich gelassen; sie tun weder das eine noch das andere. Stattdessen verfolgen sie ihre eigene Agenda: die Förderung des Großen Narrativs. Ohne die Unterstützung der Medien hätte die Politik manche unheilvolle Entscheidung nicht durchziehen können; ohne die Hetze der Medien gegen Andersdenkende hätten wir in Deutschland nicht so eine gespaltene Gesellschaft; und ohne die Einseitigkeit der Medien würden wir uns nicht immer weiter in Richtung autoritärer Staat bewegen. Insbesondere während Corona wurde die unheilvolle Rolle der Medien deutlich. Werner Reichel bemerkt dazu zu Recht: „Ohne diese Komplizenschaft der Medien hätte die Regierung ihre Angstkulisse, die als Druck- und Erpressungsmittel zur Durchsetzung ihrer autoritären Politik diente, nicht errichten können.“[166] In diesem Kapitel werden wir uns einigen der gesellschaftlichen Folgen zuwenden.

Leben in der Scheinwelt

Menschen nehmen die Welt um sie herum, zu der sie keinen unmittelbaren Zugang haben, durch die Brille anderer wahr. Dies können – im unmittelbaren Umfeld – andere Menschen sein, mit denen man zu tun hat, aber sobald dieses Umfeld verlassen wird, übernehmen die Medien diese Aufgabe. Das ist zunächst einmal völlig natürlich und

166 Reichel 2023: 31

niemandem vorzuwerfen. Schließlich sind die Medien genau dazu da. Zumindest die öffentlich-rechtlichen sind dabei sogar gesetzlich zur Ausgewogenheit verpflichtet – doch sie kommen dieser Aufgabe nicht nach. Der nordrhein-westfälische Landtagsabgeordnete Helmut Seifen (AfD) brachte es einmal wie folgt auf den Punkt: „Die Medien vermitteln eine sehr enge Wirklichkeit. Sie haben kein Interesse daran, die Breite der Wirklichkeit zu vermitteln. (...) Die Bürger sind einfach nicht informiert. Das werfe ich denen nicht vor, sondern das werfe ich den Medien vor, die meiner Ansicht nach an dieser Stelle vollkommen versagen."[167]

Dieses vermittelte Weltbild hat einen umfassenden Einfluss auf das, was wir denken und tun. Walter Lippmann hatte bereits in seiner Schrift *Die öffentliche Meinung* festgehalten: „Die Art und Weise, wie der Mensch sich die Welt vorstellt, wird in jedem einzelnen Augenblick darüber bestimmen, was er tut. (...) Sie bestimmt das Maß seiner Anstrengungen, seine Gefühle, seine Hoffnungen."[168] Schauen wir uns dies einmal an einem Beispiel an.

Bei der Behandlung des Stichwortes *extrem* hatten wir festgestellt, dass Extremismus fast durchgängig als etwas Negatives gesehen wird. So stellt sich die Frage, welches Bild die Medien von Extremisten und Extremismus zeichnen. Um diese Frage zu beantworten, schauen wir, mit welchen an sich ideologisch neutralen Begriffen *extrem* häufig verbunden wird, also z. B. mit *Szene*, *Gedankengut* oder *Milieu*. Hierbei beschränken wir uns auf die Unterscheidung von Links- und Rechtsextremismus.[169]

167 „Würden Bürger so wählen, wie sie denken, hätte die AfD 30 Prozent!" (ab 13:10 und 13:48); https://www.youtube.com/watch?v=AikXmI5cON4

168 Lippmann 2021: 72 f.

169 Lexem linksextrem(istisch) oder rechtsextrem(istisch) gefolgt vom Substantiv im 0/4-Fenster, satzbegrenzt, absolute Zahlen.

	linksextrem(istisch)	rechtsextrem(istisch)	Verhältnis (1:)
Gedankengut	11	841	76
Gewalt	241	948	4
Gewalttat	140	443	3
Gruppierung	186	1.002	5
Hintergrund	75	1,148	15
Milieu	61	731	12
Straftat	171	719	4
Szene	988	4.400	4
Tendenz	23	642	28

Zieht man alle Nennungen, die den Bestandteil *linksextrem* bzw. *rechtsextrem* enthalten, heran, ergibt sich folgendes Bild:

	linksextrem	*rechtsextrem*	Verhältnis (1:)
gesamt	12.583	119.889	10

Insgesamt wird also etwa zehnmal so häufig über Rechts- wie über Linksextremismus geredet. Angesichts dieser medialen Einseitigkeit ist es kein Wunder, dass laut einer Umfrage aus dem Jahr 2018 76 % der Deutschen im Rechtsextremismus eine „große“ oder „sehr große“ Bedrohung sehen.[170] Ein Jahr später wurden die Deutschen in einer anderen Umfrage gefragt, von wem ihrer Meinung nach die größte Terrorgefahr ausgehe. 40 % gaben an, dass für sie der Rechtsextremismus die größte Gefahr darstelle, während nur acht Prozent im Linksextremismus die größte Gefahr sahen.[171] „Die europäischen Gesellschaften, aber insbesondere die deutsche, nehmen seit Jahrzehnten Extremismus

170 „Drei Viertel der Deutschen sehen Gefahr durch Rechtsextreme“; https://www.faz.net/aktuell/politik/inland/drei-viertel-der-deutschen-sehen-rechtsextremismus-gefahr-15764748.html

171 „Immer mehr Deutsche sehen Rechtsextremismus als größte Terrorgefahr“; https://www.fuldainfo.de/immer-mehr-deutsche-sehen-rechtsextremismus-als-groesste-terrorgefahr/

fast ausschließlich im Gewande des Rechtsextremismus wahr", schreiben die Autoren Jung und Groß.[172]

Allein: Die Faktenlage ist eine andere. Die Kriminalstatistik für Deutschland weist für die Jahre 2014 bis 2022 (den Zeitraum, den unser Standardkorpus abdeckt) insgesamt 82.729 Straftaten mit einem links- sowie 195.889 mit einem rechtsextremen Hintergrund aus.[173] Dies entspricht einem Verhältnis von 1:2,4. Selbst wenn man diese Zahlen so undifferenziert stehen lassen würde, wird daraus die Einseitigkeit der medialen Repräsentation ersichtlich. Die tatsächliche Verzerrung ist jedoch noch größer, und dies aus drei Gründen.

1. Ein großer Teil der rechtsextremen Straftaten sind sogenannte Propagandadelikte. Zu dieser Deliktart zählt das Verwenden von Kennzeichen verfassungswidriger Organisationen. 2022 fielen von den insgesamt 23.493 rechtsextremen Straftaten 14.132 (also 60 %!) in diese Kategorie.[174] Die Verzerrung der Statistik ergibt sich daraus, dass dieser Tatbestand im linksextremen Strafregister praktisch keine Rolle spielt. Während das Hakenkreuz verboten ist, sind der Sowjetstern und die Parteiabzeichen kommunistischer Parteien erlaubt. Wenn man die Statistik um diese strukturelle Einseitigkeit bereinigt, kommt man also auf ähnlich hohe Zahlen für Links- wie für Rechtsextremismus.

2. Hinzu kommt, dass in der Statistik rechtsextreme Zeichen auch dann als rechtsextreme Straftaten verbucht werden können, wenn sie gar nicht von Rechtsextremen begangen werden, etwa, wenn ein Linker ein Hakenkreuz auf eine Hauswand schmiert[175] oder in Berlin auf dem antisemitischen Al-Quds-Marsch ein Hitlergruß gezeigt

---

172 Jung & Groß 2020: 7

173 Bundesministerium des Innern und für Heimat, Bundeskriminalamt: „Politisch motivierte Kriminalität im Jahr 2022: Bundesweite Fallzahlen" vom 21.04.2023, S. 4.

174 Ebd., S. 5

175 Vgl. „Kritik an Polizeistatistik bestätigt sich"; https://tinyurl.com/Kritik-bestaetigt-sich

wird.[176] Auch Straftaten gegen Juden, bei denen die Täterschaft ungeklärt ist, werden pauschal dem Phänomenbereich „rechts" zugeordnet.[177] „Das alles zeigt den unbedingten politischen Willen, den Rechtsextremismus als prioritäres Problem erscheinen zu lassen", so Vera Lengsfeld.[178]

3. Bei Gewalttaten, insbesondere Körperverletzungen und Tötungsdelikten, sind es meist die Linksextremisten, die die Statistik anführen. In dem besagten Zeitraum gingen 13.542 Gewalttaten auf ihr Konto, während in 10.788 Fällen Rechtsextremisten verantwortlich waren.[179] „Rechtsextremistische Gewalttaten werden in Deutschland ohne Wenn und Aber verfolgt", schreibt der Publizist Roland Tichy. „Gewalt von links wird achselzuckend hingenommen."[180] Mitverantwortlich hierfür ist das von den Medien gezeichnete Zerrbild.

Nun kam es jedoch im Mai 2023 zur Verurteilung der Linksextremistin Lina E. durch das Dresdner Oberlandesgericht, von der auch die meisten Mainstream-Medien berichteten, vermutlich deshalb, weil die linksextreme Szene für den Fall der Verurteilung „Vergeltung" angekündigt hatte (die diese dann auch wahrmachte). Abgesehen von sehr weit links stehenden Zeitungen, die selbst die Gewalttaten der Extremistin verharmlosten,[181] berichteten viele Medien diesmal auch über E.s Taten sowie über Linksextremismus als Phänomen. E. und

176 Lengsfeld 2020: 161

177 Innenministerin Faeser kündigte im Oktober 2023 an, dies ändern zu wollen. „Faeser will antisemitische Straftaten nicht mehr pauschal als ‚rechts' einordnen"; https://jungefreiheit.de/politik/deutschland/2023/faeser-will-antisemitische-straftaten-nicht-mehr-pauschal-als-rechts-einordnen/

178 Lengsfeld 2020: 161

179 Bundesministerium des Innern und für Heimat, Bundeskriminalamt: „Politisch motivierte Kriminalität im Jahr 2022: Bundesweite Fallzahlen" vom 21.04.2023, S. 8.

180 Tichy 2020b: 18-19

181 „So verharmlosen die „taz" und Co. die Gewalttaten von Lina E."; https://jungefreiheit.de/kultur/medien/2023/lina-e-verharmlost/

einige ihrer Komplizen hatten über mehrere Jahre hinweg echte oder vermeintliche Rechtsextremisten brutal überfallen. Dabei hatten sie unter anderem auf ihre Opfer mit Totschlägern, Hämmern oder einem Baseballschläger eingeschlagen, mit Stangen eingestochen, ihnen gegen den Kopf getreten und die Kniescheibe oder die Wirbelsäule gebrochen. Zum Teil schwebten die Opfer in Lebensgefahr.

Die Berichterstattung über diese Gräueltaten hinterließ Spuren in der öffentlichen Meinung. Wenige Tage nach dem Urteil gegen E. führte ein Meinungsforschungsinstitut im Auftrag der Deutschen Presseagentur noch einmal eine Umfrage zur wahrgenommenen Bedrohung durch Links- und Rechtsextremismus durch. Ergebnis: Die Werte zeichneten nun ein realistischeres Bild und hatten sich nahezu angeglichen: 59 % der Deutschen sahen nun in dem Linksextremismus eine „eher" oder „sehr" hohe Gefahr, beim Rechtsextremismus waren dies 61 %.[182] Dieses Beispiel zeigt, welchen Einfluss eine ausgewogenere und wahrheitsgemäßere Berichterstattung hat – und auch in anderen Bereichen gehabt hätte (Corona) bzw. haben könnte (Migration, Klima, Kriminalität). Solange dies aber noch nicht der Fall ist, solange wir keine ausgewogenen Medien haben, gilt, was Josef Kraus schreibt: „Wir leben in medial vermittelten Scheinwelten."[183] Die Frage, ob Politik und Medien in ihrer Traumwelt verharren oder sich endlich der Realität stellen wollen, wird über unsere Zukunft entscheiden.

Der Gesinnungsstaat: Wer nicht mit uns ist, ist ein Nazi!

Die am stärksten im Bewusstsein der Bevölkerung verankerte und damit vermutlich auch wirkmächtigste Strategie der Anhänger des Gro-

182 „Mehrheit der Deutschen fühlt sich durch Linksextremismus bedroht"; https://web.de/magazine/politik/mehrheit-deutschen-fuehlt-linksextremismus-bedroht-38302946

183 Kraus 2021: 229

ßen Narrativs dürfte das sein, was wir in Kapitel 1 unter der Überschrift „Labeling" behandelt haben: Stimmst du nicht mit uns überein, bist du ein Klima- oder Coronaleugner, Verschwörungstheoretiker, Schwurbler, Wutbürger, Rassist, Faschist, rechtsextrem oder eben gleich ein Nazi. Bei der Verwendung dieser und anderer Vokabeln geht es fast nie um die Beschreibung einer Realität, sondern schlicht um Diffamierung und Einschüchterung. Dass zur Aufrechterhaltung des Schreckens immer härtere Begriffe herangezogen werden müssen, liegt auf der Hand. Peter Hahne hat dies einmal so ausgedrückt: „Diese Dämonisierung wird immer schlimmer. Vor 15 Jahren waren noch ganz normale konservative Thesen in der CDU aussprechbar. Dann waren diese Aussagen plötzlich erzkonservative Thesen, die vielleicht noch die Katholiken mit vertreten durften. Dann war es rechts, dann war es rechtsextrem, jetzt ist es Nazi."[184] Nicht die Einstellung der Andersdenkenden hat sich also verändert; vielmehr haben die Anhänger des Großen Narrativs ihre Rhetorik radikalisiert.

Für den Journalisten Boris Reitschuster war die Erfahrung solch einer „Nazi"-Zuschreibung prägend. Als er im Jahr 2018 einmal nach einer Lesung in Saarbrücken nach Mitternacht auf der Straße unterwegs war, wurde er von einer Frau mittleren Alters angesprochen, ob er sie bis zur Tankstelle begleiten könne. Er tat es, und auf dem Weg schüttet die Frau ihm ihr Herz aus. Die Gegend sei nachts nicht mehr sicher. Ihre Freundin sei kürzlich vergewaltigt worden, seitdem habe sie Angst um sich und ihre Töchter. Sie habe beruflich mit Migranten sehr gute Erfahrungen gemacht, aber sie, ihre Töchter und Freundinnen hätten eben auch das Gegenteil erlebt: aggressive, frauenverachtende Männer aus anderen Kulturen. Nachdem Reitschuster die Dame zur Tankstelle und wieder zurück nach Hause begleitet hatte, fragte er, ob er ihre Geschichte veröffentlichen dürfe. Die Frau war nicht nur einverstanden, sondern froh, dass ihrem Anliegen eine Stimme verliehen wird, gab ihm ihre Telefonnummer und bot ihm an, ihm noch mehr Nummern von betroffenen Frauen zu geben. Als der Journalist die

184 Hahne in Tichy 2020: 82

Geschichte auf Facebook veröffentlicht, bricht das über ihn hinein, was man heute einen Shitstorm nennt – einschließlich der Beschimpfung als Nazi.

Im Jahr zuvor war Reitschuster bereits Zeuge einer anderen Begebenheit geworden. Mitten in Berlin bedrohte ein Mann, augenscheinlich mit Migrationshintergrund, eine ältere Frau. Der Mann hatte einen Bolzenschneider dabei, mit dem er offensichtlich gerade das Schloss an einem Damenfahrrad geknackt hatte, das er nun wegführen wollte. Als Reitschuster die Frau verteidigt, fängt der mutmaßliche Fahrraddieb an, die Frau als Nazi zu beschimpfen. Da bleiben immer mehr Passanten stehen – und, statt ihr beizustehen, beschimpfen die Frau. Schließlich kann der Mann in Ruhe „sein" Fahrrad wegschieben. Offenbar verfangen solche Keulenbegriffe zumindest bei einem Teil der Bevölkerung so stark, dass sie bereit sind, sogar über das Offensichtliche hinwegzusehen und eine Täter-Opfer-Umkehr zu betreiben. Reitschuster schreibt, dass ihn diese beiden Ereignisse wachgerüttelt hätten.[185]

Zahlreiche ähnliche Begebenheiten mit dem Einsatz von anderen Keulenbegriffen lassen sich belegen. Wer sich nicht aktiv zur LGBTQ-Bewegung bekennen will, ist homophob oder queer-feindlich;[186] Uni-Dozenten, die nicht daran glauben, dass man sein Geschlecht wechseln kann, werden als „transphob" gelabelt;[187] wer Bibelverse zitiert, kann wegen Hassrede angeklagt werden;[188] der Wunsch, Bargeld in der

185 „Die Meinungsdiktatur – oder wie ich zum ‚Nazi' wurde"; https://reitschuster.de/post/die-meinungsdiktatur-oder-wie-ich-zum-nazi-wurde/

186 „Corona-Leugner von Ratingen, Homophobie & Böhmermann | Ep. 11" (ab 22.51); https://www.youtube.com/watch?v=aijE5odattY

187 „Revealed: the nine universities where gender-critical academics are labelled 'transphobic'"; https://archive.ph/2024.01.15-193609/https://www.telegraph.co.uk/news/2024/01/15/gender-critical-academics-universities-labelled-transphobic/#selection-2289.4-2289.94

188 „Finnland: Ein historischer Sieg für die Meinungsfreiheit"; https://www.tichyseinblick.de/kolumnen/aus-aller-welt/finnland-ein-historischer-sieg-fuer-die-meinungsfreiheit/

Verfassung zu verankern, wird als rechtsextrem bezeichnet;[189] und auch „gruppenbezogene Menschenfeindlichkeit" (GMF) wird willkürlich bzw. im Sinne einer linken Gleichheitsideologie definiert. Im Rahmen des gleichnamigen Projekts wurden Aussagen wie

- „In Deutschland leben zu viele Ausländer" pauschal als fremdenfeindlich deklariert,
- „Die meisten Asylbewerber befürchten nicht wirklich, in ihrem Heimatland verfolgt zu werden" als „Abwertung von Asylbewerbern" bezeichnet und
- „Ich empfinde Ekel, wenn Homosexuelle sich in der Öffentlichkeit küssen" als Homophobie kategorisiert.

Damit wurden Meinungen, Einschätzungen oder Empfindungen als feindliche Gesinnung umgedeutet. Dass dies als „Wissenschaft" durchgeht, ist erschreckend. „Man erkennt am Beispiel des GMF-Projekts, wie anfällig empirische Sozialforschung für erkenntnisleitende Interessen im Sinne der Bestätigung persönlicher ideologischer Prämissen ist", schlussfolgert der Politologe Andreas Püttmann.[190] Mittlerweile kann sogar die nüchterne Feststellung, dass es nur zwei biologische Geschlechter gibt und nur Frauen menstruieren, als gruppenbezogene Menschenfeindlichkeit deklariert werden.[191]

Dieses Um-sich-Schlagen mit verbalen Keulen hat verheerende Folgen – für den Einzelnen wie für unsere Gesellschaft als Ganzes. Wir werden in diesem Kapitel noch auf manche von ihnen näher eingehen, aber hier sind schon einmal drei wichtige Folgen in Kompaktform.

---

189 „Nachrichtenagentur Reuters: Österreichs Bargeld-Sicherung ist ‚rechtsextreme Idee'"; https://www.tichyseinblick.de/gastbeitrag/reuters-bargeld-oesterreich-nehammer-sicherung-rechtsextrem/

190 Püttmann 2010: 169

191 „Die Regierung gibt nicht zu, was sie plant, aber es ist erschreckend! / Reichelt über Ampel-Wahnsinn" (ca. 12:11 bis 13:39); https://www.youtube.com/watch?v=bw2zWZD0Oh4

1. Die Verwendung dieser völlig überzogenen Kampfbegriffe schüchtert ein. Auch wenn jemand ganz genau weiß, dass er weder Rassist, Nazi noch Faschist ist, überlegt er es sich jetzt zweimal, ob er sich im Kollegenkreis kritisch zur der Masseneinwanderung äußert. Was ist, wenn ein Kollege so eine Keule rausholt? Schließlich kann man einer Keule gegenüber nicht argumentieren. Die Journalistin Judith Sevinç Basad schreibt dazu: „Die Meinungsfreiheit ist bedroht. Und zwar dadurch, dass Journalisten und Politiker so große Angst vor Rechtsextremismus haben, dass sie jede Kleinigkeit als ‚rechts', ‚rechtspopulistisch' oder ‚rassistisch' diffamieren. Das geschieht mit so großem Druck, dass die Menschen sich gemäß der Schweigespirale aus Angst nicht mehr äußern."[192]

2. Es bewegt andere zum Mitmachen. Da mittlerweile jeder, der mit einem Gegner des Großen Narrativs auch nur in Verbindung gebracht wird, Gefahr läuft, stigmatisiert und diffamiert zu werden (vgl. den Abschnitt „Assoziation" in Kap. 1), ist es für opportunistische Persönlichkeiten sicherer, selbst mit draufzuhauen. Hans-Georg Maaßen bemerkt dazu:

   > Die Linken verfolgen eine überaus wirksame Taktik, den politischen Gegner zu bekämpfen, indem sie jeden, aber auch jeden, der nicht für den linken Mainstream ist, als Rechtsradikalen, Nazi oder Verschwörungstheoretiker diffamieren und ausgrenzen. Diese Taktik der Ausgrenzung wirkt und hat dazu geführt, dass auch viele bürgerliche Politiker beim Ausgrenzen eifrig mitmachen, um nicht selbst Opfer einer Diffamierungskampagne zu werden.[193]

Dies gilt nicht nur für Politiker. „Aus der Gruppe verbannt werden zu können, ist eine tief verwurzelte Urangst", schreibt Johannes Menath. „Viele passen sich dann aufgrund eines tiefen Harmoniebedürfnisses

192 Basad 2021: 188
193 Maaßen in Tichy 2020a: 31

ganz unbewusst dem Gruppendenken an, um dadurch ein Gefühl der Bestätigung zu erhalten."[194]

3. Es spaltet die Gesellschaft. Aus Sicht der Anhänger des Großen Narrativs gibt es nur ein Schwarz und ein Weiß: ein selbst definiertes Gut und ein absolutes Böse. Und wer nicht für uns ist, ist eben unser Feind.

Das Overton-Fenster: Was man sagen darf und was nicht

Joseph Paul Overton (1960-2003) war ein US-amerikanischer Politologe, der vor allem für das nach ihm benannte Fenster bekannt ist. Das „Overton-Fenster" beschreibt jenes Meinungsfenster, das zu einem bestimmten Zeitpunkt zu einem bestimmten Thema in einer bestimmten Gesellschaft akzeptiert wird.[195] Meinungen, die genau dem aktuellen Zeitgeist entsprechen, werden als „Staatspolitik" (engl. „Policy") bezeichnet. Etwas davon entfernt, aber immer noch innerhalb des Fensters selbst, finden sich die Abstufungen „populär" und „vernünftig". „Akzeptabel" bildet eine Art Schwellenwert, während „radikal" und „undenkbar" außerhalb des Fensters liegen. Ein verwandtes Konzept ist der Meinungskorridor.

Dieses akzeptierte Fenster ist nicht statisch, sondern kann sowohl verschoben als auch verengt oder erweitert werden. Ein klassisches in den USA gebrauchtes Beispiel für die Verschiebung des Meinungskorridors ist die Haltung der Öffentlichkeit zum Alkohol. Vor der sogenannten Prohibition (also jener Zeit ab 1920, in der in den USA Alkohol bis auf wenige Ausnahmen komplett verboten war) sahen viele Amerikaner im Alkohol eine Wurzel allen Übels. Alkoholkonsum wurde mit Gewalt, vor allem in Familien, Kriminalität und sogar mit

194 Menath 2023: 16

195 Eine kurze Vorstellung finden Sie auf Youtube unter „The Overton Window of Political Possibility Explained"; https://www.youtube.com/watch?v=FMU0w4MP8Dc

„Un-Amerikanismus" assoziiert, Letzteres, da die meisten großen Brauereien in deutscher Hand waren. In diesem gesellschaftlichen Klima war es möglich, ein vollständiges landesweites Alkoholverbot durchzusetzen. Mit anderen Worten, innerhalb des Modells von Overton war es zunächst „vernünftig" und „populär" und schließlich sogar „Staatspolitik", jegliche Produktion und jeglichen Konsum von Alkohol zu unterbinden. Im Laufe der 20er-Jahre zeigten sich neben den positiven Folgen der Prohibition wie einer partiell verbesserten Volksgesundheit jedoch vor allem die negativen: Es entstanden zahllose illegale Brauereien, Brennereien und Kneipen, die Todesfälle aufgrund von Alkoholvergiftungen durch unsauberen Brand stiegen, und natürlich war das Anwachsen der organisierten Kriminalität ein großes Problem. Schließlich „kippte" das Meinungsbild innerhalb der Bevölkerung; 1933 wurde das Alkoholverbot wieder aufgehoben.

Eine Veränderung des Overton-Fensters kann ganz unterschiedliche Ursachen haben. Im Falle der Prohibition waren es vor allem die Erfahrungen der Bevölkerung selbst, die zu den Verschiebungen des Fensters führten: zuerst der exzessive Alkoholkonsum und dessen negative Folgen, die zur Prohibition führten, später die Schattenwirtschaft und die organisierte Kriminalität, die schließlich zu ihrer Rückgängigmachung beitrugen. Ein weiterer relevanter Faktor in der damaligen Zeit war eine gesellschaftliche Gruppe: Christen, die ironischerweise je nach Konfession auf unterschiedlichen Seiten der Prohibitionsbewegung kämpften.

Erfahrungen, die breite gesellschaftliche Schichten mit einem Phänomen machen, sind auch heute noch ein wichtiger Faktor für das, was gesellschaftlich gedacht und gesagt werden kann. Andere Einflussgrößen sind die Politik selbst[196], Ausbildungsstätten (vom Kindergarten bis zur Universität) und die Kultur. Maßgebliche Agenten bei der Veränderung des Overton-Fensters im 21. Jahrhundert sind jedoch vor

196 Overton sah Politiker vor allem als solche, die auf das Fenster reagierten und dieses nicht selbst gestalteten; dieses Verständnis lässt jedoch die Prägekraft der Politik außen vor und ist damit zu einseitig.

allem die Massenmedien, die breiten Bevölkerungsschichten als Fenster zur Welt dienen und ihnen vorgaukeln (und damit implizit vorgeben), welche Meinungen akzeptabel sind und welche nicht. Damit ergeben sich für uns heute zwei Fragen: 1. Wie schaffen es die Medien (im Verbund mit der Politik oder auch ohne sie), dieses Fenster zu verändern? und 2. Wohin haben sie das Fenster verschoben?

Die Antwort auf die erste Frage findet sich an verschiedenen Stellen in den ersten beiden Kapiteln dieses Buchs. Aus dem ersten Kapitel zu nennen sind hier vor allem die Gleichausrichtung der Medien („Alle berichten dasselbe ...“), die Zeugenselektion und die Stigmatisierung Andersdenkender durch Labeling. Plakativ ausgedrückt, könnte man sagen: Die Gleichausrichtung und die Zeugenselektion entwerfen zunächst ein Bild der öffentlichen Meinung, das nicht der Realität entspricht; das Labeling sichert dieses Zerrbild dann ab. Inhaltlich entspricht das Framing von Dissidenten als „außerhalb des gesellschaftlichen Konsens stehend“ am offensichtlichsten dem Anliegen, das Overton-Fenster zu verschieben. „Indem man definiert, was die ‚normale Ansicht‘ zu einem Thema ist, wohingegen abweichende Ansichten als ‚extrem‘ eingestuft werden, wird der Raum, in dem sich eine Debatte bewegen soll, eingegrenzt“, erklärt Menath.[197]

Auf die zweite Frage, die nach dem Wohin, gibt es zwei Antworten: Der mediale Meinungskorridor wurde sowohl nach links verschoben als auch verengt. Die Journalistin Susanne Gaschke hat dies einmal in zwei Sätzen so zusammengefasst: „Die politisch-mediale Mitte ist nicht mehr deckungsgleich mit der gesellschaftlichen Mitte. Der Korridor der veröffentlichten Meinung ist enger als das Meinungsspektrum in der Bevölkerung.“[198] „Nicht explizit der rechte Extremismus“, schreiben Jung und Groß, „sondern allgemein jede sich dem linken Zeitgeist verweigernde Meinung und Haltung soll aus der gesellschaftlichen Debatte verbannt werden.“[199] Genauer gesagt: Alles, was dem Großen

197 Menath 2023: 51
198 Gaschke 2023
199 Jung & Groß 2020: 9

Narrativ entgegensteht, steht außerhalb des medial vermittelten Overton-Fensters.[200]

Innerhalb des Fensters ist durchaus eine gewisse Meinungsvielfalt vorhanden und auch gewollt; dies dient der Stabilisierung des Systems, suggeriert es doch nach außen Meinungsfreiheit. Der Linguist Noam Chomsky hat dies einmal so beschrieben:

> Der schlaueste Weg, um Menschen passiv und gehorsam zu halten, ist, das Spektrum an akzeptabler Meinung streng zu beschränken, aber eine lebhafte Debatte innerhalb dieses Spektrums zu ermöglichen – und sogar die Kritischeren und die Dissidenten zu fördern. Das gibt den Menschen das Gefühl, dass freies Denken gewährleistet ist, während die Voraussetzungen des Systems durch die Grenzen der Diskussion gestärkt werden.[201]

Sobald aber das medial vermittelte Overton-Fenster verlassen wird, ist man draußen. Mit anderen Worten, neben den akzeptierten Kategorien „Staatspolitik", „populär" und „vernünftig" ist die Kategorie „akzeptabel" ausgedünnt; Meinungen außerhalb des Fensters werden direkt als „radikal" oder „undenkbar" geframet.

Progressive und Anhänger des Großen Narrativs weisen derartige Feststellungen gerne mit der Hinweis zurück: „Was wollt ihr denn? Es gibt in Deutschland doch Meinungsfreiheit! Wer seine Meinung äußert, muss eben auch mit Widerspruch klarkommen." Dabei wird geflissentlich übersehen, dass es den Warnern vor dem Verlust der Meinungsfreiheit weder um eine rein staatliche Zensur noch um Schutz vor Widerspruch geht. Die Einschränkung des Meinungskorridors ist größtenteils keine offizielle, staatlicherseits verordnete Maßnahme (auch wenn der Staat sie sehr wohl unterstützt); sie ist vielmehr eine Sache der sozialen Stigmatisierung und folglich der Ausgrenzung, die

200 Davon können auch Linke wie Sahra Wagenknecht, Alice Schwarzer oder viele der „Querdenker" betroffen sein; das Narrativ steht über politischen Zuordnungen.

201 Chomsky in Menath 2023: 21

von einem breiten Bündnis aus Medien, Politik, Bildungseinrichtungen und Kultur vorangetrieben wird. Der britische Philosoph Roger Scruton bemerkt hierzu: „Die modernen Formen der Zensur gehen nicht unbedingt vom Staat aus, obwohl das Auftauchen des Begriffs der Hassverbrechen in der europäischen Rechtsprechung ein beunruhigendes Anzeichen für die Richtung ist, in die die Entwicklung geht. Meistens wird die Zensur durch Einschüchterung ausgeübt."[202] Mehrere Umfragen bestätigen, dass ein großer Teil der Bevölkerung die Einschränkung der Meinungsfreiheit sehr wohl wahrnimmt oder sich nicht mehr traut, öffentlich zu bestimmten Meinungen zu stehen.[203] Der Journalist Ralf Schuler, der selbst in der DDR aufgewachsen ist und dort Repressionen in Bezug auf Glaubensfragen ausgesetzt war, schreibt dazu: „Meinungsfreiheit bedeutet nicht Freiheit von Widerspruch, aber der Preis für die Äußerung von Meinung sollte nicht prohibitiv hoch sein"; mit anderen Worten: Er sollte nicht so hoch sein, dass er Menschen davon abhält, ihre (nicht-extremistische) Meinung offen zu sagen.[204] Diffamierung und soziale Ausgrenzung *ist* jedoch ein hoher Preis, zu hoch für viele. Insbesondere während Corona wurde dieser Preis sogar noch weiter in die Höhe getrieben. „Der Preis dafür, seine Meinung offen auszusprechen, wurde im Verlauf der Pandemie immer weiter nach oben geschraubt. Viele bezahlten ihre kritische Haltung und das Beharren auf Meinungsfreiheit mit dem Verlust des Jobs. Tausende berufliche und soziale Existenzen wurden zerstört, nur weil die Betreffenden ihre Grundrechte in Anspruch genommen hatten", schreibt Werner Reichel.[205]

Das Tragische an der Sache ist, dass diese Verschiebung und Einengung des Overton-Fensters staatlicherseits flankiert wird, etwa durch das Netzwerkdurchsetzungsgesetz mit seiner einseitigen Auslegung. Da

---

202 Scruton 2020: 260

203 Vgl. z. B. „INSA: Mehrheit glaubt nicht mehr an Meinungsfreiheit"; https://reitschuster.de/post/insa-mehrheit-glaubt-nicht-mehr-an-meinungsfreiheit-in-deutschland/

204 Schuler 2023: 122

205 Reichel 2023: 19

der Staat außerhalb des gesetzlichen Rahmens keine Zensur ausüben darf, hat er hier eine Möglichkeit gefunden, Kontrolle und Zensur an nicht-staatliche Organisationen auszulagern.[206] Vera Lengsfeld kommentierte dieses Gesetz einmal so: „Angeblich geht es in diesem Netzwerkdurchsetzungsgesetz darum, dass Hass und Hetze aus den sozialen Netzwerken verbannt werden sollen. In der Praxis zeigt sich aber, dass man hassen und hetzen kann, wenn man links ist. Das wird alles nicht gelöscht. Gelöscht wird nur das, was als rechts erklärt wird."[207] Auch der im April 2021 beim Bundesamt für Verfassungsschutz eingerichtete neue „Phänomenbereich" mit dem Namen „Demokratiefeindliche und/oder sicherheitsgefährdende Delegitimierung des Staates" dürfte in diesem Licht zu sehen sein.[208]

Am wirkungsvollsten sind jedoch Tabus, die den Betroffenen gar nicht bewusst sind. Vor Jahren, als das Große Narrativ noch nicht so ausgeprägt war, es aber schon lange das Phänomen der politischen Korrektheit gab, war ich an einer Hochschule als Teil einer Prüfungskommission auch für Staatsexamensprüfungen zuständig. Eine Studentin hatte für den kulturwissenschaftlichen Teil der Prüfung das Thema Tabu gewählt. Nachdem die Prüferin mit der Studentin über verschiedene historische Tabus gesprochen hatte, stellte sie ihr die Frage, ob es denn auch heute noch Tabus gebe. Die Studentin überlegte kurz und sagte: „Nein." Offensichtlich war sie sich der ganzen neuen Tabus gar nicht bewusst.

---

206 Einen Überblick über in diesem Kontext arbeitende NGOs und ihre Finanzierung finden Sie unter „‚Stasi light im Schafspelz': Der deutsche Zensurkomplex"; https://reitschuster.de/post/im-zeichen-der-demokratie-der-deutsche-zensurkomplex/

207 „Insiderin Vera Lengsfeld packt aus: Merkel, GroKo, Flüchtlingskrise, Zensur, NetzDG" (ab 41:41); https://www.youtube.com/watch?v=BgLyxnjJCtA

208 Vgl. z. B. „Wie ein DDR-Paragraph neu auflebt und Bärbel Bas die Demokratie verächtlich macht"; https://www.tichyseinblick.de/meinungen/veraechtlichmachung-von-politikern/amp und „Jetzt geht es den Beamten an den Kragen: Regierungskritiker fliegen raus"; https://www.alexander-wallasch.de/gastbeitraege/jetzt-geht-es-den-beamten-an-den-kragen-regierungskritiker-fliegen-raus

Doppelmoral: in der Politik

Aus dem, was wir bisher gesagt haben, wird deutlich: Die Medien praktizieren eine ausgesprochene ideologische Einseitigkeit. Das, was das Große Narrativ stützt, wird betont und gefördert; alles, was ihm zuwiderläuft, wird unter den Teppich gekehrt oder, wenn dies nicht gut möglich ist, aktiv bekämpft. Dies ist der ideale Nährboden für Doppelmoral auch in der Politik. Eine Regierung, die eine Offenlegung von Missständen oder Widersprüchen nicht mehr zu fürchten hat, ist an Gebote der Gleichbehandlung und der Fairness nicht mehr gebunden und kann im Prinzip agieren, wie sie will. Dies wird aktuell an zahlreichen Stellen sichtbar, von denen wir hier einige stichpunktartig aufzählen.

Toleranz. Linke fordern gerne Toleranz für sich und die von ihnen identifizierten Minderheiten. Allerdings leben sie in der Regel das genaue Gegenteil.[209] Dies wird auch von einer Studie bestätigt, in der die Twitter-Accounts von bayerischen Spitzenpolitikern und ihren Fraktionen auf „Negative Campaigning" untersucht wurden, also die Frage, wie oft sich diese Personen direkt negativ über Mitbewerber äußerten. Mit weitem Abstand wurde die Liste angeführt von SPD und Grünen.[210] Vor allem aber wird es sichtbar in den Forderungen Linker nach Ausschluss von Andersdenkenden von Rednerlisten, nach Auftrittsverboten – oder gleich nach einem Verbot der AfD. Der evangelikale Publizist Erwin Lutzer bringt diesen Doppelstandard so auf den Punkt: „Die schärfsten Kritiker der Meinungsfreiheit sind die säkularen Linken, die sich mit ihrer angeblichen Toleranz brüsten. Angeblich sind sie diejenigen, die für Inklusion und nicht für Exklusion plädieren, für Pluralismus und nicht für Engstirnigkeit. Das stimmt aber natürlich nur, wenn man mit ihrer Weltanschauung übereinstimmt."[211]

---

209 Zum historischen Hintergrund siehe Schmitt 2022: 186-192.

210 „SPD und Grüne sind Könige der Schmutzkampagne"; https://jungefreiheit.de/politik/deutschland/2023/gruene-negative/

211 Lutzer 2021: 123

Extremismusbekämpfung. Es gibt in Deutschland in etwa so viele Links- wie Rechtsextremisten, und auch die Zahl der links- und rechtsextremistischen Gewalttaten ist, wie wir gesehen haben, über die Jahre hinweg in etwa gleich. Die mediale Berichterstattung zielt dagegen ganz überwiegend auf den Rechtsextremismus ab. Die Medien schaffen damit Raum für eine durch und durch asymmetrische Politik: Gemessen an der Zahl der Extremisten gibt die Bundesregierung rund 16mal so viel Geld im Kampf gegen Rechts- wie gegen Linksextremismus aus![212] Damit nicht genug: „Landauf, landab fördern Kommunen, Länder und Bundesregierung mit Steuergeldern Linksextremisten für den ‚Kampf gegen Rechts'‚ schreibt der Journalist Klaus Kelle. „Als linker Extremist muss man sich schon wirklich bemühen, sich nicht Geld vom Staat aufdrängen zu lassen."[213]

Bürgerrechte. Corona brachte es an den Tag: Bürgerrechte wie das Demonstrationsrecht konnten einseitig in Abhängigkeit vom Demonstrationsziel ausgesetzt werden. Während beispielsweise der Christopher Street Day in Berlin problemlos stattfinden konnte und man es auch bei den Abstands- und Maskenregeln nicht so genau nahm, wurde bei regierungskritischen Demonstrationen auf die Einhaltung der Vorschriften geachtet – oder die Demonstrationen bequemerweise ganz verboten.[214]

Verfassungsschutz. Auch bei den Beobachtungsobjekten des Verfassungsschutzes kippt in den letzten Jahren die Balance. Während friedliche rechte Organisationen wie die Identitäre Bewegung und Teile der AfD mit zum Teil skurrilen Begründungen[215] von den

---

212 „So einseitig wird in Deutschland gegen Extremismus gekämpft"; https://jungefreiheit.de/politik/deutschland/2023/so-einseitig-wird-in-deutschland-gegen-extremismus-gekaempft/

213 Kelle 2017: 144.

214 Vgl. z. B. „Berlin: Verbotene C-Demos (31.07.2021/01.08.2021) vs Erlaubte CSD-Demo (24.07.2021)"; https://www.youtube.com/watch?v=Eosklomrv-XE

215 Vgl. „Verfassungsschutz erklärt Grundgesetz für verfassungsfeindlich!"; https://vera-lengsfeld.de/2019/07/12/verfassungsschutz-erklaert-grundge-

Verfassungsschützern beobachtet werden, erklärte der VS-Präsident Thomas Haldenwang im November 2022, die Klima-Radikalen der „Letzten Generation“ stünden auf dem Boden der freiheitlichen demokratischen Grundordnung und würden durch ihre Aktionen lediglich die Politiker zum Handeln auffordern. Haldenwang wörtlich: „Also, anders kann man eigentlich gar nicht ausdrücken, wie sehr man dieses System eigentlich respektiert, wenn man eben die Funktionsträger zum Handeln auffordert.“[216] Wohlgemerkt, die Rede ist von einer Organisation, die systematisch Straftaten plant, vorbereitet und durchführt, um politische Ziele zu erreichen. Die Juristin und Journalistin Fatina Keilani kommentiert diese Entwicklung wie folgt: „Der Wandel des Verfassungsschutzes hin zu einer Art Haltungsamt vollzieht sich schon seit einigen Jahren – nicht nur im Umgang mit der AfD. Wer während der Corona-Pandemie die staatlichen Maßnahmen in Deutschland kritisierte, konnte zum ‚verfassungsschutzrelevanten Delegitimierer des Staates‘ erklärt werden – und mit nachrichtendienstlichen Mitteln beobachtet werden.“[217] Sogar der ehemalige Präsident des Verfassungsschutzes selbst ist offenbar nicht mehr vor einer Beobachtung gefeit.[218]

Zahlreiche andere Beispiele könnten hier angeführt werden, etwa die Frage der Zensur in den sozialen Medien (Stichwort Twitter-Files), die Ausgrenzung einer demokratisch legitimierten Partei durch „Demokraten“ oder die Forderung nach Rückgängigmachung einer demokratischen Wahl durch eine Regierungschefin. Doppelte Standards

---

setz-fuer-verfassungsfeindlich/. Zur Beobachtung der AfD Sachsen-Anhalt seit Herbst 2023 siehe den Kommentar von Boris von Morgenstern „AfD Sachsen-Anhalt als RECHTSEXTREM eingestuft!“; https://www.youtube.com/watch?v=jO2LeoH9CoQ und „Verfassungsschutz Sachsen-Anhalt: ‚Gesichert‘ unseriös“; https://www.tichyseinblick.de/feuilleton/verfassungsschutz-sachsen-anhalt-gesichert-unserioes/

216 „Haldenwang und die ‚Letzte Generation‘: Vom Verfassungsschutz zum Gesinnungsschutz“; https://www.tichyseinblick.de/meinungen/haldenwang-letzte-generation-verfassungsschutz-gesinnungsschutz/

217 Keilani 2023

218 „Der Tag mag bald kommen, an dem man diese Daten braucht“; https://www.tichyseinblick.de/meinungen/maassen-kramer-thueringen/

sind jedoch das Gegenteil von Demokratie, da Demokratie auf dem Prinzip „gleiches Recht für alle" beruht. Über einen längeren Zeitraum praktizierte politische Doppelmoral erodiert praktisch automatisch unser Gesellschaftssystem.[219]

Doppelmoral: in der Justiz

Eine Doppelmoral, die durch die Medien propagiert und in der Politik praktiziert wird, findet fast zwangsläufig ihre Fortsetzung in der Rechtsprechung. Nun bin ich kein Jurist, und Gott sei Dank erleben wir immer wieder, dass Richter tatsächlich unabhängig urteilen;[220] dennoch empfinde ich, dass sich auch hier immer mehr zweierlei Maß durchsetzt, je nachdem, wer in einem Strafprozess Täter und wer Opfer ist. „Wenn bestimmte Gesetzesverstöße – beispielsweise illegale Grenzübertritte – nicht mehr verurteilt und sanktioniert, sondern de facto mit staatlichen Geldtransfers belohnt werden, andererseits aber Bürger für angebliche ‚Hassverbrechen' verurteilt werden, dann hat der Rechtsstaat sich selbst ad absurdum geführt", bemerkt der Europaabgeordnete und Rechtspfleger Joachim Kuhs (AfD).[221] Diese Ungleichbehandlung zeigt sich aber auch bei prominenteren Urteilen. Hier einige Beispiele.

Generell scheinen Straftaten, die im Namen des „Klimaschutzes" begangen werden, auf besondere Milde zu stoßen. So wurde beispielsweise eine Klima-Radikale („Aktivistin"), die im März 2023 zusammen mit Komplizen einen Farbanschlag auf das Grundgesetz-Denkmal in

219 Boris Reitschuster hat einmal einige dieser ideologisch motivierten Widersprüchlichkeiten in Deutschland gesammelt und in einem Artikel aufbereitet. „Das beste Deutschland aller Zeiten? Nein! Das verrückteste!"; https://reitschuster.de/post/das-beste-deutschland-aller-zeiten-nein-das-verrueckteste/

220 Siehe z. B. „Verfassungsrichter bringen ‚Ampel'-Finanz-Kartenhaus zum Einstürzen"; https://reitschuster.de/post/verfassungsrichter-bringen-ampel-finanz-kartenhaus-zum-einstuerzen/

221 Kuhs 2023: 28

Berlin verübt hatte, freigesprochen.[222] Die verstörendsten Fälle, den ich kenne, erfolgen jedoch im Kontext von (Gruppen-) Vergewaltigungen. Ein junger Afghane beispielsweise kam 2015 nach Deutschland und gab an, in seiner Heimat verfolgt zu werden. Zwischen 2019 und 2022 belästigte er vier Frauen sexuell, zwang eine zum Oralsex und vergewaltigte eine 16-Jährige. Er wurde nicht nur nicht abgeschoben, sondern konnte den Jahreswechsel 2022/23 sogar noch in seiner Heimat verbringen. Erst als er wieder nach Deutschland zurückkehrte, wurde er festgenommen und vor Gericht gestellt. Er verließ den Gerichtssaal als freier Mann, belegt nur mit Auflagen, einer Geldbuße und einer Bewährungsstrafe.[223] Auch von den neun Männern, die 2020 in Hamburg eine 15-Jährige gruppenvergewaltigten, musste nur einer in Haft![224] Unvorstellbar, wie sich die betroffenen Frauen angesichts dieser Urteile fühlen müssen!

Wie anders agiert die Justiz, wenn die Täter solche sind, die gegen das Große Narrativ verstoßen. Dies galt vor allem während Corona. Ein Arzt aus Recklinghausen, der im großen Stil falsche Impfnachweise erstellt hatte, konnte mit keiner Gnade rechnen. Die Polizei durchsuchte sowohl seine Wohnung als auch seine Praxisräume und beschlagnahmte Patientenakten und Computer. Selbst Patienten des Arztes mussten Hausdurchsuchungen über sich ergehen lassen. Der Arzt kam erst in Untersuchungshaft und wurde schließlich zu zwei Jahren und zehn Monaten Haft verurteilt – ohne Bewährung.[225] Der Beklagte, so die Richterin, habe eine „rechtsfeindliche Gesinnung".

---

222 „Freispruch für Anschlag auf Grundgesetz-Denkmal"; https://jungefreiheit.de/politik/deutschland/2023/freispruch-anschlag-grundgesetz/

223 Vgl. Wendt 2023 und „Serien-Sextäter Mohammad M. verlässt Gericht als freier Mann"; https://reitschuster.de/post/serien-sextaeter-mohammad-m-verlaesst-gericht-als-freier-mann/

224 „Das Urteil zur Gruppenvergewaltigung einer 15-Jährigen ist ein fatales Signal"; https://www.tichyseinblick.de/daili-es-sentials/landgericht-hamburg-gruppenvergewaltigung-einer-in-haft/

225 „Skandal-Urteil: Fast drei Jahre Haft für (Nicht-)Impfarzt"; https://reitschuster.de/post/skandal-urteil-fast-drei-jahre-jahre-haft-fuer-nicht-impfarzt/

Hart traf es auch den Amtsrichter Christian Dettmar aus Weimar. Dieser hatte im April 2021 einen Fall zu entscheiden, in dem eine zweifache Mutter gegen die Maskenpflicht für ihre schulpflichtigen Kinder geklagt hatte. Er holte drei Gutachten ein, die alle besagten, dass eine Maskenpflicht für Schulkinder unverhältnismäßig sei. Daraufhin erließ er den Beschluss, dass Schulkinder an zwei Weimarer Schulen keine Masken mehr tragen müssen. Als dies bekannt wurde, ließ die Staatsanwaltschaft (die in Thüringen an die Weisungen des Justizministers gebunden ist) nicht nur das Wohnhaus des Richters durchsuchen, sondern auch jene der Gutachter sowie einer Mutter. Dettmar selbst wurde wegen Rechtsbeugung angeklagt.[226] Gut ein Jahr später lehnte der Berufsverband der Kinder- und Jugendärzte in einer Stellungnahme die Maskenpflicht an Schulen generell ab – und gab dem Richter somit inhaltlich Recht.[227] Geändert an seiner Lage hat dies offensichtlich nichts. Das Landgericht Erfurt verurteilte den Richter im August 2023 zu zwei Jahren Haft auf Bewährung.[228]

Manchmal kommt es auch zu einer regelrechten Täter-Opfer-Umkehr. Während Corona mussten Ungeimpfte (wie ich) eine beispiellose Hetze aus Politik und Medien über uns ergehen lassen, die ich in einem demokratischen Staat nicht für möglich gehalten hätte. Wir wurden als „Blinddarm" bezeichnet, der ja nicht im strengen Sinne für das Überleben des Ganzen notwendig wäre; oder als „asoziale Trittbrettfahrer", die

---

226 Vgl. „Strafverfahren gegen den Weimarer Amtsrichter Christian Dettmar"; https://www.tichyseinblick.de/gastbeitrag/strafverfahren-weimar-amtsrichter-christian-dettmar-rechtsstaat/ sowie „Prozeß gegen Richter, der die Maskenpflicht für Kinder kippte"; https://jungefreiheit.de/politik/deutschland/2023/prozess-maskenpflicht/ und „Hexenjagd auf Weimarer Maskenrichter jetzt auch vor Gericht"; https://reitschuster.de/post/hexenjagd-auf-weimarer-maskenrichter-jetzt-auch-vor-gericht/

227 „Kinderärzte gegen Lauterbach: Keine Maskenpflicht an Schulen"; https://jungefreiheit.de/politik/deutschland/2022/kinderaerzte-gegen-lauterbach-keine-maskenpflicht-an-schulen/

228 „Schock-Urteil: Mutiger Maskenrichter von Weimar zu zwei Jahren Haft verurteilt"; https://reitschuster.de/post/schock-urteil-mutiger-maskenrichter-von-weimar-zu-zwei-jahren-haft-verurteilt/

jetzt die „Peitsche statt Zuckerbrot" bräuchten. Bis zur Fertigstellung des Manuskripts für dieses Buch gab es keine nennenswerte Aufarbeitung des Corona-Unrechts, weder der überzogenen Maßnahmen und der irreführenden Aussagen („Die Impfung ist sicher!") noch der Hetze gegen die Maßnahmenkritiker. So blieb es Privatleuten überlassen, das Geschehene zu dokumentieren. Einige schrieben Bücher und Artikel, andere starteten im Internet verschiedene Initiativen. Unter ihnen ist eine mit dem Hashtag *#WirHabenMitgemacht*, in der die schlimmsten Äußerungen gesammelt wurden. Eine der Triebfedern hinter dieser Aktion war ein Blogger mit dem Pseudonym Mic. Nun ermittelt die Justiz gegen ihn. Der Vorwurf: „Gefährdendes Verbreiten personenbezogener Daten".[229] Wohlgemerkt wegen einer Zitatensammlung. Anstatt dass diese Sammlung als Anstoß für eine Aufarbeitung der letzten Jahre genutzt wird, schüchtert man den ein, der sie erstellt.

Insgesamt lässt sich beobachten, dass viele der Kritiker der Coronamaßnahmen, die sich exponierten, nicht nur von Medien und Politik verleumdet wurden, sondern es früher oder später auch mit der Justiz zu tun bekamen. Michael Ballweg, Initiator der Querdenken-Bewegung, saß über ein Jahr (!) in Untersuchungshaft – und wurde dann wieder entlassen, weil kein hinreichender Tatverdacht bestand; der Mediziner Sucharit Bhakdi sollte sich wegen Volksverhetzung (im Ernst!) vor Gericht verantworten; gegen den Toxikologen Stefan Hockertz wurde wegen Steuerhinterziehung ermittelt; die Politologin Ulrike Guérot befindet sich aktuell in einem Rechtsstreit mit der Universität Bonn um ihre Professur; und auch der Mediziner Paul Brandenburg musste im Mai 2022 eine Maßnahme der besonderen Art über sich ergehen lassen: eine Hausdurchsuchung unter Beteiligung eines Spezialeinsatzkommandos. Nachdem ein Teil dieser juristischen Auseinandersetzungen nicht zu Verurteilungen geführt hatte, twitterte Stefan Homburg seine Meinung zu dem eigentlichen Sinn der Anklagen: „Michael Ballweg

229 „Täter-Opfer-Umkehr – jetzt bei Hetze gegen Ungeimpfte amtlich"; https://reitschuster.de/post/taeter-opfer-umkehr-jetzt-bei-hetze-gegen-ungeimpfte-amtlich/

ist frei, der Termin von Prof. Bhakdi abgesagt. Die politischen Prozesse verlaufen im Sande. Sie haben ihren Zweck erfüllt: Lockdown- und Impfpflichtkritiker wurden diskreditiert, potentielle Nachahmer abgeschreckt, Maßnahmendauer und Impfdruck maximiert.“[230]

Ein Fall, in dem der in Teilen der Justiz praktizierte Doppelstandard besonders deutlich wird, ist die Anklage, die die Staatsanwaltschaft Thüringen gegen den thüringischen AfD-Vorsitzenden Björn Höcke erhob. Höcke hatte in einer Wahlkampfrede 2021 Folgendes gesagt: „Im Brustton der Überzeugung sage ich: Ja, alles für unsere Heimat, alles für Sachsen-Anhalt, alles für Deutschland!“ Nun kann man zu dieser Haltung inhaltlich stehen, wie man will, aber glühende Patrioten sind nun einmal bereit, alles für ihre Heimat zu geben. Die wenigsten Menschen dürften darin etwas Strafbares sehen. Dies sah die Staatsanwaltschaft Halle jedoch anders. Da „Alles für Deutschland!“ auch die Parole der Sturmabteilung der NSDAP war, leitete sie ein Verfahren wegen „Verwendens von Kennzeichen verfassungswidriger Organisationen“ ein; das ZDF machten daraus eine „Anklage wegen Verwendung von NS-Vokabular“.

Dieses Beispiel zeigt, wie unterschiedlich vergleichbare Sachverhalte behandelt werden, je nachdem, wer die Betroffenen sind. In den Jahren 2005-2007 lief in Deutschland die Sozialmarketing-Kampagne „Du bist Deutschland!“, mit deren Hilfe eine „Bewegung für mehr Zuversicht und Eigeninitiative in Deutschland“ angestoßen werden sollte. Zahlreiche Werbespots im Fernsehen und im Kino wurden unter diesem Motto gesendet, Anzeigen geschaltet, Flugblätter gedruckt und Plakate aufgehängt. Viele Prominente aus Politik, Medien, Sport und Kultur stellten sich hinter diese Kampagne. Zu ihnen gehörten unter anderem der Fernsehmoderator Johannes Kerner, der Fußballer Oliver Kahn oder die Eiskunstläuferin Katarina Witt. Keine Staatsanwaltschaft wäre auf die Idee gekommen, die Initiatoren wegen „Verwendens von Kennzeichen verfassungswidriger Organisationen“ zu verklagen, auch dann nicht, als herauskam, dass die Nationalsozialisten

230 Tweet von Stefan Homburg vom 11. April 2023

den Slogan „Denn Du bist Deutschland“ verwendet hatten – gemünzt auf Adolf Hitler.[231]

Damit kommen wir zu einem kleinen Exkurs. Es stellt sich die Frage, welche Slogans und Begriffe in Deutschland tabu sein sollen, wenn sie von den Nazis benutzt wurden. Nehmen wir zum Beispiel das Prinzip „Gemeinnutz geht vor Eigennutz“. Würden Sie dem zustimmen? Herzlichen Glückwunsch, dies war ein Grundsatz des 25-Punkte-Programms der NSDAP von 1920, und ab 1933 wurde der Slogan sogar auf den Eine-Reichsmark-Münzen eingraviert. Darf man, wie die Grünen im bayerischen Landtagswahlkampf 2023, Plakate aufhängen mit Kinderbildern und der Aufschrift „Mama, bitte wähl für mich! Alle Stimmen Grün“ – auch wenn die Nationalsozialisten 90 Jahre zuvor mit Hilfe exakt desselben „Kinder bitten ihre Eltern, für sie zu wählen“-Schemas für Hitler geworben hatten? Darf man von einer „wehrhaften Demokratie“ reden – oder klingt darin bereits das „kämpferische Wesen der Demokratie“ an, das die Nazis beschworen?[232] Was ist mit Wörtern wie *liquidieren*, *hundertprozentig* oder *total*? Alles Wörter, die heute wie selbstverständlich gebraucht werden, aber zentral im Jargon der Nationalsozialisten waren.[233] Oder mit dem Wort *Kulturschaffende*, einer echten Nazi-Erfindung? Sogar der Hang zur Bildung von Abkürzungen und Akronymen (wie NATO oder BAföG) hat einen prominenten Vorläufer im Nationalsozialismus. Victor Klemperer schreibt in seiner Abhandlung über die Sprache im Dritten Reich: „Kein vorhergehender Sprachstil machte einen so exorbitanten Gebrauch von dieser Form wie das Hitlerdeutsch. Das moderne Kurzwort stellt sich überall dort ein, wo technisiert und wo organisiert wird. Und seinem Anspruch auf Totalität gemäß technisiert und organisiert der Nazismus eben alles.“[234] Was von diesem „NS-Vokabular“ soll man heute gebrauchen dürfen und was nicht?

---

231 „Auf dem linken Auge blind? Anklage gegen Höcke erhoben“; https://reitschuster.de/post/auf-dem-linken-auge-blind-anklage-gegen-hoecke-erhoben/

232 Klemperer 1975: 25

233 Klemperer 1975: 193, 279

234 Klemperer 1975: 121

Meiner Ansicht nach sollten inhaltlich neutrale Spracheigentümlichkeiten der Nationalsozialisten nicht tabuisiert werden, solange eine Bedingung erfüllt ist: dass in dem Wort oder dem Ausspruch selbst nicht die Menschenverachtung der Nazis transportiert wird. Wir sollten uns nicht ausgerechnet von den Nationalsozialisten vorschreiben lassen, wie wir zu reden und zu schreiben haben. Etwas anderes ist es meiner Meinung nach, wenn man ein Sprachbild gebraucht, das von den Nazis verwendet wurde und das in sich deren menschenverachtende Ideologie transportiert. Im Dezember 2021 setzte die ZDF-Komikerin Sarah Bosetti einen der scheußlichsten Tweets über die Impfkritiker ab, die die Corona-Zeit gesehen hat. Sie schrieb: „Wäre die Spaltung der Gesellschaft wirklich etwas so Schlimmes? Sie würde ja nicht in der Mitte auseinanderbrechen, sondern ziemlich weit rechts unten. Und so ein Blinddarm ist ja nicht im strengeren Sinne essenziell für das Überleben des Gesamtkomplexes." Bosetti folgte damit – mutmaßlich unbewusst – in Wortwahl und Metaphorik dem SS-Arzt Fritz Klein, der zu seiner Zeit geschrieben hatte: „Aus Ehrfurcht vor dem menschlichen Leben würde ich einen eiternden Blinddarm aus einem kranken Körper entfernen. Der Jude ist der eiternde Blinddarm im Körper der Menschheit."[235] Nachdem es in den sozialen und alternativen Medien einen Aufschrei der Empörung gegeben hatte, sah Bosetti sich offenbar gezwungen, eine Pro-forma-Entschuldigung zu veröffentlichen; diese bestand allerdings überwiegend aus Rechtfertigungen dessen, was sie getan hatte, und aus Angriffen auf ihre Kritiker.[236] Ansonsten: keine Folgen. Bosetti darf nach wie vor ihre „Satire" im ZDF präsentieren, und von einer staatsanwaltlichen Verfolgung ist nichts bekannt. Man stelle sich nun einmal vor, ein rechtsradikaler „Satiriker" hätte dieselbe Metapher im Blick auf Ausländer, Homosexuelle oder andere Minderheiten benutzt. Der Aufschrei in den Medien, in der Politik und der Justiz wäre zu Recht unüberhörbar gewesen.

---

235 Reichel 2023: 151

236 „Sarah Bosetti | Die Blinddarm-Entschuldigung"; https://www.youtube.com/watch?v=d4QIFFS53Rc

Egal, wie man es mit der Frage „Verwendung von nationalsozialistischer Sprache" auch halten will, eines muss klar sein: Es muss gleiches Recht für alle gelten. Davon scheinen wir aber weit entfernt zu sein. „Es wird spürbar, dass das Recht in Deutschland ausgehöhlt wird. Das Wichtigste am Recht ist, dass es für alle Menschen gleich gilt", fasste einmal der Publizist Roland Tichy die Lage zusammen. „Dieses Auseinanderfallen, diese Instrumentalisierung des Rechts zerstört den Rechtsstaat, und ich glaube, das fürchten die Leute. Sie spüren, dass eine linke politische Moral das Land dominiert und das Recht aushebelt."[237]

Cancel Culture: Die gesellschaftliche Ausgrenzung Andersdenkender

In einer Gesellschaft, in der die Medien gegen die hetzen, die sich dem Großen Narrativ entgegenstellen, und damit einen Raum schaffen, in dem Politik und Justiz einseitig agieren können, ist es kein Wunder, wenn auch die Zivilgesellschaft zunehmend versucht, diese Menschen aus dem öffentlichen Leben zu verbannen: dem gesellschaftlichen, ökonomischen oder virtuellen. Neudeutsch spricht man hier von „canceln" und der „Cancel Culture". Da werden Veranstalter unter Druck gesetzt, bestimmte Künstler nicht auftreten zu lassen, Universitäten sollen unerwünschte Redner von ihren Vortragslisten streichen und Vorgesetzte werden aufgefordert, bei ihren Mitarbeitern darauf zu achten, dass diese sich Mainstream-konform verhalten. Banken kündigen die Konten der Betroffenen – sei es aus eigenem Antrieb oder auf Druck von außen.[238] Manche Andersdenkende verlieren ihren Job.[239] In einigen Fällen müs-

237 „„5 vor 12": Das laute Echo aus Berlin – Wird das Demonstrationsrecht abgeschafft?" (ab 2:40); https://www.youtube.com/watch?v=bbqqFuGEVTM

238 Siehe zum Beispiel: „Postbank kündigt AfD-Chef das Konto – und Medien ignorieren es"; https://reitschuster.de/post/postbank-kuendigt-afd-chef-das-konto-und-medien-ignorieren-es/

239 In Irland wurde unlängst sogar ein Lehrer vom Unterricht suspendiert, weil er sich geweigert hatte, einen Transgender-Schüler mit einem Mädchennamen

sen die Betroffenen noch nicht einmal selbst etwas „falsch“ gemacht haben; es reicht, mit den „Falschen“ gesprochen zu haben oder gesehen worden zu sein (die sogenannte Kontaktschuld). So führte Ende 2023 ein gemeinsames Essen von Müllermilch-Chef Theo Müller mit Alice Weidel zu Boykott-Aufrufen gegen seine Firma.[240]

Manchmal werden selbst kleinste Abweichungen vom GN nicht mehr akzeptiert – wenn sie von den „Falschen“ begangen werden und die Person über hinreichenden Einfluss verfügt. Der DFB-Vizepräsident und CDU-Politiker Hermann Winkler hatte 2023 den ukrainischen Präsidenten Wolodymyr Selenskyj in einem Beitrag auf Instagram als „ehemaligen ukrainischen Schauspieler“ bezeichnet – nicht gerade respektvoll, aber faktisch zutreffend. Winkler wurde daraufhin von verschiedenen Seiten scharf kritisiert. Das Innenministerium nannte seinen Beitrag eine „völlig indiskutable Äußerung“, und DFB-Präsident Neuendorf sagte, er habe sie als „unerträglich und beleidigend empfunden.“ Der so Gescholtene entschuldigte sich schließlich und löschte sein Konto. Warum reagierten die Offiziellen im Fall Winkler so scharf, wo doch jeden Tag unzählige andere Äußerungen getätigt werden, die weitaus weniger akzeptabel sind? In der Vergangenheit hatte Winkler in einer Abstimmung als EU-Abgeordneter als einziger CDU-Abgeordneter gegen eine Entschließung gestimmt, in der Russland nicht mehr als strategischer Partner bezeichnet wurde; damit hatte er seine Qualität als Dissident unter Beweis gestellt. Außerdem hatte sich Winkler für eine Koalition aus Union und AfD ausgesprochen. Kaum vorstellbar, dass hier kein Zusammenhang bestehen sollte.

Das Unwesen der Cancel-„Kultur“ fasste der Philosoph Robert Spaemann einmal so zusammen: „Dem vom Mainstream Abweichenden wird nicht mehr mit Argumenten erklärt, inwiefern er irrt, sondern

anzureden. Vgl. „Ein irischer Lehrer weigert sich, einen Transgender-Schüler als Mädchen anzusprechen – jetzt sitzt er im Gefängnis“; https://www.nzz.ch/feuilleton/irischer-lehrer-im-gefaengnis-weil-er-nicht-they-sagen-will-ld.1701984

240 Vgl. der ironische Kommentar von Boris von Morgenstern unter „Alles Müller, oder rechts?“; https://www.youtube.com/watch?v=vgxgeZxxg2Y

es wird ihm gesagt: ‚Das hättest du nicht sagen dürfen.' (...) Er wird nicht widerlegt, sondern geächtet."[241] Was das für einen Betroffenen bedeuten kann, hat Ulrike Guérot einmal in einem Interview beschrieben. Die Professorin wurde erst an ihrer Universität vom AStA gemobbt; als sie nicht klein beigab, tauchten Vorwürfe wegen Plagiarismus auf. Sie wurde als „umstritten" und „faschistoid" bezeichnet. Es folgte ein Auftritt bei Markus Lanz, der eher einem Tribunal als einer Diskussionsrunde glich. Schließlich suspendierte ihre Universität sie. Wörtlich sagte Guérot in dem besagten Interview über ihre Erfahrungen: „Ich habe auf gewisse Art und Weise in den letzten 18 Monaten meine Reputation, meine Anerkennung, meinen Referenzrahmen, meine alten Freunde in großen Teilen eingebüßt. (...) Es gibt kein Wohlwollen mehr, es gibt nur noch Böswilligkeit, und damit habe ich schon verloren, egal, was ich mache."[242] So viel zum Thema Meinungsfreiheit.

Wir erleben heute zunehmend das, was der amerikanische Publizist Rod Dreher als „sanften Totalitarismus" bezeichnet.[243] Formal bestehen Rechtsstaat und Meinungsfreiheit fort. Die meisten Dissidenten werden auch nicht wie in der DDR oder der Sowjetunion vom Geheimdienst beobachtet (obwohl es auch das inzwischen gibt), mit gerichtlich verordneten Strafen belegt oder inhaftiert (obwohl auch hier ein Zweifachstandard aufzukommen scheint). Stattdessen werden sie stigmatisiert und sozial ausgegrenzt. Hans-Georg Maaßen hat die Wirkungsweise einmal so zusammengefasst:

> Der Mensch ist bekanntlich ein soziales Wesen, wodurch Ausgrenzung – gleich ob andere den Betreffenden freiwillig meiden oder aus Angst, sonst selbst ausgegrenzt zu werden – eine äußerst empfindliche Strafe ist, die sogar zermürbender sein kann als eine rechtliche. Diesbezüglich spreche ich auch aus meiner Erfahrung als ehe-

241 Zitiert nach Bednarz 2018: 61

242 „Ulrike Guérot über ihre Entlassung an der Uni Bonn und das Lanz-Tribunal" (ab 20:32 und ab 23:45); https://www.youtube.com/watch?v=vU3u3WtypyU

243 Dreher 2023

maliger Nachrichtendienstchef: Nicht umsonst ist soziale Isolation typisches Merkmal totalitärer Systeme. Dabei ist sie nicht nur sehr wirksam, sondern auch subtil – wird also vor allem eingesetzt, wenn nach außen der Anschein der Freiheit gewahrt werden soll.[244]

Und wer als böse stigmatisiert ist, den kann man doch auch melden, oder?

Denunziantentum

Mattias Desmet listet unter den psychologischen Merkmalen einer totalitarisierten Bevölkerung auch eine „radikale Intoleranz gegenüber dissidenten Stimmen" und eine „paranoide Denunziantenmentalität, die dafür sorgt, dass staatliche Kontrolle bis ins Innerste des Privatlebens reicht".[245] Über die Intoleranz haben wir bereits verschiedentlich gesprochen; aber auch die Denunziantenmentalität ist auf dem Vormarsch – allerdings wie so oft politisch einseitig.

In den letzten Jahren sind etliche staatliche oder staatlich geförderte Meldestellen oder Meldeportale eingerichtet worden.[246] Einer der Vorreiter in dieser Hinsicht waren ironischerweise die Meldeportale, die die AfD ab 2018 einrichten ließ. Auf ihnen sollten Schüler Verstöße gegen die ideologische Neutralität im Unterricht, zu der Lehrer gesetzlich verpflichtet sind, melden. Diese Portale wurden in der Öffentlichkeit als „Lehrer-Pranger" und „Denunziationsplattformen" gebrandmarkt – und wenig später gerichtlich verboten.[247]

---

244 Maaßen in Schwarz 2020a

245 Desmet 2023: 122

246 Siehe zum Beispiel „Außenministerium richtet interne ‚Meldestelle' ein"; https://www.tichyseinblick.de/daili-es-sentials/aussenministerium-baerbock-meldestelle-denunziantenstelle/

247 „Gericht bestätigt Verbot von Lehrer-Meldeportal der AfD"; https://www.nordkurier.de/regional/mecklenburg-vorpommern/gericht-bestatigt-verbot-von-lehrer-meldeportal-der-afd-1163954

Andere, später eingerichtete Plattformen sammeln dagegen ungehindert Daten. So rief Greenpeace Anfang 2023 ein Meldeportal ins Leben, bei dem Verstöße gegen die seit Januar jenes Jahres geltende Verpflichtung von Restaurants, Mehrwegverpackungen anzubieten, gemeldet werden können. Die Hinweise werden per Mail an die jeweilige Landesbehörde weitergeleitet, die Verwarnungen aussprechen und schließlich Bußgelder bis zu 10.000 Euro verhängen kann.[248]

Bereits 2020 hatte die Stadt Essen ein Meldeportal eingerichtet, auf dem Bürger ihre Mitbürger melden konnten, wenn diese gegen die Corona-Regeln verstießen; also etwa, wenn jemand bemerkte, dass der Nachbar zu viel Besuch empfing. Aber auch ohne offizielle Meldestelle in der eigenen Stadt galt, wie Reichel schreibt: „Denunziantentum steht während der Pandemie hoch im Kurs, gilt vielen gar als Bürgerpflicht.“[249] Nach dem Ende der Corona-Krise resümierte der Journalist Peter Hahne diese Zeit einmal in einem Interview: „Die Bilanz nach diesen drei Corona-Jahren ist ja für mich: fünf Gruppen. Einmal die Täter; einmal die, die das ausgeführt haben; dann die Opfer; dann diejenigen, die Widerstand geleistet haben; und das Fünfte: die Denunzianten. Und die Denunzianten sind für mich die Allerschlimmsten.“[250]

Nun haben die bisher aufgeführten Meldestellen alle eins gemeinsam: Sie beziehen sich auf Verstöße gegen geltendes Recht und laden dazu ein, diese zu melden. Unterschiede bestehen darin, wie die Meldeseiten staatlicherseits akzeptiert wurden (AfD: verboten, Greenpeace: erlaubt, Essen: erlaubt nach Änderung), und in der Reaktion der Presse (AfD: ablehnend, Greenpeace: überwiegend wohlwollend, Essen: weitgehend totgeschwiegen). Wenn zwei das Gleiche tun, ist es eben noch lange nicht dasselbe. Eine neue Qualität des „Meldens“ ist jedoch erreicht, wenn Vorfälle gemeldet werden können, die rechtlich überhaupt

248 „Meldeportal gegen Verpackungsmüll“; https://www.tagesschau.de/wirtschaft/verbraucher/mehrweg-take-away-togo-greenpeace-meldeportal-muell-101.html

249 Reichel 2023: 121

250 „AFTER DARK mit PETER HAHNE“ (ab 22:12); https://www.youtube.com/watch?v=u0YN8ilLxzw

nicht relevant sind. In diesen Bereich dringt beispielsweise die „Meldestelle Antifeminismus“ der Amadeu Antonio Stiftung vor. Hier sollen neben strafrechtlich relevanten Vorfällen wie „organisierte Angriffe auf Frauen, queere Menschen und Einrichtungen“ auch solche gemeldet werden, die schlicht der freien Meinungsäußerung zuzuordnen sind, zum Beispiel antifeministische Aufkleber oder Flyer, antifeministische Sprüche im Internet, Kampagnen gegen die sogenannte geschlechtergerechte Sprache, die Kennzeichnung von „Wissenschaftler*innen“ der Gender Studies als unwissenschaftlich und sogar Demonstrationen mit antifeministischen Inhalten.[251] Welch ein Hohn, dass ausgerechnet eine Stiftung, die mit dem Motto „Initiativen für Zivilgesellschaft und demokratische Kultur“ für sich wirbt, die Wahrnehmung demokratischer Grundrechte wie Meinungsfreiheit und Demonstrationsrecht für meldewürdig hält, wenn sie der eigenen Meinung entgegenstehen! Auch das sogenannte „Berliner Register“ zeichnet sich nicht durch politische Ausgewogenheit, sondern durch ein typisch linkes Profil aus. „Die Vorfälle müssen einen rassistischen, antisemitischen, LGBTIQ*-feindlichen, NS-verharmlosenden Hintergrund haben oder sie richten sich gegen Obdachlose, Menschen mit Behinderungen oder gegen demokratisch engagierte Personen“, schreiben die Macher auf ihrer Homepage.[252] Linksextreme Gewalt oder Gewalt gegen Einsatzkräfte (was gerade in Berlin von großer Relevanz wäre) gehören nicht zum Profil, und ob AfDler nach dem Verständnis des Berliner Registers als „demokratisch engagierte Personen“ gewertet werden und Gewalt gegen sie oder ihr Eigentum gemeldet werden kann, ist mehr als fraglich.

Staatlich flankiert werden solche Projekte nicht nur durch finanzielle Unterstützung, sondern auch durch das 2023 verabschiedete Hinweisgeberschutzgesetz. Der aus Thüringen stammende ehemalige DDR-Bürgerrechtler und spätere CDU-Bundestagsabgeordnete Arnold Vaatz,

---

251 https://antifeminismus-melden.de/antifeminismus/

252 https://www.berliner-register.de/ (11.10.2023). Vgl. „Demnächst auch in Ihrer Stadt: ‚Staatlich finanzierte Pranger‘“; https://reitschuster.de/post/demnaechst-auch-in-ihrer-stadt-staatlich-finanzierte-pranger/.

der zu DDR-Zeiten selbst von der Stasi beobachtet wurde, zieht eine bemerkenswerte Parallele zu den aktuellen Entwicklungen in Deutschland: „Der Staat hat nicht das geringste Recht, unterhalb der Strafbarkeit irgendwelche Dinge zu erfassen und zu stapeln und gegen jemanden zu verwenden. Das ist genau das, was der Staatssicherheitsdienst in der DDR gemacht hat!"[253] Durch die Möglichkeit, jederzeit von jedem „gemeldet" zu werden, selbst wenn man überhaupt nichts Gesetzeswidriges getan hat, wird ein Klima der Unsicherheit befördert. Nichts, so der Journalist Julian Reichelt, diene Ideologen mehr „als die bleierne, erdrückende und ständige Angst, immer und von jedem denunziert werden zu können."[254]

Gewalt gegen Andersdenkende und ihr Eigentum

Um es klar zu sagen: Politiker *aller* Parteien, Ideologien und Glaubensrichtungen werden Opfer von Gewalttaten, und auch Häuser, Wohn- und Geschäftsräume oder Autos von Besitzern unterschiedlichster politischer Richtungen werden verunstaltet oder gar zerstört. Jede einzelne dieser Taten ist zu verurteilen. Wie wir jedoch zuvor gesehen haben, zeichnen die Medien in puncto Gewalt ein verzerrtes Bild, nach dem vornehmlich Rechte die Täter sind und Linke als Täter kaum vorkommen (eine bemerkenswerte Ausnahme wie den Fall Lina E. haben wir oben besprochen). Es ist also an der Zeit, einmal ein kleines Gegengewicht zu schaffen und hier exemplarisch einige wenige Fälle aufzuführen.[255]

---

253 „Droht die Klimadiktatur? Tichys Einblick Talk | Hans-Georg Maaßen, Arnold Vaatz und Ulrike Stockmann" (ab 43:24); https://www.youtube.com/watch?v=StS5vpg1NiY

254 „Grüne wollen Polit-Kommissare, um Beamte zu „entfernen" / ARD vergleicht Grillen mit Kinderpornos" (ab 17:58); https://www.youtube.com/watch?v=s6AeGX36fRM

255 Eine alternative Zusammenfassung von Angriffen auf Alternative aus dem Vorfeld der Landtagswahlen 2023 findet sich in einem Tweet des Journalisten Jan A. Karon unter https://twitter.com/jannibal_/status/1710286149116117080

Gewalt beginnt häufig mit Hetze, die jedoch in der Regel, wie wir in diesem Buch gesehen haben, ohne offene (und damit justiziable) Gewaltaufrufe auskommt. Manchmal allerdings wird auch ganz unverhohlen zu Gewalt aufgerufen. Ein klassischer Fall ist ein Tweet, den der frühere Landtags- und jetzige Bundestagsabgeordnete Ralf Stegner (SPD) im Mai 2016 absetzte. In ihm forderte er dazu auf, nicht nur die Positionen der „Rechtspopulisten" zu attackieren, sondern auch das Personal. Über sieben Jahre später findet sich dieser Tweet noch immer auf seinem Profil.[256] Auch der CDU-Mann Armin Laschet forderte, die AfD „bis aufs Messer" zu bekämpfen.[257] Auf einem Christopher Street Day in Würzburg sagte ein Sprecher (der hinter einer Maske steckte) bezüglich einer für den Folgetag geplanten Demonstration der Alternative: „Morgen, 13 Uhr, der AfD in den Arsch treten! (...) Nehmt eure Mittel mit. Schraubt hier die Box ab, nehmt sie mit und schmeißt sie den AfDlern ins Gesicht, kein Problem. Ihr habt die Möglichkeiten, hier sind genug Sachen – einfach mitnehmen!"[258]

Nun mag man, wenn man sehr wohlwollend ist, die Aussagen der Politiker als inakzeptabel, aber verunglückt bezeichnen und die des Mannes hinter der Maske als nicht wirklich ernst zu nehmen; eine gänzlich andere Qualität hat jedoch das, was die Antifa seit einiger Zeit praktiziert: Sie veröffentlicht im Internet Namen und Adressen ihrer Gegner und ruft zur Gewalt gegen diese auf. Auch wenn dies nicht der erste Fall dieser Art war, so war es doch ein besonders prominenter: Im Vorwahlkampf der Landtagswahlen in Hessen veröffentlichte die Antifa im August 2023 eine Karte, auf der die Privatadressen der 40 AfD-Kandidaten, versehen mit Profilen, in denen Details aus den Lebensgewohnheiten der Einzelnen aufgeführt wurden – und dem Aufruf, man

256 https://twitter.com/ralf_stegner/status/729212590874841088?lang=de (11.10.2023)

257 „Laschet warnt vor rot-rot-grüner Koalition"; https://www.welt.de/regionales/nrw/article201793576/Laschet-warnt-vor-rot-rot-gruener-Koalition.html

258 „Aufforderung zu Gewalt gegen die AfD"; https://www.tichyseinblick.de/daili-es-sentials/csd-wuerzburg-aufforderung-gewalt-gegen-afd/

solle den Politikern „auf militante Weise begegnen“ und „ihnen das Leben zur Hölle machen“. Außerhalb des konservativen Lagers hielt sich die Empörung über diesen Gewalt-Aufruf in Grenzen. Innenministerin Nancy Faeser hielt es nicht einmal für nötig, persönlich darauf zu reagieren, sondern ließ lediglich auf Nachfrage einen Ministeriumssprecher sagen, Gewalt und Drohungen seien niemals ein akzeptables Mittel der politischen Auseinandersetzung.[259]

Die Hetze gegen die Alternative trägt seit Jahren Früchte. Besonders „beliebt“ ist es, die Abgeordneten- oder Bürgerbüros von Politikern zu attackieren (von der Zerstörung von Wahlplakaten brauchen wir hier gar nicht zu reden). Einen besonders traurigen Rekord hält dabei das Büro des sächsischen Abgeordneten Carsten Hütter in Chemnitz. Innerhalb von etwa zwei Jahren wurde es nicht weniger als dreißig Mal Opfer von Vandalen – von Farbattacken bis hin zu einem Anschlag mit Sprengstoff, bei dem die Scheibe des Büros beschädigt wurde.[260] Häufig werden auch die Privatautos der Politiker in Brand gesteckt. Manchmal bleibt es nicht bei Gewalt gegen Sachen. Beatrix von Storch wurde vor einem Vortrag, den sie in der Eifel hielt, mit Fäkalien beschmiert. Etliche Politiker wurden Opfer von gewalttätigen Übergriffen; immer wieder gibt es Morddrohungen und mindestens einen Fall, in dem die Polizei wegen Mordversuch ermittelte. Ein Bekannter von mir, ein ehemaliger AfD-Politiker, erzählte mir, dass Unbekannte an seinem Auto die Radmuttern gelockert hatten. Auch ein Plakatierer einer Werbeagentur, der noch nicht einmal Mitglied der AfD war, wurde schon beschossen. In den Medien finden solche Vorfälle in der Regel nur geringen Widerhall – wenn überhaupt.

Ein AfD-Mitglied hat seine Erfahrungen mit Hass und Gewalt einmal in einem Artikel zusammengefasst. Darin schreibt er unter anderem:

---

259 Vgl. z. B. „Antifa veröffentlicht Adressen von AfD-Kandidaten“; https://www.tichyseinblick.de/daili-es-sentials/gewalt-antifa-adressen-afd-kandidaten/

260 „Nach 30. Anschlag auf Bürgerbüro – AfD-Politiker ‘beantragt’ Eintrag ins Buch der Rekorde“; https://afdkompakt.de/2018/03/07/nach-30-anschlag-auf-buergerbuero-afd-politiker-beantragt-eintrag-ins-buch-der-rekorde/

> Die AfD darf hemmungslos gehasst werden. Man darf ihre Wähler und Parteimitglieder beschimpfen; (...) man darf sie angreifen – gerne auch physisch; man darf ihre Wahlkampfstände und Büros zerstören; man darf ihre Wohnhäuser mit Brandsätzen attackieren oder ihre Autos mit Sprengstoff in die Luft blasen. Und bei alledem werden Politiker des etablierten Parteienkartells und Gesinnungsmedien diese Taten weder je verurteilen, noch sich besondere Mühe dabei geben, ihre Schadenfreude über solche Vorgänge auch nur oberflächlich zu verheimlichen.[261]

Manchmal wird sogar das Prinzip der Kontaktschuld auf Drohungen und Gewalt ausgeweitet. Besonders beliebt ist es, Wirte unter Druck zu setzen, wenn sie ihre Räumlichkeiten für konservative Veranstaltungen zur Verfügung stellen wollen. Hierfür wird dann gerne die Antifa eingesetzt. Mittlerweile ist das gesellschaftliche Klima so verrutscht, dass auf dem Bundesparteitag der Linken 2023 der Parteifunktionär Reinhard Neudorfer lächelnd und in aller Öffentlichkeit erklären konnte, wie das funktioniert: Zuerst besuche man Wirte, die die AfD bewirten wollten, und rede „freundlich" mit ihnen. Wenn dies nicht reiche, würde die Antifa noch einmal mit den Wirten reden, diesmal „nicht ganz so freundlich". Sollte dies immer noch nicht fruchten, gäbe es weitere „Möglichkeiten", die Neudorfer „hier nicht öffentlich darlegen" wollte. Wie diese Möglichkeiten aussehen, davon können mittlerweile etliche Wirte berichten: Das Repertoire der „Anti-Faschisten" beinhaltet unter anderem die Beschmierung der Wirtshäuser und deren „Entglasung". Neudorfers Ausführungen wurden mit begeistertem Applaus bedacht.[262]

Jedoch sind nicht nur Alternative von den Attacken betroffen. Auch das Auto des konservativen Politologen Werner Patzelt (CDU)

261 „Hass auf die AfD: Wahrnehmungen eines Mitglieds"; https://ansage.org/hass-auf-die-afd-wahrnehmungen-eines-mitglieds/

262 „DGB-Funktionär gibt zu: Wir drangsalieren AfD-freundliche Wirte"; https://jungefreiheit.de/politik/deutschland/2023/befuerwortet-ein-dgb-funktionaer-gewalt-gegen-afd/

wurde schon „abgefackelt".[263] In Dresden verübten Unbekannte einen Anschlag auf eine von einer Stadträtin der Freien Wähler geführten Buchhandlung. Offenbar zerstörten sie zunächst mit einem Stein die Fensterscheibe, um dann eine Flasche mit Buttersäure und Pyrotechnik ins Ladeninnere zu werfen.[264] Der Geschäftsmann und Youtuber Peter Weber, der auf seinem Kanal konservative Politiker interviewt, musste (wie viele andere) erleben, dass seine Geschäftsräume beschmiert wurden.[265] Und nachdem die ehemalige Eisschnellläuferin und jetzige Bundespolizistin Claudia Pechstein auf dem CDU-Grundsatzkonvent eine viel beachtete migrationskritische Rede gehalten hatte, wurde ein Anschlag auf ihr Auto verübt – vermutlich mit einer Schusswaffe.[266] „Wir dürfen uns nicht wundern,", schreibt Hans-Georg Maaßen, „wenn die Antifa-Terrorgruppen demnächst auch gezielte Tötungen von ‚Nazis' vornehmen, weil das politisch-mediale Klima dafür langsam vorbereitet wird."[267]

Spaltung der Gesellschaft

Das, was ich mit meinem Freund Rüdiger und meiner Nachbarin Frau Weber im Kleinen erlebt habe, vollzieht sich in den deutschsprachigen Ländern millionenfach im Großen. Menschen fangen an, Meinungen über Beziehungen zu stellen. Freundschaften zerbrechen, Familien werden gespalten, Kontakte auf ein Minimum reduziert. Meiner Ansicht

---

263 „Unbekannte zünden Auto von Politologen Patzelt an"; https://jungefreiheit.de/politik/deutschland/2017/unbekannte-zuenden-auto-von-politologen-patzelt-an/

264 „Buttersäureattacke auf Buchhaus Loschwitz"; https://jungefreiheit.de/kultur/gesellschaft/2021/buchhaus-loschwitz-attacke/

265 „Gesockse unterwegs…"; https://www.youtube.com/watch?v=SviQw0Bchcs

266 „Mit Schußwaffe: Anschlag auf Claudia Pechsteins Auto"; https://jungefreiheit.de/politik/deutschland/2023/anschlag-pechstein/

267 „Lina Engel zeigt keinerlei Reue und Unrechtsbewusstsein"; https://www.alexander-wallasch.de/gastbeitraege/lina-engel-zeigt-keinerlei-reue-und-unrechtsbewusstsein

nach sind die Hauptfaktoren für die Zerrissenheit unserer Gesellschaft die einseitige Berichterstattung der Medien in Verbindung mit der Doppelmoral in Politik und Medien.

Medien, die auf der einen Seite bestimmte Meinungen hofieren und fördern, während sie auf der anderen Seite legitime Ansichten ausgrenzen, polarisieren. Stellen Sie sich vor, Sie bekommen über Jahre erzählt, die Impfung sei sicher und der Mensch sei schuld am Klimawandel. Wenn Sie keinen gegenteiligen Meinungen oder Erkenntnissen ausgesetzt sind, Sie auch nicht sonderlich motiviert sind, sich selbst zu informieren, und Sie keine eigenen Erfahrungen mit der Materie haben, bleibt Ihnen gar nicht viel anderes übrig, als das zu glauben. Die Framing-Expertin Elisabeth Wehling erklärt: „Nur dann, wenn uns unterschiedliche, auch sich widersprechende Frames zur Verfügung stehen, können wir über einen bestimmten Sachverhalt umfassend denken, ihn ‚von allen Seiten beleuchten'. Nur so können wir Menschen verstehen, wenn sie uns widersprechen, und uns konstruktiv mit ihnen auseinandersetzen."[268] Nun treffen also einseitig „informierte" Menschen auf Leute mit völlig anderen Auffassungen, die ihre Weltsicht vielleicht sogar noch gut begründen können. Was passiert? Natürlich hängt das von der genauen Konstellation der Gesprächssituation ab, aber aller Wahrscheinlichkeit nach wird es zu keinem konstruktiven Austausch kommen. Vielmehr werden bei denen, die sich informationell lediglich aus dem Mainstream ernährt haben, jene inhaltlichen Frames aktiviert, die wir in Kapitel 2 betrachtet haben. Bestenfalls halten die „Mainstream-Versorgten" ihre Gesprächspartner für Aliens („dumm und primitiv"), aber viele sind durch das jahrelange einseitige Framing regelrecht fanatisiert. Der Konflikt wird nicht mehr diskursiv gelöst, es kommt zur (emotionalen oder offenen) Spaltung.

Die zweite Triebfeder der Spaltung ist die Doppelmoral. Doppelmoral gehört zu den Dingen, die eine Gemeinschaft am grundlegendsten zerstören. Eltern, Lehrer oder Autoritäten, die Doppelstandards praktizieren, säen Wut und fördern den Hass der einen Gruppe auf

---

268 Wehling 2018: 60

die andere. Bei Medien, die einen Doppelstandard praktizieren, ist dies nicht anders, zumindest, wenn sie gesetzlich zur Ausgewogenheit verpflichtet sind und von vielen Nutzern als neutrale Qualitätsmedien angesehen werden. Wenn jedoch in Wirklichkeit eine differenzierte Darstellung unterbleibt, wenn Anhänger des Großen Narrativs den Löwenanteil des Rederechts erhalten, positiv dargestellt werden und ihre Verfehlungen zugedeckt werden, während Gegner, wenn sie denn überhaupt Erwähnung finden, ausschließlich negativ geframet werden und ihre Verfehlungen medial ausgeschlachtet werden, wächst sowohl die Wut Ersterer auf Letztere, weil sie dem veröffentlichten Diskurs glauben, als auch Letzterer auf Erstere, weil sie die Lüge durchschauen und gleichzeitig ihr Opfer sind. Auch so kommt es zur Spaltung der Gesellschaft. Der Medieninformatiker Daniel Ullrich und die Psychologin Sarah Diefenbach erklären:

> Es ergeben sich so (...) zwei unterschiedliche Lager in der Gesellschaft: Während auf der einen Seite durch Gewöhnung an etablierte Doppelstandards die Ungerechtigkeitssensibilität abnimmt, steigt auf der anderen Seite das Ungerechtigkeitsempfinden immer weiter an – auch weil schon die Existenz der Doppelstandards geleugnet oder ihr Wesen gerechtfertigt wird.
>
> Somit wirken Doppelstandards wie ein Keil, der durch die Gesellschaft getrieben wird.[269]

Diese Spaltung ist kein Phänomen aus jüngster Vergangenheit, sondern hat tiefere Wurzeln. Einige politische Beobachter sehen diese Wurzeln in der Regierungszeit Angela Merkels. Vera Lengsfeld schrieb einmal in einem offenen Brief an die damalige Kanzlerin: „Die in Ihrer Regierungszeit implementierten Doppelstandards (...) zerstören den inneren Frieden, machen aus Bürgern Leisetreter, Flüsterer oder Täter. Sie bergen die Gefahr bürgerkriegsähnlicher Auseinandersetzungen".[270] Mag die Spaltung der Gesellschaft unter Kanzlerin Merkel ihren Ausgang

269 Ullrich & Diefenbach 2017: 150, 153
270 Lengsfeld 2020: 18

genommen haben, so haben Journalisten während Corona aktiv dazu beigetragen. Klöckner und Wernicke stellen fest:

> Abwertung, Hetze und offener Hass sind in dieser Breitflächigkeit und Form nur dann möglich, wenn sie durch führende Persönlichkeiten in der Gesellschaft und nicht zuletzt durch die Medien in den Bereich des Legitimen erhoben werden.
>
> [Journalisten] haben mit ihren Mitteln dabei geholfen, selbst die schwersten Grundrechtseingriffe zu legitimieren und schönzureden. Sie haben bei der Drangsalierung, Erniedrigung und Bedrohung der Ungeimpften mitgemacht und darüber hinaus die Stimmung noch angeheizt und die Gesellschaft durch ihre Worte noch mehr gespalten.[271]

Hinzu kommt, dass einzelne Medienschaffende während Corona sogar ganz offen die Spaltung der Gesellschaft in Kauf nahmen oder dazu aufriefen.[272]

Die Zersetzung der Demokratie

Meinungsfreiheit ist ein Grundrecht. Wenn die Meinungsfreiheit nicht mehr gewährleistet wird, existiert die Demokratie nicht mehr. Doch was nützt eine formal garantierte Meinungsfreiheit, wenn ich als Nazi beschimpft und medial als dumm und primitiv, als schlechter Mensch, krank oder gestört diffamiert oder als gefährlich geframet werde? Was nützt sie, wenn ich Angst haben muss, wegen einer nicht-extremistischen Meinung sozial ausgegrenzt zu werden und Freunde zu verlieren – und sie tatsächlich verliere? Was nützt ein grundgesetzlich verbürgtes Recht, wenn mein Kind in der Schule zu hören kriegt: „Du tust uns

271 Klöckner & Wernicke 2022: 26, 60

272 Hierzu gehörten neben der bereits erwähnten Sarah Bosetti („Blinddarm“) auch der ZDF-Satiriker Jan Böhmermann, der twitterte „„Gespaltene Gesellschaft ist scheißegal, solange alle geimpft sind.“ Vgl. Klöckner & Wernicke 2022, Reichel 2023.

leid, dass du so einen Vater hast“? Oder wenn ich als Ernährer der Familie Kunden oder meinen Job verliere? Was nützt das formale Recht, wenn ein Politiker öffentlich dazu aufrufen kann, mich als Person zu „attackieren“? Was nützt das Bekenntnis zu Meinungsfreiheit, wenn die Häuser derer, die sie für sich in Anspruch nehmen, beschmiert oder ihre Autos abgefackelt werden? Oder wenn sie nicht nur verbal, sondern auch physisch angegangen werden, wenn sie ihres Lebens nicht mehr sicher sind? „Wenn die Justiz mit neu erfundenen Delikten wie „Hassrede“ (...) Andersdenkende verfolgt, wenn die Massenmedien kontroverse Meinungen nicht mehr gleichberechtigt abbilden, wenn das Äußern gewisser Meinungen soziale Ächtung nach sich zieht, dann ist die Demokratie massiv untergraben, auch wenn demokratische Strukturen formal noch intakt sein mögen“, schreibt Joachim Kuhs.[273] Dieses Buch ist also auch eine Antwort an alle, die behaupten, es gäbe doch Meinungsfreiheit in Deutschland und jeder könne sagen, was er wolle.

Mittlerweile bleibt es jedoch nicht bei der Hetze gegen Andersdenkende und der einseitigen Auslegung von „Hassrede“-Gesetzen und Community-Richtlinien. Hier und da werden Stimmen laut, die relativ unverhohlen die Abschaffung der Demokratie befürworten. Im Februar 2021 brachte die *Süddeutsche Zeitung* einen Artikel unter der Überschrift „Mehr Diktatur wagen“. 2023 veröffentlichte *Die Zeit* einen Beitrag, in dem es hieß, dass Veränderungen „auch mal gegen den Willen der Bevölkerung umgesetzt“ werden müssten. Bei E-Mobilität, Schuldenbremse und Energiewende gelte: „Deckel drauf und durchtransformieren.“[274] Und im selben Jahr gab ein WDR-Moderator in verschiedenen Beiträgen in den sozialen Medien seine antidemokratische Haltung zum Besten: „Ich verteidige kein System, welches Arme immer ärmer macht und in dem Konservative sich zum Steigbügelhalter der Faschos machen.“[275] Hans-Georg Maaßen kommentiert diese Entwicklungen wie folgt:

---

273 Kuhs 2023: 62

274 „Der Zeit-Geist und die Diktatur“; https://www.tichyseinblick.de/feuilleton/glosse/der-zeit-geist-und-die-diktatur/

275 „WDR-Moderator wird deutlich: Ich verteidige die Demokratie nicht“; https://jungefreiheit.de/kultur/medien/2023/wdr-demokratie/

Es ist ein Grundprinzip des Totalitären, Andersdenkende und ihre Meinungen zu marginalisieren, ja sogar auszulöschen. Und es ist die Gründungsidee der Bundesrepublik Deutschland, dass es so etwas nie wieder geben darf. Die Grundrechte von Meinungsfreiheit, von Wissenschaftsfreiheit, von Versammlungsfreiheit sind fundamental. Das bedeutet aber nicht, dass sie nicht immer wieder aufs Neue angegriffen werden können. Leider haben totalitäre Gedanken und Wahnfantasien auch heute ein neues Potenzial, Menschen zu verführen und zu unterdrücken.

2018 brachten zwei Politik-Professoren der Universität Harvard (USA) ein Buch heraus, das noch im selben Jahr unter dem Titel *Wie Demokratien sterben* in Deutschland veröffentlicht wurde. Das Buch ist zwar im Wesentlichen eine Abrechnung mit der Regierung Trump, enthält jedoch auch einige prinzipiell bedenkenswerte Punkte. Zum einen weisen die Autoren darauf hin, dass zwar manchmal eine Demokratie abrupt in eine Diktatur übergeht (etwa bei Putschen), dass jedoch häufiger Demokratien „langsam und in kaum merklichen Schritten" erodieren.[276] Vor allem jedoch stellen die Politologen vier Kriterien auf, die auf die Auflösung der Demokratie hinweisen:[277]

Indikator	Relevante Fragen (Auswahl)
1. Ablehnung demokratischer Spielregeln (oder schwache Zustimmung zu ihnen)	Werden antidemokratische Maßnahmen als notwendig dargestellt, wie die Absage von Wahlen, die Verletzung oder Aufhebung der Verfassung, das Verbot bestimmter Organisationen oder die Beschränkung grundlegender bürgerlicher oder politischer Rechte?
2. Leugnung der Legitimität politischer Gegner	Werden politische Gegner als Staatsfeinde oder Gegner der bestehenden Ordnung diskreditiert?
3. Tolerierung von oder Ermutigung zur Gewalt	Wird die Gewaltanwendung von [eigenen] Anhängern stillschweigend gebilligt, indem keine eindeutige Verurteilung und Bestrafung stattfindet?

276 Levitsky & Ziblatt 2018: 11

277 Levitsky & Ziblatt 2018: 32-34 (Auszüge)

Indikator	Relevante Fragen (Auswahl)
4. Bereitschaft, die bürgerlichen Freiheiten von Opponenten, einschließlich der Medien, zu beschneiden	Werden Gesetze oder politische Vorhaben unterstützt, die bürgerliche Freiheiten beschneiden sollen, beispielsweise weit gefasste Verleumdungsgesetze oder Gesetze zur Beschränkung von Protesten, Regierungskritik oder bestimmten zivilen oder politischen Organisationen?

Wer sich Merkels Ausspruch, eine demokratische Wahl müsse „rückgängig gemacht" werden, vor Augen hält; wer die Ausgrenzung der Alternative für Deutschland bedenkt (z. B. Verweigerung eines Bundestagsvizepräsidenten und Finanzierung der parteinahen Stiftung), die immer wieder neu aufkommenden Überlegungen, die Partei zu verbieten, und sogar die Überlegungen, Höcke die Grundrechte zu entziehen[278]; wer sich das ständige Framing von Andersdenkenden als „Gefahr für die Demokratie" vergegenwärtigt, das Totschweigen von Gewalt, wenn es die „Richtigen" trifft (oder wenn die „Falschen" die Täter waren), die ungleiche Behandlung von Demonstrationen je nach Demonstrationsziel und die Etablierung neuer Delikte wie „Hassverbrechen" und „Delegitimierung des Staates" – der versteht, wie weit wir auf der abschüssigen Ebene Richtung Diktatur schon gekommen sind. Wenn wir nicht wollen, dass wir auf diesem Weg weiter in den Abgrund trudeln, bleibt uns nur eins: Wir müssen dem Narrativ die Wahrheit entgegenhalten.

278 Vgl. „Grundrechte? Ja, aber nicht für alle!"; https://www.youtube.com/watch?v=J49L3oNyZZE

4. Der Kaiser ist nackt: Dem Narrativ widersprechen

Wenn Sie zu den älteren Semestern der Leserschaft gehören, werden Sie das Märchen *Des Kaisers neue Kleider* von Hans Christian Andersen noch kennen. Kurz zusammengefasst geht das Märchen wie folgt.

> Ein eitler Kaiser bekommt Besuch von zwei Hochstaplern, die vorgeben, Schneider zu sein. Sie machen ihm weis, dass sie nicht nur besonders schöne Kleider weben können, sondern dass diese Kleider zudem über eine besondere Eigenschaft verfügen: Nur Menschen, die für ihr Amt taugen, könnten diese Kleider sehen; wer zu dumm sei oder für sein Amt nicht tauge, dem blieben die Kleider verborgen. Dem Kaiser gefällt das Angebot, und er erteilt den „Schneidern" den Auftrag, für ihn ein prachtvolles Gewand zu weben. Die Schneider machen sich an die Arbeit und „weben" an leeren Webstühlen, lassen sich aber ihren „Dienst" gut bezahlen. Niemand, auch nicht der Kaiser selbst, wagt es, diese Hochstapelei aufzudecken, da jeder sich fürchtet, als unqualifiziert zu gelten. Es kommt der Tag, an dem der Kaiser seine neuen Kleider dem Volk vorführen will. Bei dem Festumzug heuchelt zunächst das Volk, das inzwischen auch von der besonderen Eigenschaft der Kleider weiß, Bewunderung, da niemand sich eine Blöße geben will. Erst als der Kaiser an einem kleinen Kind vorbeizieht, ruft dieses aus: „Aber er hat ja gar nichts an!" Diese unschuldig ausgesprochene Wahrheit bricht den Bann. Auch das Volk lässt sich nun nicht mehr für dumm verkaufen und stimmt in den Ruf des Kindes mit ein. Der Kaiser ist bis auf die Knochen blamiert.

Dieses Märchen scheint mir ein Sinnbild für manches zu sein, was wir heute erleben (wobei es natürlich auch Unterschiede gibt). Auch in unserer Zeit wird ein Narrativ verbreitet, das von weiten Teilen des Volkes teilweise geglaubt, teilweise hingenommen wird. Auch heute ist die Furcht, gegen dieses Narrativ aufzustehen, groß. Die Furcht zielt heute nicht so sehr darauf ab, als unqualifiziert für den eigenen Job zu gelten; sehr wohl aber darauf, als dumm oder primitiv, als schlechter Mensch, als extrem, als krank, als gefährlich zu gelten – oder gar als jemand, der mit dem Bösen im Bund ist. Und auch heute braucht es wieder Menschen, die aufstehen und dem Spuk die Maske vom Gesicht reißen. Dazu müssen wir zunächst die Realität wieder sehen, wie sie ist. Und dann das, was wir sehen, aussprechen. Nicht mehr und nicht weniger.

Die Realität sehen: Orientierung in Zeiten der medialen Scheinwelt

In der Einleitung hatten wir gesagt, dass Narrative zwar gesellschaftlich relevante Erzählungen sind, diese aber nicht grundsätzlich wahr oder falsch sind. Das Problem ist, dass sie von ihren Vertretern so präsentiert werden, als wären sie wahr. Ihre Hauptaufgabe sehen viele Medienmacher heute offenbar nicht mehr darin, sich der Realität zu stellen und auf Probleme hinzuweisen, sondern die Vision einer Scheinwelt aufrechtzuerhalten – die des Großen Narrativs.

Wie sehr dies zutrifft, zeigte sich etwa an der Diffamierungskampagne der Medien, allen voran der *Süddeutschen Zeitung*, gegen Hubert Aiwanger im Herbst 2023 im Vorfeld zur Bayerischen Landtagswahl. Diese wurde selbst dann noch fortgeführt, als der Vorsitzende der Freien Wähler gesagt hatte, dass er nicht derjenige gewesen sei, der 35 Jahre zuvor ein antisemitisches Flugblatt verfasst hatte, nachdem er sich klar von dessen Inhalten distanziert hatte und nachdem sein Bruder sich zu der Tat bekannt hatte. Die Kampagne lief einfach weiter. In Sachen strukturelles Framing wurde jetzt schlicht mehr auf Assoziation gesetzt. Statt von „Aiwangers Flugblatt" sprach man jetzt von der „Flugblatt-Affäre um Freie-Wähler-Chef Hubert Aiwanger", von der „Affäre um ein antisemitisches Flugblatt aus Aiwangers Schulzeit" oder von den „Vorwürfen rund um ein antisemitisches Flugblatt". Erst, als klar wurde, dass die Kampagne Aiwanger mehr nützen als schaden würde, wurde sie eingestellt. Es lebe das Narrativ.[279]

Der Vorrang des Narrativs vor Ausgewogenheit und kritischer Distanz zur Politik zeigte sich im Großen aber auch und gerade im Umgang mit Corona. Die „Pandemie“ ist geradezu das Paradebeispiel dafür, welche fatalen Folgen Narrative haben können. Unter anderem folgende Standpunkte wurden während Corona vehement von Politik und/oder Medien vertreten:

> Corona entstand auf dem Fischmarkt in Wuhan. Die Intensivstationen der Krankenhäuser arbeiten wegen Corona an ihrer Belastungsgrenze. Ausgangssperren helfen, das Virus einzudämmen. Kita- und Schulschließungen sind sinnvolle Maßnahmen. Ebenso Masken im Freien. Die mRNA-Impfung ist nebenwirkungsfrei. Sie schützt vor schweren Verläufen. Sie führt zur Herdenimmunität und ist der einzige Weg aus der Krise.

Heute wissen wir: Jede einzelne dieser Aussagen war entweder nicht evidenzbasiert oder schlichtweg falsch.[280] Bereits 2022 schrieb Ulrike Guérot:

> Zum heutigen Zeitpunkt ist praktisch erwiesen, dass nichts von dem, was offiziell zu Corona erzählt wurde, evidenzbasiert war: Die Impfung hat keine „Herdenimmunität“ gesichert, weder vor schweren Verläufen noch vor dem Tod geschützt, sie war, wie heute immer mehr klar wird, bei Weitem nicht nebenwirkungsfrei. (...) Inzwischen hat der Evaluierungsbericht der Bundesregierung offen

279 Vgl. z. B. „Hubert Aiwanger: Die Wähler entscheiden, nicht die Medien | Achtung, Reichelt! vom 4. September 2023“; https://www.youtube.com/watch?v=eyuBxjb5xjc

280 Zahlreiche wissenschaftliche und andere Quellen finden Sie zum Beispiel unter https://twitter.com/SHomburg/status/1658864405419814914 und https://twitter.com/SHomburg/status/1696071623307124752

gelegt, dass die Wirksamkeit der Corona-Maßnahmen von Masken über Lockdown bis hin zur Impfung nicht belegt werden kann.[281]

Mittlerweile gibt es sogar Hinweise darauf, dass die „Impfung" (auch nicht die zweite oder dritte) nicht nur nicht vor der Ansteckung mit dem Coronavirus und dessen Weitergabe geschützt hat, sondern schwere gesundheitliche Folgen sogar erst herbeigeführt haben könnte.[282] Vielleicht ist dies einer der wenigen positiven Aspekte, die wir aus der Zeit von 2020 bis 2022 mitnehmen können: dass wir lernen, wie falsch Narrative sein können, selbst wenn sie von sämtlichen großen Medien und deren sorgsam ausgewählten „Zeugen" verbreitet und immer wieder wiederholt werden. An einer Aufklärung haben die Medien aber nach wie vor wenig Interesse. Die Frage bleibt jedoch: Warum?

Warum haben sich die Medien während Corona nicht auf die Seite der Bürger gestellt und ihre Rechte verteidigt? Warum haben sie die Politik nicht kritisch hinterfragt, sondern sie bisweilen mit Forderungen nach noch härteren Maßnahmen sogar noch vor sich hergetrieben? Warum haben sie Kritiker der Maßnahmen und Wissenschaftler, die eine andere Auffassung vertraten, bestenfalls nicht zu Wort kommen lassen und schlimmstenfalls diffamiert? Die beste Antwort auf diese Fragen hat meiner Ansicht nach der kürzlich verstorbene Philosoph Gunnar Kaiser in einem Interview mit dem Schriftsteller und Journalisten Giuseppe Gracia gegeben. Für den linken Intellektuellen (wie er häufig in den Medien vertreten ist), so Kaiser, sei zu viel Freiheit etwas Gefährliches. Freiheit sei für ihn verbunden mit „Neoliberalismus" und entfesselten Märkten. Nach linkem Denken gehöre der Mensch „eingehegt" und „verwaltet". Entsprechend sei während Corona das Mindset der Intellektuellen gewesen: „Wir brauchen jetzt eine Abkehr von diesem individualistischen Prinzip, hin zu einem kollektivistischen

281 Guérot in Klöckner & Wernicke 2022: 10, 11

282 Siehe z. B. „„Im Frühjahr 2021 muss was passiert sein, das die Mortalität ansteigen ließ"; https://reitschuster.de/post/im-fruehjahr-2021-muss-was-passiert-sein-das-die-mortalitaet-ansteigen-liess/

Prinzip."[283] Das bringt es meiner Ansicht nach auf den Punkt. Linkes Denken kreist um das Ideal der Gleichheit. Da Menschen aber unterschiedlich geboren werden, unterschiedliche Rahmenbedingungen vorfinden und auch unterschiedlich viel aus ihrem Leben machen, müssen diese Unterschiede nach Möglichkeit angeglichen werden. Der Mensch, so Kaiser, wird „eingehegt". Der Organisator dieser „Einhegung" ist der Staat. Deswegen kam Corona den Linken so entgegen: Die Maßnahmen dienten als Mittel zur Durchsetzung des kollektivistischen Prinzips.

Wenn schon eine sich weltweit ausbreitende Krankheit, vor der man sich in einem gewissen Rahmen noch schützen konnte, zur „Einhegung" der Menschen gebraucht werden konnte, wird dies erst recht für etwas gelten, dem sich praktisch niemand mehr entziehen kann: das Klima. Nun bin ich Linguist und kein Klimatologe und kann zur Sache selbst nichts Neues beitragen. Was ich aber sehe, sind Parallelen zwischen Corona und dem Klima im öffentlichen Diskurs: Wieder gibt es die *eine* Meinung, die gepusht wird, wieder gibt es eine Ausgrenzung und Diffamierung aller dissidenten Stimmen – und wieder gibt es eine Berufung auf „die" Wissenschaft. Wie schon bei Corona („Follow the science") wird so getan, als sei die Sache selbst längst entschieden und als ob jetzt nur noch das Wie der Umsetzung diskutiert werden müsse. Da die meisten Menschen, die selbst nicht wissenschaftlich gearbeitet haben, Wissenschaft schlicht mit Wahrheit verbinden, ist an dieser Stelle ein Blick auf das Wesen von Wissenschaft und ihre Rolle in der Politik angebracht.

Viele Nachrichtenkonsumenten akzeptieren etwas als Tatsache, sobald es mit dem Etikett „wissenschaftlich" versehen wird. Dafür sind Wissenschaftler schließlich da, um Fakten zu etablieren, oder? Diese Erwartung ist verständlich, aber nicht haltbar. Natürlich sollten Wissenschaftler bestrebt sein, der Wahrheit näher zu kommen, aber zwischen diesem hehren Anspruch und der Realität

283 „Giuseppe Gracia im Gespräch mit Gunnar Kaiser" (ab etwa 13:19; hier: ab 16:35); https://www.youtube.com/watch?v=aT-jCuQdVOU

befindet sich eine mehr oder weniger große Kluft, für die es mehrere Gründe gibt.

Erstens: Wissenschaft ist längst nicht so frei, wie dies häufig angenommen wird. Eigentlich sollte wissenschaftliche Arbeit so funktionieren, wie es der Physik-Professor Ralf Bergmann formuliert:

> Wissenschaftlich sauber arbeiten kann man nur dann, wenn man ehrlich mit den eigenen Daten und Ergebnissen umgeht, nicht nur fremde, sondern auch eigene Ergebnisse konsequent hinterfragt und anzweifelt und ergebnissoffen forscht. Wer unbedingt ein bestimmtes Ergebnis erzielen will oder muss, z. B. um die Erwartungen von Geldgebern oder politische oder gesellschaftliche Erwartungen zu erfüllen, ist voreingenommen oder gar erpressbar, beides denkbar schlechte Voraussetzungen für gute Wissenschaft.[284]

Fakt ist jedoch: Es gibt unzählige „Studien", die diesen Ansprüchen nicht gerecht werden, da sie von vornherein unter einem ideologischen Vorzeichen stehen. Auch in der deutschen und europäischen Vergangenheit war Wissenschaft häufig genug eine Art ideologischer Zulieferer für die Politik. Die Politologin Ulrike Guérot, eigentlich eine eher linke Wissenschaftlerin, seit Corona aber eine Andersdenkende im Sinne dieses Buchs, schreibt dazu:

> Erinnern wir *en passant* daran, dass die größten Unrechtsregime immer wissenschaftlich begründet wurden, nämlich genau dann, wenn Wissenschaft zum Glauben wurde, und der eine Glaube dann in der Gesellschaft zementiert werden musste (...). Das gilt für die katholische Dogmenlehre und die Inquisition im Mittelalter genauso wie für den wissenschaftlich begründeten Kommunismus, real existierenden Sozialismus oder für die Rassentheorie der Nazis.[285]

Ebenso hatte der große Ökonom und politische Denker des 20. Jahrhunderts Friedrich von Hayek in seinem Buch *Der Weg zur Knechtschaft*

---

284 Bergmann 2020: 37
285 Guérot 2022: 65

die Anpassung der Wissenschaftler im Dritten Reich scharf kritisiert und geschrieben, es sei „allgemein bekannt", dass sich die Gelehrten „der neuen Tyrannis bereitwilliger unterworfen haben als fast alle anderen Schichten."[286] Aber auch heute hängt die Besetzung von Stellen, die Beförderung von Wissenschaftlern und die Bewilligung von Förderanträgen häufig genug von Faktoren ab, die nichts mit Qualifikation, Eignung und Leistung, dafür umso mehr mit dem herrschenden Zeitgeist zu tun haben.[287] In den letzten Jahren drehte sich dabei vieles um das Themenfeld Gender. Einem Bekannten von mir, der sich für eine Kooperation mit einer afrikanischen Hochschule einsetzen und einen Antrag auf Fördergelder stellen wollte, wurde bedeutet, es wäre hilfreich, wenn sein Antrag Gender-Gesichtspunkte enthielte. Ich selbst wurde in einem Bewerbungsgespräch einmal gefragt, wie ich den Gender-Aspekt in meinen Unterricht zu integrieren gedenke. Wohlgemerkt, *wie* ich das tun wolle, nicht *ob*. Fälle wie diese gibt es massenweise.

Eine ideologische Voreingenommenheit darf vor allem für solche „Forschungsprojekte" angenommen werden, die parteinahe Stiftungen anfertigen lassen und die dann, nicht wirklich verwunderlich, in ihren Ergebnissen dem entsprechen, was die Parteien gerne hören wollen. In den Gesellschaftswissenschaften ist es zum Beispiel besonders populär, Antworten auf Forschungsfragen so zu klassifizieren, dass das gewünschte Ergebnis herauskommt, also zum Beispiel, dass ein möglichst großer Teil der Bevölkerung als „rechtsextrem" klassifiziert werden kann.[288]

---

286 Hayek 2019: 237f

287 Der amerikanische Biologe Colin Wright, der ursprünglich auch eine Hochschulkarriere angestrebt hatte, beschreibt in einem 5-Minuten-Video, welche ideologischen Anforderungen inzwischen in seinem Land an junge Akademiker gestellt werden. Siehe https://twitter.com/SwipeWright/status/1735910554579968196. Eine Anlaufstelle für den deutschsprachigen Raum ist das „Netzwerk Wissenschaftsfreiheit": https://www.netzwerk-wissenschaftsfreiheit.de/ueber-uns/manifest/.

288 Zu dem Beispiel der sogenannten „Mitte-Studie" der Friedrich-Ebert-Stiftung siehe „Wie die SPD ihre Wähler zu Rechtsradikalen erklärt und überall „Nazis" entdeckt"; https://www.tichyseinblick.de/tichys-einblick/mitte-studie-spd-waehler-alles-rechts/ oder „AFD eine NAZI-Partei | Deutschland

Hinweise auf die Tendenz zur ideologischen Anpassung der Gelehrten ließen sich auch während der Corona-Krise beobachten. Dies fällt besonders dann auf, wenn man sich ansieht, welche Forscher es waren, die dem Corona-Narrativ widersprochen haben. Die meisten derjenigen, die früh vor Angstmache und überzogenen Maßnahmen warnten (Persönlichkeiten wie Wolfgang Wodarg, Sucharit Bhakdi, Stefan Hockertz, Karl-Heinz Leven, Ulrich Keil und Karin Mölling) wiesen starke Parallelen in ihren Lebensläufen auf: „Vereint sind sie nicht nur in ihren sich überschneidenden Ansichten, sondern auch in ihren Lebenssituationen: Alle sind über 60, als Professoren bereits emeritiert oder wie Hockertz, der jüngste aus diesem Kreis, aus der akademischen Laufbahn in die Wirtschaft gewechselt. Zufall ist das offenbar nicht."[289] Damit möchte ich keinesfalls den Mut jener schmälern, die ihre Stimme erhoben haben. Aber die Gefahr ist real, aus der „Scientific Community" ausgeschlossen zu werden, wenn man sich zu weit aus dem Fenster lehnt. Roger Scruton, ein inzwischen verstorbener konservativer Philosophie-Professor, der mehr als 60 Bücher geschrieben hat, konnte sich noch gut daran erinnern, welchen Einfluss sein Buch *Thinkers of the New Left*, in dem er mit verschiedenen linken Vordenkern abrechnete, auf seine berufliche Laufbahn hatte: „Die Veröffentlichung war der Anfang vom Ende meiner universitären Karriere", schreibt er.[290]

Doch woher kommt diese eigentlich wissenschaftsfeindliche Ideologie-Abhängigkeit der Wissenschaft? Die Antwort auf diese Frage ist relativ simpel. Wissenschaft ist ein attraktives Berufsfeld. Die meisten etablierten Wissenschaftler hängen an ihrem Job. Hier können sie ihren ureigensten Interessen nachgehen und werden dafür auch noch bezahlt. Ihr Beruf verschafft ihnen Ansehen und ist meist mit Freiheiten verbunden, die sie als Angestellte in einem Unternehmen niemals hät-

immer RECHTSEXTREMER"; https://www.youtube.com/watch?v=yFYp-vz7CoOc.

289 Mark 2020: 12

290 Scruton 2021: 15

ten. Um dieses Ziel zu erreichen, sind viele Nachwuchswissenschaftler bereit, über Jahre in befristeten, also unsicheren, und gemessen an der Qualifikation auch unterbezahlten Positionen zu arbeiten und wenn nötig mehrfach umzuziehen. Und, unabhängig von der Qualifikationsstufe, eben auch, Kompromisse in der ideologischen Ausrichtung der Arbeit zu machen. Diese Ausrichtung wird wiederum zu einem großen Teil vom Staat bestimmt, sowohl in seiner Funktion als Arbeitgeber als auch als Entscheider über Forschungsanträge und Geldgeber für Forschungsprojekte. Der Historiker Egon Flaig, der selbst verschiedene Professuren innehatte, kommt zu dem ernüchternden Ergebnis: „Professoren sind habituell nicht mit Mut gesegnet."[291]

Hinzu kommt, dass es offenbar zahlreiche Wissenschaftler gibt, die für Geld oder sonstige Vorteile Gefälligkeitsgutachten oder -studien verfassen, die dem Auftraggeber dann als „seriöse" Grundlage für dessen Handeln dienen.[292] Der Medienwissenschaftler Norbert Bolz sagte noch vor Corona einmal in einem Vortrag: „Sie machen sich keine Vorstellungen, wie unglaublich groß die Zahl der Wissenschaftler ist, die bereit sind, Gutachten zu formulieren, so, wie sie für die Politik gerade brauchbar sind."[293] Während Corona deckte die *Welt* dann auf, dass das Innenministerium von der Wissenschaft Daten für „repressive" Maßnahmen gefordert hatte.[294] Der öffentliche Aufschrei hielt sich in Grenzen.

---

291 Zitiert nach Kraus 2021: 238.

292 Einen ironischen Kommentar zur „argument- und evidenzliefernden" Funktion der Wissenschaft für die Politik hat Hans-Georg Maaßen auf „Wie Politik funktioniert... in 3:12 Minuten erklärt" produziert (https://www.youtube.com/watch?v=q5elWFJzWC0). Eigentlich ist dieser Missbrauch der Wissenschaft jedoch alles andere als amüsant.

293 „Norbert Bolz | ‚Der späte Sieg der DDR'" (ab 16:15); https://www.youtube.com/watch?v=3A-vO8G3V4s

294 „Innenministerium spannte Wissenschaftler für Rechtfertigung von Corona-Maßnahmen ein"; https://www.welt.de/politik/deutschland/article225864597/Interner-E-Mail-Verkehr-Innenministerium-spannte-Wissenschaftler-ein.html

Wie viele Wissenschaftler sich dem direkten Druck der Regierung oder dem indirekten Druck aus den Medien und Teilen der Bevölkerung gebeugt haben, ist schwer abzuschätzen. Fest steht, dass auch die Wissenschaft in der Corona-Phase eine unrühmliche Rolle bei der Hetze gegen Ungeimpfte und der Spaltung der Gesellschaft gespielt hat.[295] „Viele Experten machten sich zu Handlangern der Regierung, ihre Aufgabe war, die Politik der Regierenden zu legitimieren, ‚wissenschaftlich' zu untermauern (...). Die meisten Wissenschaftler lieferten, was das politmediale Establishment von ihnen verlangte", schreibt Reichel.[296] Damit verliert Wissenschaft jedoch ihren eigentlichen Sinn und ihre Legitimation. Noch einmal Bergmann: „Wenn aufgrund politischer Zwänge, finanzieller Abhängigkeiten oder medialem Druck schon von vornherein feststeht, was bei einem Forschungsprojekt herauskommen muss, oder nicht herauskommen darf, ist Wissenschaft tot!"[297]

Zweitens: Wissenschaft ist fast nie so eindeutig, wie sich dies viele Normalbürger vorstellen. Wissenschaft funktioniert nicht nach dem Prinzip: „Das habe ich herausgefunden, und das gilt jetzt für alle Zeiten". Der Ökonom Kristian Niemietz drückt dies so aus: „Es ist, außerhalb der Naturwissenschaften, selten möglich, irgendetwas mit 100-prozentiger Sicherheit zu beweisen oder zu widerlegen. Es gibt immer die eine Studie, die zu einem völlig anderen Ergebnis kommt als alle anderen."[298] Stattdessen wird ein großer Teil der wissenschaftlichen Arbeitszeit darauf verwendet, Hypothesen aufzustellen und zu überprüfen, Modelle zu entwickeln oder weiterzuentwickeln, und auf die Ergebnisse anderer einzugehen. Dies gilt vor allem, wenn wie bei Corona oder in der Klimaforschung mit Computersimulationen

---

295 Vgl. z. B. Reichel 2023: 109-133

296 Reichel 2023: 112

297 Bergmann 2021: 4

298 Niemietz 2021: 234. Inzwischen sind selbst die Naturwissenschaften von der Ideologie erfasst. Mathematik wird bisweilen als „rassistisch" aufgefasst, und eine Biologin, die in einem Vortrag an der Humboldt-Universität in Berlin nachweisen wollte, dass es nur und genau zwei biologische Geschlechter gibt, wurde nach Protesten linker Gruppierungen zunächst einmal „gecancelt".

gearbeitet wird. In Simulationen allgemein, aber erst recht bei der Klimaforschung, fließen Dutzende, manchmal Hunderte von Faktoren mit ein. Da reicht es dann unter Umständen, eine oder einige wenige „Stellschrauben" zu verändern, um zu ganz anderen Ergebnissen zu kommen.[299]

Drittens: Es kann durchaus sein, dass auf dem Weg von der Wissenschaft in die Politik oder die Medien eine Zuspitzung und Dramatisierung erfolgt. Mit anderen Worten: Selbst wenn die Wissenschaft saubere, ausgewogene Daten liefert, ist es möglich, dass sich das politisch-mediale Umfeld das heraussucht, was das eigene Narrativ stärkt, die Daten alarmistisch aufbereitet und dann ein Zerrbild präsentiert, das von der Wissenschaft so nie vertreten worden war und auch nicht vertreten werden würde. „Was transportiert wird in der Öffentlichkeit und was wissenschaftlicher Konsens ist, da gibt es eine große Diskrepanz", stellt der Mathematiker Bernd Simeon mit Blick auf die Klimawissenschaft fest. „Was wir vermittelt bekommen in der Öffentlichkeit, ist im Prinzip sehr viel Alarmismus."[300] Wie diese Dramatisierung von Forschungsergebnissen in dem konkreten Fall eines Berichts des Weltklimarats IPCC aussehen kann, hat der Chemiker und Politiker Fritz Vahrenholt einmal in einem Interview geschildert.[301]

Bei aller notwendigen und berechtigten Kritik an der Wissenschaft möchte ich hier jedoch auch meine Wertschätzung für all jene ausdrücken, die gute, saubere Arbeit leisten und sich nicht korrumpieren lassen. Ohne sie stünden wir heute medizinisch, technologisch und auch gesellschaftlich nicht dort, wo wir stehen. Trotzdem bleibt festzuhalten:

---

299 Eine angenehme und ausgewogene Einführung in die Aussagekraft von Computersimulationen liefert der Mathematiker Bernd Simeon unter „Computermodelle: Quellen der Erkenntnis oder digitale Orakel | Mathematiker Prof. Dr. Bernd Simeon"; https://www.youtube.com/watch?v=fbKN6KBtGok

300 „Computermodelle: Quellen der Erkenntnis oder digitale Orakel | Mathematiker Prof. Dr. Bernd Simeon" (ab 53:49; ab 54:12); https://www.youtube.com/watch?v=fbKN6KBtGok

301 „Klimanotstand oder Hysterie? Klartext Interview mit Prof. Dr. Fritz Vahrenholt" (etwa 1:02-6:29); https://www.youtube.com/watch?v=ffFUfAHPLzA

Wenn sich Politik oder Medien auf „die“ Wissenschaft berufen, ist Vorsicht geboten. Allzu oft wird Wissenschaft missbraucht, um die eigene Autorität zu untermauern, Angst zu schüren und so die Bevölkerung bereit zu machen, tiefe Einschnitte hinzunehmen. „Wo Wissenschaft nicht Unsicherheit und die Suche nach Fehlern im aktuellen Wissen bedeutet, wo sie in die Ruhelage einer ewigen Wahrheit versetzt wird, ist es nicht mehr Wissenschaft, sondern Dogma“, stellt Monika Hausammann fest. „Wenn also bei irgendeinem Thema von ‚wissenschaftlichem Konsens‘ die Rede ist, dann handelt es sich dabei mit großer Wahrscheinlichkeit um einen Mix. Einen Mix aus Mehrheitsglauben, politischer und anderweitig interessengebundener Programmatik und Zeitgeist.“[302] Und wenn schon bei einem medizinischen Phänomen wie einem Virus große Teile der Wissenschaft, der Medien und der Politik falsch liegen können, wieviel mehr gilt dies bei einem offenen System wie dem Klima? Selbst der Weltklimarat IPCC gibt zu: „In der Klimaforschung und -modellierung sollten wir uns darüber im Klaren sein, dass wir es mit einem gekoppelten, nichtlinearen, chaotischen System zu tun haben und daher eine langfristige Vorhersage des zukünftigen Klimazustands nicht möglich ist.“[303] Wohlgemerkt: „nicht möglich“.

Mir ist es an dieser Stelle wichtig, darauf hinzuweisen, dass mediale und politische Narrative aber auch nicht grundsätzlich und in allem falsch sind. Wir sollten uns davor hüten, das Kind mit dem Bade auszuschütten oder, wie Luther es einmal ausgedrückt hat, auf der anderen Seite vom Pferd zu fallen. Dies gilt auch für das Große Narrativ. Das würde bedeuten, dass wir uns sowohl unnötig angreifbar machen würden als auch einer echten Lösung im Weg stünden. Manche der Grundannahmen des GN sind durchaus nicht von der Hand zu weisen: Ja, es hat immer schon Migration gegeben; ja, der Angriffskrieg Russlands ist zu verurteilen; ja, es gab Corona; und ja, es gibt einen Klimawandel. Die Erde wird wärmer, und auch die Extremwetterlagen nehmen nach meiner Auffassung zu. (Als Christ glaube ich sogar, dass

302 Hausammann 2022: 29

303 https://www.ipcc.ch/site/assets/uploads/2018/03/TAR-14.pdf, S. 774

noch weitaus schlimmere Katastrophen verschiedener Art auf uns zukommen; lesen Sie hierzu nur einmal das Buch der Offenbarung.) Das heißt aber nicht, dass die Schlussfolgerungen, die die Anhänger des GN aus diesen Grundannahmen ziehen („... und der Klimawandel ist menschengemacht" oder „... und der Klimawandel kann noch gestoppt werden, wenn wir ..."), automatisch zutreffen. Viele große Lügen haben einen wahren Ausgangspunkt. Das hatten wir sowohl bei der Geschichte von dem Sündenfall (aus „ein Baum" wird „alle Bäume") als auch bei der Stasi-Anleitung für Zersetzung („auf der Grundlage wahrer und unwahrer Angaben") gesehen. Das macht es so schwer, sie als Lüge zu identifizieren und „auf dem Pferd sitzen zu bleiben", statt auf einer der beiden Seite herunterzufallen.

Die Frage ist nun, wie man sich in Zeiten der medialen Einseitigkeit, der Hetze gegen Andersdenkende und der Etablierung einer Scheinwelt ausgewogener informieren kann, um sich selbst ein Bild zu machen und der Wahrheit ein Stück näher zu kommen. Die Antwort lautet: Es gibt heute Gott sei Dank ein breites und mittlerweile auch qualitativ hochwertiges Angebot an Alternativmedien: Zeitungen und Zeitschriften, Radio- und Fernsehkanäle, vor allem aber Angebote im Internet, angefangen von Blogs und X-Accounts über Youtube-Kanäle bis hin zu ausgebauten Nachrichtenportalen mit festem Mitarbeiterstamm und unterschiedlichen Formaten. Norbert Bolz bekannte einmal: „Ich persönlich könnte mir kein Bild mehr von der Welt machen, wenn die Informationen der Öffentlich-Rechtlichen nicht immer wieder durch das Netz relativiert würden. Das Netz ist für mich die wichtigste Informationsquelle. Durch geschicktes Navigieren kann man sich befreien und aus der Knechtschaft der klassischen Massenmedien ausbrechen."[304] Damit ist klar, dass die Aussage „Das konnte man doch nicht wissen!" eine Schutzbehauptung ist: Jeder, der das will und der Zugang zum Internet hat, kann sich informieren. Wenn Sie noch gar

304 „,Wir leben in Fiktionen': Ein Twitter-Gespräch mit dem Medienphilosoph Professor Norbert Bolz über Informationsblasen und die Freiheit der Meinung und Wissenschaft"; https://i-daf.org/idaf-interview/wir-leben-in-fiktionen/

keine Ahnung haben, wo Sie Informationen abseits des Mainstreams herbekommen, probieren Sie einfach einige der Quellen aus, die in diesem Buch aufgeführt sind.

Eine zweite Möglichkeit ist: Reden Sie mit Leuten, die Fachwissen haben, von denen Sie aber wissen (oder zumindest ahnen), dass sie dem GN und den Medien nicht gedankenlos folgen. Während Corona hat mir beispielsweise eine Bekannte mit medizinischen Kenntnissen, die trotz eigener Handicaps auf ihr Immunsystem vertraut hat, geholfen, ein umfassenderes Bild zu bekommen und zu einer gelasseneren Haltung zu finden. Und zu guter Letzt: Gleichen Sie das, was Sie in den Medien hören und sehen, mit Ihren eigenen Erfahrungen ab. Dies galt auch schon während Corona. In einem Internet-Forum bemerkte einmal ein Schreiber, dass gerade zu Beginn der Krise der Durchschnittsbürger nicht die Möglichkeit gehabt hätte, die Gefährlichkeit des Virus einzuschätzen. Ein anderer Forist erwiderte:

> Doch! Hatte jeder! (...) Wenn das Virus so gefährlich gewesen wäre, wie es die regimehörige Panikpropaganda ständig laut propagierte, hätte man es schon im Frühjahr 2020 deutlich wahrnehmen müssen: Es hätten permanent Leichenwagen und Krankenwagen mit Blaulicht herumfahren müssen, auf den Friedhöfen hätten jeden Tag mehrere Beerdigungen, statt 2-3 pro Woche, stattfinden müssen und jeder hätte Todesopfer in seinem Umfeld zu beklagen gehabt. Nichts davon ist eingetreten! Ich bin immer noch entsetzt über eine derart ausgeprägte Wahrnehmungsstörung und Faktenresistenz. Es sagt sehr viel über den geistigen Zustand der breiten Masse aus.[305]

Es ist tragisch, solche Ratschläge erteilen zu müssen, aber in Zeiten wie diesen scheinen sie angebracht.

305 „Tell Junior®“ in https://reitschuster.de/post/auch-nach-corona-mehrheit-stramm-auf-corona-kurs/

Zur Wahrheit stehen

Was können wir, was kann jeder Einzelne angesichts dieser Lage tun? Die Antwort lautet: stehen. *Aufstehen*, dem Narrativ *widerstehen*, wo es falsch ist, und zu dem *stehen*, was wir für richtig halten, und zwar jeder da, wo er *steht*. Oder, um es mit dem ehemaligen *Bild*-Chef Julian Reichelt zu sagen, der jedes seiner Videos mit der Aufforderung beendet: „Entschuldigen Sie sich niemals für das, was Sie sind oder woran Sie glauben. Und haben Sie keine Angst. Sie sind nicht allein mit Ihrer Meinung."[306] Das scheint mir ein gutes Antidot für die totalitären Tendenzen unserer Zeit zu sein. Warum dies so ist, darum geht es in diesem Abschnitt.

Totalitarismus zeichnet sich dadurch aus, dass eine autoritäre Regierung über äußere, gesellschaftlich-politische Fragen hinaus auch die Herrschaft über das Private, den Menschen selbst und sein Denken erreichen will. Dabei kann er keine Andersdenkenden, keine Dissidenten dulden. Hans-Georg Maaßen hat dies einmal so ausgedrückt:

> Es ist dem Totalitären wesenseigen, dass er die Gesellschaft ideell „besenrein" machen muss. Der öffentliche Raum muss frei sein von störenden Einstellungen, falschen Meinungen und allem, was ihm und seiner Ideologie widerspricht. Die Totalitären sind die Täter der großen Säuberungen der letzten hundert Jahre. (...) Wer sie gewähren lässt – sei es aus Bequemlichkeit, aus Opportunismus oder aus Feigheit – hilft ihnen indirekt.[307]

Andersdenkende stehen dem Großen Narrativ im Weg. Das haben Klaus Schwab und Thierry Maleret mit Blick auf das Klimanarrativ

306 Siehe z. B. „Ricarda Lang: Grüne planen Umerziehung für Millionen Deutsche | Achtung, Reichelt! vom 29. Juni 2023" (ab 16:00); https://www.youtube.com/watch?v=BsqA9sxEH4w

307 https://twitter.com/HGMaassen/status/1695770178242392168

selbst zugegeben. „Zweifler“ und „Leugner“ (wie sie sie bezeichnen) seien „ein großer Hemmschuh, da sie die Polarisierung vorantreiben und die Politik ausbremsen (oder sogar verhindern).“[308] Wie wichtig für die Anhänger des Großen Narrativs „geschlossene Reihen“ bei der Zeugenselektion sind, haben wir bereits bei den Professoren gesehen, die ihm widerstanden. Man sieht es aber auch daran, was passiert, wenn ein Prominenter mit hinreichender Bekanntheit als Gegenzeuge auftritt. Die Sängerin Nena, der Fußballer Joshua Kimmich, die Künstler und Wissenschaftler, die sich an den Aktionen #allesdichtmachen und #allesaufdentisch beteiligt haben – sie alle vertraten im Jahr 2021 Meinungen, die nicht ins Bild des politisch-medialen Mainstreams passten, und sie alle wurden von Seiten vieler Medien, Politiker und Prominenter öffentlich an den Pranger gestellt.[309]

Ein interessantes Beispiel für einen direkten Versuch, einen Gegenzeugen zum Schweigen zu bringen, lieferte die SPD-Vorsitzende Saskia Esken in der Talkshow Anne Will am Abend der Landtagswahlen in Hessen und Bayern im Oktober 2023. Bei diesen Wahlen hatte die AfD Zugewinne zu verzeichnen, während die Ampel-Parteien an Zustimmung verloren. Der *Welt*-Journalist Robin Alexander war Gast bei Will und wurde von ihr gefragt, ob jetzt die Demokratie in Gefahr sei. Alexander verwies zu Recht darauf, dass die AfD demokratisch gewählt sei und man dies auch mal „zur Kenntnis nehmen“ müsse. Damit brachte Alexander das seit Jahren von Linken gestrickte Narrativ, die AfD sei keine demokratische Partei, ins Wanken. Als Esken als nächstes nach den für ihre Partei katastrophalen Ergebnissen gefragt wurde, beantwortete sie zunächst die Fragen der Moderatorin und wandte sich dann von sich aus an Alexander mit der Bemerkung, die AfD sei eine antidemokratische Partei, und das „müssen wir schon auch sagen.“ Alexander wies darauf hin, dass die Inhalte der AfD allen bekannt seien. Daraufhin wurde Esken noch deutlicher und sagte: „Sie sollten nicht

308 Schwab & Malleret 2022: 80

309 Zur medialen Ausgrenzung von Nonkonformisten bei Skandalen siehe Kepplinger 2018: 117-125.

sagen, die AfD ist eine demokratische Partei."[310] Bloß keinen Riss in der Mauer des Narrativs zulassen!

Warum sind den Anhängern des GN geschlossene Reihen so wichtig? Wie wir bei dem Experiment von Solomon Asch (das Experiment mit den unterschiedlich langen Linien; Kapitel 1) gesehen haben, erzeugt eine öffentlich vorgetragene „Einheitsmeinung" einen enormen Konformitätsdruck auf den Einzelnen, sodass viele sich der vorgegebenen Ansicht selbst dann anschließen, wenn es keinen äußeren Druck gibt. Dieses Experiment hat jedoch noch eine andere Seite, die hoffnungsvoller stimmt. In einer Variante des Experiments ließ Asch einen der Eingeweihten die richtige Antwort geben, während alle anderen weiterhin die falsche gaben. Der echte Proband hatte nun also die Möglichkeit, sich entweder der falschen Mehrheit oder der kleinen, aber richtigen Minderheit anzuschließen. Ergebnis: Fast alle der Probanden bestanden jetzt auf der richtigen Antwort! Sie waren nun ihrer Isolation enthoben und trauten sich, zu ihrer Meinung zu stehen. Offenbar reichen also einige Wenige, die öffentlich widersprechen, um einen substanziellen Teil der Gesellschaft dem herrschenden Narrativ zu entfremden. Diese öffentlich für Gegenpositionen eintretenden Dissidenten fungieren sozusagen als Türöffner für andere, indem sie ihnen eine alternative Sichtweise anbieten, die diese dann annehmen oder ablehnen können.

Ein Fragenkomplex, der sich in diesem Zusammenhang ergibt, lautet wie folgt. Angenommen, es gibt in einer Gesellschaft ein autoritäres Narrativ: Medien und Politik propagieren weitgehend eine Einheitsmeinung, und Andersdenkende werden an den Rand gedrängt, sei es politisch, sozial oder physisch. Wie wird sich die Gesellschaft aufteilen? Welche Gruppen gibt es, und welchen Anteil nehmen sie jeweils ein? Diese Fragen lassen sich natürlich nicht pauschal beantworten; viel

---

310 „ANNE WILL nach den Wahlen in Bayern und Hessen" (ab ca. 2:25); https://www.ardmediathek.de/video/anne-will/anne-will-nach-den-wahlen-in-bayern-und-hessen/das-erste/Y3JpZDovL2Rhc2Vyc3RlLm5kci5kZS8x-MjQ2XzIwMjMtMTAtMDgtMjItMjU

hängt von der Dauer der polit-medialen Streuung des Narrativs, von der Art und Härte der Repressionen und von der Reichweite der Dissidenten ab. Aber einen interessanten Beschreibungsansatz gibt es doch.

Der Psychologe Mattias Desmet unterscheidet in seinem Buch *Die Psychologie des Totalitarismus* drei Gruppen. Die erste Gruppe besteht aus jenen, die dem vorgegebenen Narrativ folgt. Das sind die Leute, denen es nie in den Sinn käme, dass das, was ihnen allabendlich in den Medien präsentiert wird, ein verzerrtes oder einseitiges Bild der Realität sein könnte. Zu ihnen dürfte auch Rüdiger (der aus der Einleitung) gehören. Diese Gruppe, so Desmet, macht in der Regel etwa 30 % der Bevölkerung aus. Die zweite Gruppe besteht aus jenen, die zwar nicht, wie Desmet es ausdrückt, „hypnotisiert" sind, die es jedoch vorziehen, sich nicht öffentlich gegen die erste Gruppe (und damit gegen das Narrativ) zu stellen. Man könnte sie als die Opportunisten bezeichnen. Diese Gruppe ist die größte. Desmet veranschlagt sie mit etwa 40 bis 60 % der Bevölkerung. Schließlich gibt es die Dissidenten, die sich dem herrschenden Narrativ aktiv widersetzen, die die restlichen 10 bis 30 % ausmachen. Diese Zahlen, insbesondere die der Widerständler, variieren natürlich je nach politischem oder gesellschaftlichem Druck. Sie scheinen mir jedoch durchaus realitätsnah zu sein. In dem Konformitätsexperiment von Asch, also in einem Kontext, in dem keinerlei äußerer Druck aufgebaut worden war, schloss sich gut ein Drittel der Probanden der Mehrheitsmeinung an. Dies ist ziemlich genau die Quote derer, die laut Desmet „hypnotisiert" dem Narrativ folgen. Auf der anderen Seite erreichte während der Corona-Krise die Impfquote um die Jahreswende 2021/22 herum ein Plateau von etwa 75 % Erstgeimpften, die in den folgenden Monaten praktisch nicht mehr stieg.[311] Mit anderen Worten: Nachdem die Bevölkerung ein Jahr lang einem massiven Druck aus Politik, Medien, Arbeitgebern, Kollegen

311 „Impfquote gegen das Coronavirus (COVID-19) in Deutschland seit Beginn der Impfkampagne im Dezember 2020"; https://de.statista.com/statistik/daten/studie/1196966/umfrage/impfquote-gegen-das-coronavirus-in-deutschland/

und viele leider auch von Freunden, Bekannten und Verwandten ausgesetzt war, hielt noch ein Viertel der Bevölkerung an seinen Überzeugungen fest.

Die wichtigste Aufgabe der Angehörigen der dritten Gruppe sei es nun, so Desmet,

> dass sie ihre Stimme erklingen lassen muss, und zwar so aufrichtig wie möglich. Das ist notwendig, um die Resonanz der dominanten, hypnotisierenden Stimme nicht absolut werden zu lassen. Auf welche Weise dies geschehen kann, variiert im Laufe des Prozesses der Totalitarisierung (die dissidente Stimme wird nach und nach immer mehr zensiert und aus den Massenmedien und dem öffentlichen Raum verbannt), aber die Möglichkeit dazu fehlt nie ganz.
>
> Die erste und vornehmste Aufgabe im Hinblick auf Massenbildung und Totalitarismus ist es, immer weiter zu sprechen. Alles steht und fällt mit dem Akt des Sprechens. Das ist im Interesse aller Parteien. Wo das Sprechen genau stattfindet – in Büchern, Artikeln oder Interviews, vor den Kameras, in Läden oder am Küchentisch, in kleiner oder großer Runde –, ist weniger wichtig; jeder, der auf seine Weise etwas Wahrheit erklingen lässt, trägt wesentlich zur Heilung vom Übel des Totalitarismus bei.[312]

Dabei gibt es heute auch jenseits von Publizistik (im weitesten Sinne), Küchentisch und Bekanntenkreis Orte, an denen man seine Meinung äußern kann: in den sozialen Medien, in Petitionen – und natürlich an der Wahlurne. Dies sind alles Optionen, die praktisch jedem offenstehen. Vielleicht haben Sie aber auch besondere Kenntnisse, Fähigkeiten oder Verbindungen, die Sie einsetzen können. In den letzten Jahre haben etliche Leute das Wort ergriffen und ihre Perspektive beigetragen, die bislang mit Politik eher wenig am Hut hatten, aber nun nicht mehr schweigen konnten. Zu ihnen gehören ein Psychiater wie Raphael Bonelli, der Philosoph Gunnar Kaiser oder ein Finanzwissenschaftler wie Stefan Homburg. Alternativ kann man auch jene unterstützen, die an

312 Desmet 2023: 186, 189

der (Meinungs-) Front stehen, etwa eines (oder auch mehrere) der alternativen Medienprojekte.

Zu der Frage, *wie* man unter den Umständen eines autoritären Narrativs die Stimme erheben soll, hat Desmet Folgendes zu sagen: „Die Stimme sollte dabei auf eine möglichst ruhige und respektvolle Weise erklingen, nicht aufdringlich, immer feinfühlig für die Irritationen und Wut, die hervorgerufen werden könnten“, so Desmet, „aber dennoch entschlossen und beharrlich.“ Dissidente Stimmen hätten dabei immer einen Einfluss auf beide anderen Gruppen. Die erste Gruppe ließe sich zwar nicht überzeugen, aber abweichende Stimmen könnten zumindest verhindern, dass die Masse (wenn auch nicht unbedingt ihre Führer) zu Grausamkeiten überginge. Der Einfluss bei der zweiten Gruppe, also derjenigen, die zwar angepasste Mitläufer, aber keine Verführten sind, geht noch weiter. „Im Gegensatz zur ersten Gruppe ist diese Gruppe durchaus empfänglich für die Qualität rationaler Argumente. Daher ist es wichtig, dass die dissidente Stimme die Indoktrination und Propaganda der totalitären Erzählung so fundiert und klar wie möglich analysiert und widerlegt.“[313]

Nun sagt sich das alles leicht. Allein: Gegen ein dominantes Narrativ aufzustehen, kostet Mut. „Jedes demokratische Grundrecht stirbt, wenn nicht dafür mutig gefochten wird“, schrieb einmal Dieter Stein, Chefredakteur der *Jungen Freiheit*. „Das stickige Meinungsklima liegt in Summe auch an der Feigheit vieler einzelner, für ihre Meinung einzustehen. In der Familie, am Arbeitsplatz, in der Öffentlichkeit. Zum Nulltarif und ohne Risiko ist keine Freiheit zu haben.“[314] Mittlerweile gibt es sogar Tendenzen, das Aussprechen von Wahrheiten schon unter Strafe zu stellen, wenn diese nicht ins Narrativ passen.[315] Über die Folgen, die es haben kann, unter den Bedingungen eines autoritären Narrativs dissidente Meinungen zu vertreten, hatten wir ja in Kapitel

313 Desmet 2023: 187

314 Stein 2019

315 Vgl. z. B. „Ordnungsruf für Beatrix von Storch | „Herr Ganserer““; https://www.youtube.com/watch?v=tf_QqsRwY7U

3 schon einiges gesagt. Es kann sein, dass man sich im sozialen Umfeld rechtfertigen muss oder angefeindet wird, dass man Freunde verliert, dass der Arbeitsplatz in Gefahr gerät oder Kunden abwandern. Auf Demonstrationen wird man angepöbelt und ausgepfiffen. Wenn man große Reichweite hat und sich stark exponiert, kann es auch sein, dass die Gegner anfangen, das eigene Leben zu durchleuchten, um Anklagepunkte zu finden, die es ihnen erlauben, einen vor Gericht zu stellen. Irgendetwas lässt sich immer finden, und sei es auch noch so weit hergeholt.[316] Und auch Gewalt ist, wie wir gesehen haben, leider kein Tabu. Von daher ist es verständlich, wenn viele sich entscheiden, lieber „den Ball flachzuhalten". Dies ist jedoch nur scheinbar eine Lösung, da früher oder später jedes autoritäre System seine eigenen Kinder frisst. Desmet führt hierzu aus:

> Obwohl die dissidente Stimme in der Regel Ablehnung und unter bestimmten Umständen auch Aggression hervorruft, sollte man sich vor Augen halten, dass die Masse sie auch braucht, um sich nicht selbst zum Opfer zu fallen. Wenn die Opposition schweigt, wird das totalitäre System zu einem Monster, das seine eigenen Kinder verschlingt (...). Es ist daher eine Illusion zu glauben, dass Schweigen die beste Option für wen auch immer sei.[317]

Hans-Georg Maaßen sagte einmal in einem Interview, wir hätten in Deutschland schon mehrfach teuer dafür bezahlt, dass es an Mut, Klartext zu reden, mangelt. „Ich würde mir heute wünschen, dass wir mehr Leute in diesem Land haben mit Zivilcourage, vor allem solche mit Vorbildcharakter, damit die einfachen Bürger in diesem Lande sagen können: Es gibt noch Leute, die den Mund aufmachen."[318]

---

316 Siehe zum Beispiel „Anklage-Kartenhaus gegen Ballweg zusammengebrochen"; https://reitschuster.de/post/anklage-kartenhaus-gegen-ballweg-zusammengebrochen/

317 Desmet 2023: 18

318 Maaßen in Tichy 2020a, 31.

Nachwort

Zu dem Zeitpunkt, an dem ich das Manuskript für dieses Buch vollende (Ende 2023), mehren sich die Anzeichen, dass sich das Blatt für das Große Narrativ teilweise wendet. Weniger in Sachen Klima, Corona, „Kampf gegen Rechts" und Ukraine, aber es gibt vereinzelt Berichte über die problematischen Folgen von Migration, selbst in den Öffentlich-Rechtlichen. Auch innerhalb der Bevölkerung scheint die Stimmung zu kippen. Städte und Kommunen sind längst an ihre Belastungsgrenze gekommen, und die Berichte über übergriffige und gewalttätige Migranten lassen sich beim besten Willen nicht mehr als Einzelfälle abtun. Selbst Bundeskanzler Scholz, ein SPD-Mann, räumt in einem Interview mit dem Spiegel ein: „Wir müssen endlich im großen Stil abschieben" – ein Satz, für den man kurze Zeit vorher noch als Nazi gebrandmarkt worden wäre. Es ist mir deshalb an dieser Stelle wichtig, das Thema Schuld und Aufarbeitung zumindest einmal kurz anzusprechen, auch wenn dies aktuell noch in weiter Ferne zu liegen scheint. Andernfalls besteht die Gefahr, dass Luthers Spruch wahr wird: „Die Welt ist wie ein betrunkener Bauer; hebt man ihn auf einer Seite in den Sattel, so fällt er wieder auf der andern herab."

Wir müssen die Schuldigen dort sehen, wo sie sind. Es sind in ihrer Mehrheit *nicht* die Menschen, die in der Hoffnung auf ein besseres Leben nach Deutschland gekommen sind, zumindest so lange, wie sie auf dem Boden des Grundgesetzes stehen und sich an Recht und Gesetz halten. Diese Menschen wurden gelockt durch Sozialleistungen und Gesundheitsfürsorge, durch eine staatlich finanzierte „Seenotrettung" und durch eine Kanzlerin, die unschöne Bilder an den deutschen Außengrenzen vermeiden wollte und sich stattdessen lieber für ein Selfie zur Verfügung stellte. Viele von uns hätten sich unter den entsprechenden Umständen ebenso verhalten wie die, die ihre Heimat in der Hoffnung auf eine bessere Zukunft verlassen haben. Nein, schuld sind diejenigen, die die unkontrollierte Masseneinwanderung politisch ermöglicht haben. Die, die sie medial befeuert haben. Die, die Warner und Andersdenkende als Populisten, Rassisten und böse Menschen diffamiert und damit deren gesellschaftliche Ausgrenzung forciert haben. Die, die es gar nicht so genau wissen wollten. Und, auch das gehört zur Wahrheit dazu: die, die diese Politiker selbst dann noch gewählt haben, als klar war, dass Rechtsstaatlichkeit und Vernunft auf dem Altar der Popularität geopfert wurden. Damit kann sich dann jeder selbst fragen, wo sein eigener Anteil liegt.

Gesellschaften können erschreckend schnell kippen; das ist die Lektion, die ich aus Corona mitnehme. Das totalitäre Moment steckt in vielen, vielleicht in jedem. Welche Gruppen dabei nun als Täter und welche als Opfer auserkoren werden, ist letztendlich nicht festgelegt. Klöckner und Wernicke schreiben dazu:

> Die Antriebe, die das „faschistische Moment" in einer Gesellschaft erzeugen können, sind unter einer nur sehr, sehr dünnen Decke verborgen. Es braucht nicht viel, nein, es braucht erschreckend wenig, um selbst in einer angeblich aufgeklärten Gesellschaft wie in Deutschland jene Mechanismen und Verhaltensweisen an die Oberfläche zu befördern, aus denen sich nach und nach der Hass auf Gruppen, die politisch und gesellschaftlich stigmatisiert werden, entwickelt.[319]

Möge es nicht noch einmal so weit kommen.

---

319 Klöckner & Wernicke 2022: 21

Aktionen & Literaturhinweise

Jetzt sind Sie dran. Wie schon in der Einleitung angedeutet, soll dieses Buch nicht nur Informationen vermitteln, sondern auch zur Auseinandersetzung mit den angesprochenen Themen anregen. Hier sind einige Vorschläge.

Aktionen

1. Beginnen wir mit einer einfachen „Deframing-" oder „Reframing-Übung". Im November 2023 trafen sich in einem Potsdamer Hotel etwa 25 Personen, um Vorträge zu verschiedenen politischen Themen zu hören und sich auszutauschen. Zu ihnen gehörten neben einigen Geschäftsleuten auch ein paar Mitglieder der CDU, der WerteUnion sowie der AfD. Einer der Vortragenden war der ehemalige Chef der österreichischen Identitäten Bewegung Martin Sellner, der einen Vortrag über „Remigration" hielt. Unter unklaren Umständen und mit teils nachrichtendienstlichen Methoden wird das Treffen von Leuten der „Rechercheplattform" Correctiv beobachtet. Diese veröffentlicht im Januar 2024, also etwa zwei Monate nach dem Treffen, einen Bericht, der begierig von den Medien aufgegriffen wird. Die Framing-Maschine wird aktiviert. Aus dem privaten Treffen wird ein „Geheimtreffen", aus der Remigration (die 2023 sogar Bundeskanzler Scholz gefordert hatte) wird „Vertreibung" und „Deportation". Selbst zwischen dem Ort des Hotels an einem See in Potsdam und dem Ort der Wannseekonferenz der Nationalsozialisten wird eine Verbindung hergestellt (Framing durch Assoziation). Dieselben Medien, die während der Corona-Krise so gerne von Verschwörungstheoretikern geredet haben, produzieren selbst eine echte Verschwörungstheorie. Und sie verfängt bei Teilen der Bevölkerung. Wenige Tage später kommt es zu Massendemonstrationen „gegen rechts" in verschiedenen Groß-

städten. Offenbar machen sich nur wenige Menschen Gedanken über die Ungereimtheiten in der medialen „Berichterstattung“: die Unklarheit der Informationsbeschaffung, die zusammenhanglosen Teilzitate, das Fehlen von Stellungnahmen der Betroffenen (Zeugenselektion). Etliche alternative Medienmacher füllen jedoch die Lücken, die die großen Medien hinterlassen. Sie hinterfragen, kommentieren und reden mit denen, die selbst bei dem Treffen waren, aber ihre Reichweite kann natürlich weder mit den großen privaten noch mit den öffentlich-rechtlichen Medien mithalten.

Hier ist eine kleine Zusammenstellung alternativer Medienmacher, die sich des Themas „Geheimplan gegen Deutschland“ (so der Titel der Correctiv-„Recherche“) angenommen haben. Suchen Sie sich ein paar Quellen aus (es sind sowohl Videos als auch Artikel gelistet), und lernen Sie die andere Seite kennen.

Medienprojekt	Titel & Format
Boris Reitschuster	„Die Mär vom ‚Geheimtreff‘ im Faktencheck ...“ Einordnung auf reitschuster.de
Boris von Morgenstern	„Remigration oder ethnische Säuberung? Correctiv ‚Recherche‘“ Kommentar (Youtube-Video)
Hallo Meinung	„Ich war dabei - gegen den linksextremen Terror“ Interview mit einem der Teilnehmer (Youtube-Video)
Junge Freiheit	„‚Correctiv‘ baut auf Lügen“ Kommentar auf jungefreiheit.de
Tichys Einblick	„Correctiv, Wannsee und der Moralputsch der Wohlgesinnten“ Ausführliche Analyse auf tichyseinblick.de

2. Versuchen Sie einmal, die Inhalte dieses Buchs auf einen kurzen Ausschnitt eines realen Artikels anzuwenden. Welche Framing-Strategien wandte der Heidelberger Bürgermeister Würzner hier (möglicherweise unbewusst) an (Artikel vom 27.12.2021)?

> Aus Sicht von Heidelbergs Oberbürgermeister Eckart Würzner muss eine Corona-Impfpflicht kommen. (...) Die Proteste radikaler Impfgegner und anderer Extremer hätten ihn nicht überrascht. Aber diese Gruppe sei klein. „Viel größer ist die Gruppe normaler Leute, die irgendwie skeptisch, verunsichert oder nicht so gut informiert sind." Vielen von ihnen würde man es mit einer Impfpflicht auch leichter machen, sagte Würzner.[320]

Einen Lösungsvorschlag finden Sie weiter unten.

3. Wikipedia nimmt für sich in Anspruch, eine Enzyklopädie zu sein, also ein Nachschlagewerk für gesammeltes Wissen. Bei nicht-ideologischen (z. B. naturwissenschaftlichen) Themen wird sie diesem Anspruch vermutlich gerecht. Sobald es jedoch um gesellschaftliche oder politische Fragen geht, ist leider auch hier eine ausgeprägte Linkslastigkeit bzw. Befürwortung des Großen Narrativs erkennbar.
   a. Schauen Sie sich einmal ein paar der Wikipedia-Einträge jener Gruppen oder Menschen an, die wir in der Einleitung als Gegner des GN ausgemacht haben, etwa den der Basisdemokratischen Partei Deutschland oder den von Stefan Homburg. Welche Strategien können Sie identifizieren?
   b. Wenn Sie suizidgefährdet sind, überspringen Sie bitte diese Aufgabe.

      In Österreich wurde der Kampf um den Impfzwang besonders verbissen geführt. Im Februar 2022 trat die allgemeine Impfpflicht in Kraft. „Damit war Österreich das einzige westliche Land, das eine allgemeine gesetzliche Impfpflicht eingeführt hat, eine Zwangsmaßnahme, die nicht einmal das kommunistische China für notwendig hielt", so Reichel.[321] Mindestens zwei Menschen, je einer auf Seiten der Impfbefürworter und der

320 „Heidelberg: OB Würzner: ‚Ohne Corona-Impfpflicht verlängert sich Leid'"; https://www.rnf.de/heidelberg-ob-wuerzner-ohne-corona-impfpflicht-verlaengert-sich-leid-278003/

321 Reichel 2023: 175

Impfgegner, hielten dem Druck nicht mehr stand und nahmen sich das Leben, nachdem sie von der jeweils anderen Seite heftigen Anfeindungen ausgesetzt waren. Zuerst beging die Ärztin Lisa-Maria Kellermayr im Juli 2022 Suizid, eine ausgesprochene Impfbefürworterin. Im Februar 2023 schließlich schied Clemens Arvay aus dem Leben, ein Biologe, der sich in zahlreichen Publikationen kritisch mit der Impfung auseinandergesetzt hatte.

Vergleichen Sie die Wikipedia-Einträge der beiden Wissenschaftler. Welches Bild wird in jedem einzelnen Fall gezeichnet? Folgende Fragen können hierbei helfen: Worauf liegt der jeweilige Schwerpunkt des Artikels? Wie wird die wissenschaftliche Leistung der Person dargestellt? Was können Sie zum Thema Zeugenselektion sagen? Gibt es Informationen, die Sie in den einzelnen Artikeln vermissen? Wenn Sie mit einem Wort oder einer kurzen Phrase ausdrücken müssten, welches Bild von der jeweiligen Person gezeichnet wird, wie würde es lauten?

Lesen Sie nun den Artikel auf Tichys Einblick „Chance vertan – Die ARD prangert Hass im Netz an. Mit einer Doku voller Einseitigkeit", der sich mit beiden Todesfällen und ihrer medialen Behandlung auseinandersetzt.[322] Wie ändert sich Ihr Bild der beiden? Was erfahren Sie hier, was in den Wikipedia-Artikeln nicht erwähnt wurde?

4. Zu dem Zeitpunkt, da ich diese Zeilen schreibe, ist absehbar, dass aus der WerteUnion, einem CDU-nahen Verein, eine eigenständige Partei wird, die auch zu Wahlen antritt. Da die WerteUnion konservativer als die CDU ist und auch eine Zusammenarbeit mit der AfD nicht ausgeschlossen hat, wird sie aller Voraussicht nach ebenfalls zum Feindbild der Medien werden. Versuchen Sie einmal, die verschiedenen Strategien zu beobachten, die die Medien im Laufe der Zeit anwenden.

---

322 https://www.tichyseinblick.de/feuilleton/medien/chance-vertan-die-ard-prangert-hass-im-netz-an-mit-einer-doku-voller-hass/

5. Wenn Sie Wissenschaftler sind und sich Sorgen über die zunehmende Ideologisierung der Wissenschaft machen, überlegen Sie, ob Sie dem Netzwerk Wissenschaftsfreiheit beitreten wollen (netzwerk-wissenschaftsfreiheit.de).
6. Wenn Sie Medienwissenschaftler sind, sich in einem gesicherten Verhältnis befinden und/oder Mut haben, haben Sie aus diesem Buch vielleicht einige Ideen für Forschungsprojekte generieren können. Themen gibt es genug: angefangen von der Themen- und Zeugenselektion in den Nachrichten bis hin zur Porträtierung von Gegnern des GN. Aufarbeitung tut not.

Lösungsansatz zu der Bürgermeister-Würzner-Aufgabe oben: Würzner war bekennender Anhänger der Impfpflicht. Zum Zeitpunkt der Äußerung lag die Impfquote in Deutschland bei 75 % (Erstimpfung), hatte aber eine Art Plateau erreicht, d. h., sie stieg kaum mehr an.[323] Aus Sicht Würzners war es jetzt wichtig, auch noch das letzte Viertel der Bevölkerung zur Impfung zu bewegen, notfalls eben durch die Zwangsimpfung („Impfpflicht“). Dazu teilte er die Ungeimpften verbal in zwei Gruppen. Die erste portraitierte er konsequent mit dem Frame „Wer anders denkt, befindet sich außerhalb des gesellschaftlichen Konsens“: Diese Leute seien *radikal* oder *Extreme*, eine *kleine* Gruppe, auf jeden Fall keine *normalen* Leute. Strukturell arbeitet Würzner ganz klassisch mit Labeln. Die andere Gruppe, die „Normalen“, seien lediglich *skeptisch* oder *verunsichert*. Für solche Leute hat jeder Verständnis. Aber Moment: Es kann auch sein, dass sie *nicht so gut informiert sind*. Hier wird, diesmal per Assoziation (Reihung), ein neues Frame aufgemacht: eine milde Form von „Wer anders denkt, ist dumm“. Wenn Sie ungeimpft sind, gibt es nun also zwei Möglichkeiten: Entweder Sie sind ein Extremist und stehen am Rande der Gesellschaft, oder Sie sind auf dem Weg zum Ignoranten. Entscheiden Sie sich. Damit bedient sich der Bürger-

323 „Impfquote gegen das Coronavirus (COVID-19) in Deutschland seit Beginn der Impfkampagne im Dezember 2020“; https://de.statista.com/statistik/daten/studie/1196966/umfrage/impfquote-gegen-das-coronavirus-in-deutschland/

meister der Technik der *falschen Alternative*, eine weitere Technik, die allerdings in diesem Buch nicht näher beschrieben wird. (Sie erinnert hier ein wenig an die „Guter Bulle, böser Bulle"-Verhörmethode.) Dass Sie möglicherweise gute Gründe haben, sich nicht impfen zu lassen, diese Möglichkeit lässt Ihnen Würzner nicht offen. Und da der Amtsträger durchaus Verständnis für die verunsicherten Normalos hat, will er ihnen mit einer (vermeintlich gesichtswahrenden) Impfpflicht entgegenkommen. So lässt sich selbst ein erzwungener Eingriff in die körperliche Unversehrtheit eines Menschen als menschenfreundlicher Akt verkaufen.

Weiterführende Quellen

Eine kurze Video-Zusammenfassung (18 Minuten) über die Tendenz in unserem Land, Meinungsfreiheit durch Diffamierung einzuschränken, liefert Julian Reichelt unter „Meinungsfreiheit! Fürchtet Euch nicht vor der neuen Zensur! | Achtung, Reichelt vom 25. Mai 2023".[324]

Zwei wichtige Initiativen zur Aufklärung über Manipulationen in den Medien sind zum einen der „ÖRR-Blog", eine Initiative von jungen Leuten, die es sich zur Aufgabe machen, Fehler der Öffentlich-Rechtlichen aufzudecken. Links zu ihren Präsenzen in verschiedenen sozialen Medien finden Sie unter linktr.ee/oerrblog. Zum anderen ist dies das „Bündnis Beitragszahler". Auf der Homepage rote-karte-staatsfunk.de finden Sie neben zahlreichen medialen Fehlleistungen auch weiterführende Links.

Wenn Sie sich fragen, was spezifisch linkes Framing ausmacht und welche Unterschiede es zwischen linkem und rechtem Framing gibt, lesen Sie Schmitt 2022: 15-20, 221-231 und 241-257.

Der amerikanische Bestsellerautor Rod Dreher hat ein Buch geschrieben, das 2023 auch auf Deutsch unter dem Titel *Lebt nicht mit der Lüge!* erschienen ist (der Titel ist eine Anleihe an einen Aufsatz von

324 https://www.youtube.com/watch?v=cGSjqd2qPt8

Alexander Solschenizyn). Das lesenswerte Buch wendet sich vornehmlich an Christen und trägt im Englischen den Untertitel *A Manual for Christian Dissidents*. In ihm vergleicht Dreher den Totalitarismus sowjetischer Prägung mit den aktuellen Entwicklungen in der westlichen Welt. Dabei entwickelt er das Konzept des „sanften Totalitarismus“, bei dem Dissidenten zwar nicht ins Gefängnis gehen müssen, sich aber zunehmend einer repressiven lügenhaften Scheinrealität gegenübersehen.

Es ist sicher auch angebracht, sich einmal kritisch mit der Coronazeit und dem in dieser Zeit begangenen Unrecht auseinanderzusetzen. Es war erschreckend zu erleben, wie schnell die Politik zu autoritären Maßnahmen überging, wie sehr die Presse ihre Berufung als kritischer Begleiter der Politik so völlig über Bord warf und wie willig sich große Teile der Bevölkerung dem gebeugt haben. „Es sollte inzwischen Allgemeingut sein, dass während der Corona-Zeit und vor allem bei den Impfkampagnen unglaublich viel schieflief, rechtswidrige Entscheidungen getroffen wurden und massenhaft Menschenrechtsverletzungen stattfanden“, resümierte einmal Hans-Georg Maaßen. „Die Aufarbeitung der Menschenrechtsverletzungen durch die Corona-Maßnahmen und die Impfkampagnen ist notwendig, weil wir andernfalls Gefahr laufen, dass bei der nächsten Gelegenheit das Ganze wieder stattfindet.“[325] Zu diesem Thema sind mittlerweile etliche Bücher erschienen, die Sie leicht selbst recherchieren können.

Jemand, der auf X wertvolle, substanzielle Aufklärungsarbeit auch, aber nicht nur über Corona leistet, ist Stefan Homburg (@SHomburg).

---

325 „Die Deutschen verlieren ihr Land“; https://www.alexander-wallasch.de/gastbeitraege/die-deutschen-verlieren-ihr-land

Literatur

Basad, Judith Sevinç. 2021. *Schäm dich! Wie Ideologinnen und Ideologen bestimmen, was gut und böse ist.* Frankfurt: Westend.

Bednarz, Liane. 2018. *Die Angstprediger: Wie rechte Christen Gesellschaft und Kirchen unterwandern.* München: Droemer.

Bergmann, Ralf. 2020. *Gott und die Erklärung der Welt: Christlicher Glaube oder atheistische Weltanschauung: Was ist vernünftiger?* Gießen: Brunnen.

Bergmann, Ralf. 2021. *Die freie Gesellschaft und ihre Feinde.* Stuttgart: Professorenforum.

Bergsdorf, Wolfgang. 1983. *Herrschaft und Sprache: Studie zur politischen Terminologie der Bundesrepublik Deutschland.* Pfullingen: Neske.

Bolz, Norbert. 2023. *Der alte, weiße Mann: Sündenbock der Nation.* München: LMV.

Bräumer, Hansjörg. 1986. *Das erste Buch Mose, Kapitel 1-11.* Wuppertal: R. Brockhaus.

Desmet, Mattias. 2023. *Die Psychologie des Totalitarismus.* München: Europa Verlag.

Dienstbier, Michael. 2021. Suche nach der Wahrheit: Die Aufbereitung der Anschläge vom 11. September 2001 im Dunstkreis von Verheimlichungen und Verschwörungstheorien. In *Junge Freiheit* 37/21: 19.

Dreher, Rod. 2023. *Lebt nicht mit der Lüge!* Illertissen: Media Maria.

Esders, Michael. 2020. *Sprachregime: Die Macht der politischen Wahrheitssysteme.* Lüdinghausen: Manuscriptum.

Gaschke, Susanne. 2023. Gift für die Demokratie. In *Neue Zürcher Zeitung* vom 24. Juni 2023, 1.

Guérot, Ulrike. 2022. *Wer schweigt, stimmt zu: Über den Zustand unserer Zeit und darüber, wie wir leben wollen*. Frankfurt: Westend.

Hausammann, Monika. 2022. *Die große Verkehrung: Dem Humanismus mit biblischem Denken begegnen. Eine Ansage.* Basel: Fontis.

Hayek, Friedrich August von. 2019. *Der Weg zur Knechtschaft*. Rottenburg: Kopp.

Heine, Matthias. 2016. *Seit wann hat geil nichts mehr mit Sex zu tun? 100 deutsche Wörter und ihre erstaunlichen Karrieren.* Hamburg: Hoffmann und Campe.

Hoeres, Peter. 2020. Immer wieder die Faschismuskeule. In *Tichys Einblick* 04/2020, 36-39.

Jung, Christian & Torsten Groß. 2020. *Der Links-Staat. Enthüllt: Die perfiden Methoden der „Antifa" und ihrer Helfershelfer in Politik und Medien.* Rottenburg: Kopp.

Keilani, Fatina. 2023. Der Verfassungsschutz hilft letztlich der AfD. In *Neue Zürcher Zeitung* vom 24.06.2023, 17.

Kelle, Klaus. 2017. *Bürgerlich, christlich, sucht ... Biete Meinung statt Mitte*. Basel: fontis.

Kepplinger, Hans Mathias. 2018. *Die Mechanismen der Skandalisierung: Warum man den Medien gerade dann nicht vertrauen kann, wenn es darauf ankommt*. Reinbek: Lau.

Klemperer, Victor. 1975. *LTI: Notizbuch eines Philologen*. Leipzig: Reclam.

Klemperer, Victor. 1995. *Ich will Zeugnis ablegen bis zum letzten: Tagebücher 1933-1941*. Berlin: Aufbau-Verlag.

Klöckner, Marcus. 2021. *Zombie-Journalismus: Was kommt nach dem Tod der Meinungsfreiheit?* München: Rubikon.

Klöckner, Marcus & Jens Wernicke. 2022. *„Möge die gesamte Republik mit dem Finger auf sie zeigen." Das Corona-Unrecht und seine Täter.* München: Rubikon.

Kraus, Josef. 2020. „Who controls the past controls the future". In *Tichys Einblick* 12/20, 76-77.

Kraus, Josef. 2021. *Der deutsche Untertan: Vom Denken entwöhnt.* München: LMV.

Kuhs, Joachim. 2023. *Ohne Wurzeln keine Zukunft: 12 Prinzipien für Europa.* Uhingen: Gerhard Hess Verlag.

Le Bon, Gustave. 2020. *Psychologie der Massen.* Hamburg: Nikol.

Lengsfeld, Vera. 2020. *„Was noch gesagt werden muss ...": Meine Kommentare 2019.* Norderstedt: Books on Demand.

Levitsky, Steven & Daniel Ziblatt. 2018. *Wie Demokratien sterben. Und was wir dagegen tun können.* München: Deutsche Verlags-Anstalt.

Lippmann, Walter. 2021. *Die öffentliche Meinung: Wie sie entsteht und manipuliert wird.* Frankfurt: Westend.

Luther, Martin. 1978. *Von weltlicher Obrigkeit.* Gütersloh: Gütersloher Verlagshaus.

Lutzer, Erwin. 2021. *Wir werden nicht schweigen: Als Christen für Freiheit und Werte eintreten.* Dillenburg: Christliche Verlagsgesellschaft Dillenburg.

Mark, Karsten. 2020. Wen bekämpfen wir eigentlich? Corona-Pandemie: Ist das Virus wirklich so gefährlich? In *Junge Freiheit* 16/20, 12.

Menath, Johannes. 2023. *Moderne Propaganda: 80 Methoden der Meinungslenkung.* Höhr-Grenzhausen: zeitgeist.

Müller, Jan-Werner. 2016. *Was ist Populismus? Ein Essay.* Berlin: Suhrkamp.

Niemietz, Kristian. 2021. *Sozialismus: Die gescheiterte Idee, die niemals stirbt.* München: Finanzbuch Verlag.

Noebel, David A. 2007. *Kampf um Wahrheit: Die bedeutendsten Weltanschauungen im Vergleich.* Gräfelfing: Resch.

Oswald, Michael. 2022. *Strategisches Framing: Eine Einführung.* Wiesbaden: Springer.

Palko, Vladimír. 2014. *Die Löwen kommen: Warum Europa und Amerika auf eine neue Tyrannei zusteuern.* Kißlegg: fe-Medienverlag.

Pfister, René. 2022. *Ein falsches Wort: Wie eine neue linke Ideologie aus Amerika unsere Meinungsfreiheit bedroht.* München: Deutsche Verlags-Anstalt.

Priester, Karin. 2012. *Rechter und linker Populismus: Annäherung an ein Chamäleon.* Frankfurt: Campus.

Püttmann, Andreas. 2010. *Gesellschaft ohne Gott: Risiken und Nebenwirkungen der Entchristlichung Deutschlands.* Asslar: Gerth Medien.

Reichel, Werner. 2023. *Gegen das Vergessen: Corona ist erst vorbei, wenn bei den Schuldigen die Handschellen klicken.* Rottenburg: Kopp.

Sarrazin, Thilo. 2014. *Der neue Tugendterror: Über die Grenzen der Meinungsfreiheit in Deutschland.* München: Deutsche Verlags-Anstalt.

Sarrazin, Thilo. 2021. *„Wir schaffen das": Erläuterungen zum politischen Wunschdenken.* München: LMV.

Scherer, Philipp. 2020. Links *und* rechts *im Wandel: Zur Bedeutung und Relevanz der Richtungsbegriffe in Deutschland.* Wiesbaden: Springer.

Schmidt-Ahmad, Fabian. 2021. Wo die Letzten die Ersten sind: Talkformate der Öffentlich-Rechtlichen. In *Junge Freiheit* 7/21, 7.

Schmitt, Holger. 2022. *Das Framing der Linken: Von „Umverteilung", „Diversität" und „Nazis".* Bad Schussenried: Gerhard Hess Verlag.

Schuler, Ralf. 2023. *Generation Gleichschritt: Wie das Mitlaufen zum Volkssport wurde*. Basel: fontis.

Schwab, Klaus & Thierry Malleret. 2022. *Das große Narrativ: Für eine bessere Zukunft*. Cologny: Weltwirtschaftsforum.

Schwarz, Moritz. 2020. „Symptom einer Gesellschaftskrise". In *Junge Freiheit* 10/20, 3.

Schwarz, Moritz. 2020a. „Das hat schon etwas Totalitäres": In *Junge Freiheit* 34/20, 3.

Scriven, John. 2013. *Belief and the Nation*. London: Wilberforce Publications, 482.

Scruton, Roger. 2020. *Von der Idee, konservativ zu sein: Eine Anleitung für Gegenwart und Zukunft*. München: Finanzbuch-Verlag.

Scruton, Roger. 2021. *Narren, Schwindler, Unruhestifter: Linke Denker des 20. Jahrhunderts*. München: Finanzbuch-Verlag.

Stein, Dieter. 2019. Furcht vor der Isolation. In *Junge Freiheit* 4/19, 1.

Stein, Dieter. 2023. Warum ist es so still? In *Junge Freiheit* 14/23, 1.

Tichy, Roland. 2020. „Die Leute wollen Klartext". In *Tichys Einblick* 04/20, 80-82.

Tichy, Roland. 2020a. „Es fehlt an Zivilcourage". In *Tichys Einblick* 08/20, 28-31.

Tichy, Roland. 2020b. Sind wir alle Nazis? *In Tichys Einblick* 04/20, 16-19.

Ullrich, Daniel & Sarah Diefenbach. 2017. *Es war doch gut gemeint. Wie Political Correctness unsere freiheitliche Gesellschaft zerstört*. München: riva.

Wehling, Elisabeth. 2018. *Politisches Framing: Wie eine Nation sich ihr Denken einredet – und daraus Politik macht*. Berlin: Ullstein.

Weißgerber, Ulrich. 2010. *Giftige Worte der SED-Diktatur: Sprache als Instrument von Machtausübung und Ausgrenzung in der SBZ und der DDR*. Berlin: LIT.

Wendt, Rainer 2023. „Schock für die Opfer“. In *Junge Freiheit* 34/23, 2.

Wernicke, Jens. 2017. *Lügen die Medien? Propaganda, Rudeljournalismus und der Kampf um die öffentliche Meinung*. Frankfurt: Westend.